LOIN DE PARIS

LOIN DE PARIS.

La Fontaine.

H. MANDEVILLE, LIBRAIRE-ÉDITEUR, 42, RUE VIVIENNE, À PARIS.

LOIN DE PARIS

EXCURSIONS

DANS LES ÉTATS VÉNITIENS, LE TYROL, LA BELGIQUE, LA HOLLANDE, ETC.

PAR

Mme LA BARONNE DE MONTARAN

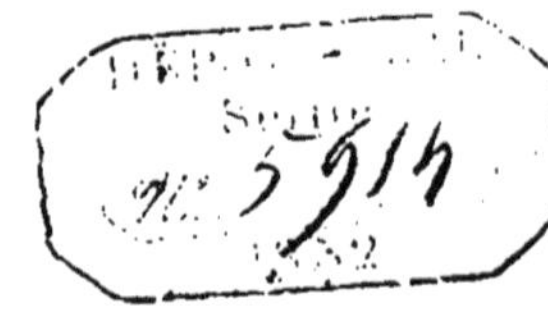

PARIS
MANDEVILLE, LIBRAIRE-ÉDITEUR
42, RUE VIVIENNE
Et chez tous les Libraires de la France et de l'Étranger

1852

LISTE DES GRAVURES

LOIN DE PARIS

CHAPITRE PREMIER

I

Je pars, et, le dirai-je, je quitte Paris avec la joie du prisonnier qui va respirer l'air, car, pour lui, l'air c'est déjà la liberté.

Oh! quelle triste chose qu'une chambre dont les verrous ferment en dedans!... C'est bien là qu'habite l'ennui!... L'ennui, celle de nos infirmités qui nous fait le plus aspirer à la fin de la vie !... L'ennui, qui est de tous les âges, de toutes les classes, de toutes les fêtes, et qui même s'assied insolemment sur les degrés du trône!... Quand le duc de Choiseul disait à Louis XV : « Le peuple souffre, » le roi répondait : « Moi, je m'ennuie! »

Que de fois je suis devenue la proie de ce morne dégoût de toutes choses! Alors je me sens affaissée comme si le mistral eût soufflé sur moi. C'est qu'en vérité je crois que de toutes les réalités de l'existence, il n'y a de vrai que les chimères de l'illusion!...

Dans le tohu-bohu de notre vie parisienne, la vie s'émiette et s'use en détail, la journée s'achève sans qu'on ait commencé ce qu'on comptait finir. Il faudrait s'isoler, restreindre ses relations, se mettre à la diète de spectacles et de plaisirs; mais une activité incessante vous emporte, vous vous attelez à la foule, et c'est au milieu de ce roulis éternel que la vie s'écoule, sans que nous puissions la retenir!...

Si pour fuir le dédale où ma pensée s'égare, je veux aller m'asseoir au foyer paternel et fouler du pied le sentier tracé par mon père... c'est alors que je me dis : « Où est mon père?... » C'est bien là la demeure de la famille, voici le banc où elle venait s'asseoir... l'églantier secoue encore ses roses pâles, les roseaux s'inclinent doucement sur l'eau que ride le vent du soir, la pervenche étoile la pierre de nos coteaux, oh! c'est bien encore là la demeure de famille, rien n'est changé que nous, hélas!

La tempête a tout balayé sur cette terre, les scènes de la vie s'effacent, et leurs brusques changements ne nous laissent plus apercevoir les heures radieuses des premiers jours; heures mortes emportées par le souffle de l'éternité.

Je ne suis jamais plus triste que sous ce toit béni. Oh! je sens que je n'ai plus la force des souvenirs!... Cette impression du passé en réveille une myriade d'autres, poussière de débris où brillent encore quelques rares étincelles, quand un rayon de la mémoire se plaît à les colorer. Ces atomes enflammés vous dévorent; ils s'attachent au cœur, ils y roulent leurs tourbillons, comme la foudre dans la nue, comme la trombe d'eau dans un gouffre. Alors je vois flotter les formes aériennes de ceux que j'ai perdus; je les vois dans les nuages, dans les jets lumineux du soleil, ou dans les ombres errantes de la nuit. Comment vivre ici?... Il me semble que je ne dois y rentrer que la veille de mourir!...

II

Douces haleines de mai, heures délicieuses du matin, nature riche de votre robe du printemps, belles nuits étoilées, toute votre féerie sert d'aliment à ma tristesse. Partons... fuyons.

Avec le voyage, l'intelligence et l'enthousiasme se réveillent à la fois. Au logis, tout pèse, même l'étude. Le travail est fade, ou hâté et fiévreux. En courant, je trouve tout ce qui me fuit dans la vie sédentaire, je ressaisis les bons moments que je dédaignais autrefois, alors que j'étais riche; car l'avenir ne me manquait pas... La vue de la nature émeut mon cœur, elle alimente la source de mes idées, ces ardentes voyageuses qui courent d'un pôle à l'autre en traversant le monde; et je vis plus dans mes heures de voyage que d'autres dans la moitié de leur existence. La vraie vie, pour moi, est celle de l'émotion. En voyage, enfin, il me semble que ma place est plus large au soleil... J'aime à marcher sans savoir l'heure du retour!... Ne faut-il pas avoir le loisir de chercher des fleurs dans les broussailles et des coquillages sur les grèves?... Le soir, ne faut-il pas prendre le temps de regarder les étoiles afin d'y rêver un asile?... Quand pourrai-je donc me promener sur cette terre en voyageur contemplatif?...

Ne reverrai-je plus la pensive Allemagne? N'entendrai-je plus la langue divine de Rome et de Florence?... Ne verrai-je jamais les rives inconnues dont me parle l'oiseau de passage qui nous revient avec le printemps?

L'air manque dans les pays aux mœurs stagnantes, allons respirer sur la cime des Alpes, ou dans les savanes du nouveau monde.

Voyageons, courons; n'est-ce rien que de demeurer où l'on se trouve bien, de quitter le lieu où l'on se sent mal, de manger quand on a faim, de boire quand on a soif, et de ne saluer d'autres volontés que la sienne?... Pour moi, c'est là vivre!... J'aime la nature, les bois, les horizons lointains, les vallées qui, le soir, se remplissent de voix aériennes, et les sillons où la pensée germe à côté de l'épi. J'aime les torrents fougueux et les plantes sauvages qui poussent librement sous l'œil de Dieu.

J'aime les astres avec leurs beaux scintillements, les eaux avec leurs cris ou leurs murmures, et les champs éthérés où l'aigle vit en roi. J'aime les monts, l'air et le ciel, et les vastes horizons où plane la liberté.

L'homme n'est-il pas né pour être libre par la volonté de Dieu?

Fleur qui livres ton parfum, soleil qui épands tes rayons, nature qui luis et chantes, je vous salue!

III

Que d'heures j'ai passées en cherchant la pâquerette dans les gazons, le nénuphar dans les marais, le capillaire dans le creux des rochers, et la bergeronnette sur le jonc de la rive !... Le matin, je voyais l'hirondelle faire son nid à l'angle d'un vieux mur, et la nuit, la triste chauve-souris étendait le noir tissu de ses ailes. Avec le jour j'aimais à écouter la chanson de l'oiseau, la voix du ruisseau, le son argentin de la cloche, et le soir je remportais sous mon toit une poignée de glanes.

Ah ! faisons provision de souvenirs pour l'heure où la disette de plaisirs sera venue.

Et puis, l'avouerai-je? j'aime le difficile, l'aventureux ; l'impossible même a pour moi un attrait dont je ne puis me défendre. Je ne quitte pas vite ma volonté et j'ai une persistance dont certains caractères d'hommes s'honoreraient. J'ai l'âme vaillante, je m'engage volontiers dans le sentier qui mène au péril et j'y avance d'un pas résolu.

Il me faut la mer avec ses écueils, le ciel avec ses orages, la vie avec ses bourrasques. Que de fois j'ai éprouvé le plaisir étrange que donne la présence d'un danger !... Et pourtant, je le sens, c'est de la bravoure perdue : l'une des grâces de la femme n'est-elle point dans sa faiblesse ? la nature ne l'a faite que pour être protégée.

L'art de voyager est presque la science de la vie, et je me flatte de la posséder. Je devance le soleil, j'ai peu de bagages et passablement d'entrain. Chez moi, la force succède promptement à la fatigue, et l'énergie à l'indolence.

En courant, l'âme reçoit les mêmes impressions que le corps, elle passe, sans transition, du découragement à la confiance. La curiosité double, quadruple son besoin d'action. L'insatiable désir de voir soutient, et l'esprit un instant abattu retrouve bientôt des ailes.

La locomotion est le meilleur remède pour les plaies du

cœur; je serais tentée de croire qu'une bonne courbature a pu guérir d'une grande passion, et que le voyage qui dépayse est le meilleur médecin d'une ambition malade.

IV

L'esprit a ses lubies comme les yeux ont leur mirage; qui ne sait que n'est pas toujours à demi fou qui veut? Je me laisse donc emporter par monts et par vaux, car j'ai bien peur d'être arrivée à l'heure où l'on bâtit ses derniers châteaux en Espagne! Pourtant encore, pour moi, que de visions idéales, que de brillantes chimères!... La poésie me prend parfois dans ses bras, mais lorsqu'elle me remet à terre, je retombe des nuages pour me briser le front contre la pierre de nos sentiers battus, et au lieu de m'appuyer sur mon bâton ferré et de cheminer en courageux pèlerin, je m'arrête et je songe, hélas!...

Mais, revenons aux voyages. Trois choses leur sont nécessaires : l'argent, la santé et le temps; le temps surtout. Je plains celui qui court comme s'il se sentait poursuivi. C'est remplir là une mission de Juif errant, qui n'appartient, de nos jours, qu'aux touristes anglais ou aux banquiers israélites.

Puis en voyageant, ne nous disons pas : Que d'illusions évanouies, que de pays où je ne retournerai plus!... Gare aux réminiscences, car chez nous autres, pauvres femmes, le cœur n'atteint jamais à la même indépendance que l'esprit.

Point d'adieux, quoiqu'en partant on s'arrache à de douces affections; rappelons-nous qu'il y a toujours deux chances pour ne point retrouver l'ami que l'on quitte, sa disparition du monde ou la nôtre!

On s'est séparé, mais le souvenir reste. Le souvenir, cette fleur qui se cache au fond de l'âme et s'épanouit à mesure que nous nous éloignons de ceux que nous aimons. Plus la distance s'étend, plus son parfum nous semble doux.

Puis vient l'heure du retour. On entend de nouveau les voix qui nous sont chères; on sent battre les cœurs qui nous sont ouverts... N'est-ce donc rien que le plaisir de raconter, de dire : J'étais là; j'ai vu. On apprend tant de choses en courant le monde : l'histoire et le roman se recueillent sur le grand chemin. Tous se pressent autour du voyageur pour l'entendre. Si vous avez un auditoire attentif, répandez un peu de gaieté dans vos récits, mais mettez le sinet pour ceux aux yeux desquels Jérusalem et Pontoise sont synonymes.

V

Étudions avec le cœur, et ne disséquons pas avec l'esprit; n'examinons pas l'envers des sociétés et craignons de voir les fils qui font mouvoir tant de choses, et de toucher du doigt les aspérités de tous les esprits. Au retour, écrivons. Quoi de plus doux que les communications d'âme à âme, avec les inconnus de tous âges et de tous pays?... N'écrit-on pas pour les cœurs sympathiques, pour les esprits sonores dans lesquels le nôtre peut retentir? N'y a-t-il pas de par le monde des malades à consoler, des solitaires à égayer? Voilà nos lecteurs, voilà nos amis. Lorsque, rentrés au port, après avoir doublé le cap des tempêtes, on a touché la région du repos, naufragé rendu à la terre par le sauvetage, on raconte son désastre aux jeunes nautonniers qui partent le matin en chantant. Du seuil de ma porte, je vois passer ceux qui vont se courber sous les labeurs de la journée ; ils vivent, j'ai vécu... Aujourd'hui j'habite le monde de l'intelligence et je m'en trouve bien ; les émanations de l'âme sont faites pour être recueillies. Que d'aveux on n'oserait faire à voix basse à l'oreille d'un ami et qu'on confie au monde entier ?...

VI

A présent que j'ai fait ma profession de foi, je pars... Quelle joie !... être heureux, qu'est-ce autre chose que se croire heureux et de caresser son rêve ?...

Nous n'avons bien à nous que la minute qui passe ; celle qui va venir est à Dieu, celle qui vient de s'écouler n'est ni à Dieu ni à nous. Mettons le temps à profit. Un des bienfaits du ciel est de ne point soulever le voile qui couvre notre avenir. Si nous voyions les maux qui nous attendent dans un profond horizon, combien d'entre nous donneraient leur démission de cette vie avant que l'heure de la quitter fût sonnée ? Profitons de notre ignorance. Partons ; voici venir le printemps, l'hirondelle voyageuse a trouvé sur les mers le mât hospitalier pour reposer son aile. Amante du soleil, elle a été se réchauffer à ses rayons, elle nous revient avec les roses. Oh ! ne quittons pas la vie à cette saison nouvelle, lorsque tout renaît, tout refleurit. Ne mourons qu'en automne, lorsque la feuille jaunie tombe sur les sentiers. Lorsque le ciel est brumeux, que l'oiseau inquiet vole de branche en branche et ne chante plus, mourons alors, car la nature attristée porte notre deuil, et partons avant d'avoir vu finir les années que le poëte appelle *seules dignes de vie !*

Que reste-t-il de cette course rapide à travers les dangers et les fougueux plaisirs? Un amer regret de cette vie ravissante et déchirée?... Beaux rêves de voyage, mes seuls rêves aujourd'hui, vous êtes restés les hôtes de mon exil.

VII

Partis de Lyon avec le jour, après avoir traversé Cerdon enfoui à l'ombre de ses rochers, nous arrivons vers le soir à Nantua. A peine ai-je mis le pied dans cette petite ville que je la quitte pour aller chercher les bords de son lac. Il semble immobile au centre des collines qui l'étreignent de toutes parts. C'est un bloc d'émeraude. Le soleil déjà à son déclin jetait horizontalement ses rayons sur les eaux et la cime des monts. La soirée était chaude et d'une douce sérénité. La brise jouait avec les feuilles des arbres, et les plantes sauvages exhalaient leurs balsamiques senteurs.

Peu à peu les contours des montagnes s'adoucirent sous une brume bleuâtre; le chant des oiseaux alla s'éteignant, et les rougeurs du couchant s'effacèrent sous les ombres du crépuscule. Un dernier rayon du soleil borda de sa frange d'or le sommet des monts, et le lac se teignit d'un rouge ardent. Puis la nuit se fit, et une sorte d'attente inquiète se répandit dans toute la nature.

J'avais couru en allant vers le lac, je regagnai notre gîte d'un pas ralenti. Quelle douce nuit! la lune se leva belle. La clématite garnissait ma fenêtre, et je voyais l'astre mélancolique à travers les réseaux de ses guirlandes argentées. Je m'endormis bercée par la voix du torrent qui descend des pentes boisées, court par la ville et va répandre ses eaux jaunâtres dans celles du lac azuré.

Avant Genève, Bellegarde.

C'est ici que la Valserine, forte et mugissante, s'est creusé un lit profond entre deux formidables murailles de granit qui attestent encore l'œuvre patiente et destructive de l'eau sur la pierre. Aujourd'hui le torrent court dans des rochers troués en forme d'entonnoirs qui ont résisté à son action; puis il va se perdre au loin dans des gouffres sans fond.

Les eaux vertes du torrent étendaient leur limpide cristal dans l'eau de ces puits naturels, et le feuillage des arbres s'y reflétait comme dans un miroir fidèle, avec ses fines découpures dorées par un rayon de soleil.

Je me rendis au lieu où le Rhône se perd sans bruit sous des joncs épais. A cette heure le fleuve, grossi par les pluies et la fonte des neiges, bondit en se brisant, et ses eaux fougueuses retombent en blanche écume comme les flots de poussière soulevée par le vent. Je me rappelais l'avoir vu à sa source, ce fils de la Suisse; il deviendra un des plus grands fleuves du monde, lui qui, à son début, est faible comme l'enfant qui plus tard sera roi.

Après avoir atteint le versant de la colline, nous nous étendons sur un doux tapis de mousse et sous un beau rayon de soleil qui n'avait pas encore aspiré les larmes transparentes de la rosée. Les bourgeons sont venus aux haies, le pinson chante dans les aubépines, les insectes bruissent sourdement. Les mélèzes, sous lesquels nous étions assis, projetaient de grandes ombres sur le sol vêtu de bruyères. Notre vue était bornée par la verte perspective d'un monticule escarpé, tapissé de belles prairies, bien plantées. Le Rhône bouillonnait à nos pieds, et ses cascades molles et mélodieuses accompagnaient la voix du merle dans les buissons. Des mouches d'or semaient l'air de rubis, tout resplendissait sous des teintes chaudes et éclatantes. Ma nonchalance du jour me rappelait mes douces fainéantises d'enfant; la nature embaumée, pleine de réminiscences, bourdonnait autour de moi. Oh! qu'elle est belle cette nature, lorsque dans son merveilleux ensemble on pressent l'éternité!

VIII

Un pont léger, jeté sur le Rhône, nous avait conduits en Savoie. Le douanier sarde nous fit les honneurs de sa solitude. Trop pauvre pour avoir un chien, il se contentait d'un oiseau qui saluait de son chant les brises de l'été. Éloigné depuis un instant, il revint à nous tenant à la main un nid de fauvettes toutes tremblotantes, car il venait de les arracher à l'aile de leur mère. Je lui offris une pièce de monnaie en échange de son présent. « C'est trop, me dit-il, nous autres Savoyards nous n'acceptons que ce que nous avons gagné. » Je constate ce petit acte de désintéressement assez rare, avec d'autant plus de plaisir que c'est le seul que m'ait offert le cours de mon voyage.

Je m'emparai avidement des petits orphelins. La nature a tout fait pour ces libres citoyens de l'air; ils traversent l'Océan, franchissent le désert, trempent leur aile dans le ruisseau d'argent, aiguisent leur bec sur les branches, et cherchent dans le sillon le grain d'or que sème le laboureur; ils chantent au fond des bois et confient leurs amours à l'ombre discrète du feuillage. J'ouvris la main, ils s'envolèrent. Allez, jeunes oiseaux, soyez libres, soyez heureux!

Que de fois, enfermé dans les exigences de la vie, n'a-t-on pas désiré avoir des ailes! Oh! si toutes les mains qui vous enserrent s'ouvraient ainsi que la mienne venait de le faire, comme on s'envolerait vite, bien haut, dans l'espace pour aller un peu plus loin de la terre, un peu plus près du ciel!

IX

Le soir j'étais à Genève. C'était pour la quatrième fois que j'entrais dans les murs de la vieille cité qui respire l'aisance et le bien-être. Il faut être Genevois pour aimer ses mœurs austères et s'accoutumer à son langage empesé. Qui de nous, Parisiens, voudrait vivre à Genève la puritaine, avec son *convenu* et ses vertus tirées à quatre épingles?

Voltaire n'a-t-il pas dit d'elle: « C'est une ville de vingt-quatre mille raisonneurs que la petitissime, parvulissime, pédantissime république. »

A neuf heures du soir, la Coraterie était devenue une grave solitude. Une belle musique instrumentale laissait flotter sa mélodie sur les rives du lac, au pied de la statue de Rousseau. Ce pauvre enfant de Genève tour à tour mendiant, vagabond, laquais, qui lui aurait dit, lorsque, poussé par la misère, il frappait à la porte de madame de Warens, qu'il dominerait son siècle par la puissance de sa parole? Rousseau a entrevu l'aurore d'une ère nouvelle sans en pressentir les désastres. Il a ouvert la voie où l'humanité devait se précipiter après lui.

Les eaux du lac étaient calmes et d'un bleu vif, les lumières de Genève y dessinaient leurs zigzags de feu, qui s'y enfonçaient profondément.

Mes fenêtres s'ouvraient sur le Rhône, et à l'instant où j'allais céder au sommeil que provoquait la voix monotone du fleuve, je fus attirée vers la rue par les accords de l'une des plus admirables symphonies de Beethoven, que je n'entends jamais qu'avec le cœur plein de larmes. L'ensemble des instruments était parfait. J'appris qu'on célébrait ainsi l'arrivée dans notre hôtel de l'une des célébrités musicales de l'Allemagne. Minuit sonna. La garde genevoise, composée de sourds sans doute, balaya nos mélomanes ambulants qui venaient de livrer à la nuit leurs pacifiques accords.

Quelques semaines après, dans ces rues si tranquilles, la guerre civile devait traîner ses canons. Le radicalisme a conduit ce pays dans une voie qui déconsidère tout gouvernement, toute autorité. Depuis 89, la république helvétique subit tour à tour les diverses influences qui dominent en Europe. C'est l'esprit des révolutions de 1830 et de 1848 qui y règne aujourd'hui. Jusqu'ici, de quelles institutions le radicalisme a-t-il doté la Suisse? Il rend dangereuse la liberté en la faisant l'instrument docile des passions de la foule, et il devient, dès lors, le tombeau de toutes grandes pensées. Quelques moteurs avides et ambitieux exploitent ces troubles incessants dont le peuple souffre et dont eux seuls profitent.

Tel est, du reste, le secret de toutes nos révolutions contemporaines ; si du moins un monde nouveau devait sortir de ce chaos!...

X

Genève, environnée de collines, de coteaux pittoresques, que la nature semble avoir jetés au gré de son caprice, a une physionomie charmante. C'est un vaste tableau qui a pour fond les glaciers de la Savoie dominés par le mont Blanc, colosse dont la tête s'élève sur un amas de montagnes et dont les rameaux blanchis se perdent à l'horizon.

Sous cette couronne de reine, Genève n'a pas de cour, n'a pas de fêtes fastueuses. C'est une industrieuse, une habile ouvrière, qui produit et met à la caisse d'épargne. Il n'y a pas longtemps que ses lois somptuaires proscrivaient les diamants, les dorures, les dentelles, et imposaient aux rares carrosses qui se promenaient magistralement l'allure paisible du trot.

Cette république, qui donne l'heure exacte à toute l'Europe en lui expédiant, bon an mal an, plus de deux cent mille montres, a beaucoup pris de la force motrice et du mouvement régulier de ses horloges. Si ses oscillations sont parfois inégales, les autres parties de ses rouages satisfont aux conditions de régularité nécessaires au mécanisme de son jeu. En un mot, si la république de Genève se dérange de temps à autre, elle se remonte bien vite et recompose, à l'usage de ses habitants, la même vie que celle d'hier, les mêmes habitudes que celles des jours passés.

A Genève, le savoir se montre un peu partout. Voltaire l'a

dit : « Il n'y a pas ici un seul horloger qui n'ait sa dose d'esprit, » et si je ne craignais pas de m'égarer sur une pente semée d'écueils qu'on nomme le paradoxe, j'émettrais une autre idée : c'est qu'il n'y a pas à Genève un seul habitant, possédant ou non la dose d'esprit que lui accorde Voltaire, qui ne soit un peu horloger, j'entends dans ses mœurs et ses habitudes. Ils se règlent tous sur le soleil, leurs sonneries se font entendre aux mêmes heures. Il ne survient point entre eux de ces retards si tristes ou si plaisants qu'amène d'ordinaire notre façon de vivre assez décousue. Jamais, à Genève, un dîner refroidi n'attendit un retardataire ; jamais cause à heure dite ne trouva absent son plaideur ; jamais rendez-vous d'affaire ou d'amour ne fut différé d'une minute. On se trouve à une heure ; deux heures sonnent, on se quitte, parce qu'à trois heures le plaideur revient au logis que sa femme avait quitté pour causer de la *Nouvelle Héloïse*, sous de vertes allées, avec un disciple de Jean-Jacques.

Tous sont esclaves de l'heure ; adieu les affaires, adieu les tendres paroles ; le temps est un capital dont nulle part, comme à Genève, on ne suppute exactement la valeur. Je me suis laissé conter que, dans cette ville, il y a un fou vénéré par le peuple, qui cherche le moyen de faire retarder le temps de douze heures chaque jour, en arrêtant, nouveau Josué, la marche du soleil. Et ce fou-là n'est que l'exagération parfaite de l'idée fixe du citoyen de Genève, à savoir que la vie est une horloge qui avance toujours et sonne si vite, à partir de la naissance, que l'on n'a vraiment pas le temps de régler son enterrement.

XI

Je me rendis un matin chez l'éditeur avec lequel j'avais été en rapport pour la publication d'un de mes ouvrages, et je trouvai là un Genevois homme d'esprit et fort de mes amis. Bientôt la conversation s'engagea; je voulais avoir son opinion sur Calvin, Rousseau et madame de Staël.

Voici ce que je recueillis :

« Calvin, me dit-il, est un grand homme qui domine une des révolutions de l'esprit humain.

— Il me semble, dis-je à mon tour, que vous donnez un peu légèrement à cet hérétique une lettre de change de grand homme, tirée à vue sur l'avenir. Du reste, les convictions sont trop rares pour qu'on refuse d'en tenir compte. »

Il reprit : « La réforme faite par Luther changea le droit public et la pensée sociale de toute une époque. Calvin fut le grand organisateur de ce mouvement religieux et politique. Son infatigable activité, son despotisme en firent un persécuteur; mais il ne faut jamais séparer un homme de son siècle, et je pense que le supplice de Servet n'eût pas été ordonné si Calvin eût été guéri de la migraine, de la fièvre quarte et de la goutte qui le tourmentaient. On ne se rend pas assez compte de la puissance souveraine que la douleur physique exerce sur le moral des hommes, même les mieux doués. Couchez un roi sur un matelas couvert d'épingles, vous en ferez un tyran; mettez une femme vertueuse au ciel, rien qu'avec des anges, cette femme deviendra phthisique d'ennui et voudra redescendre sur terre, afin d'y retrouver les bénéfices de sa vertu. »

Je feignis la distraction pour ne pas relever cette dernière assertion, un peu risquée.

Il continua : « C'est le 27 décembre 1553 que Michel Servet, cet ancien ami de Calvin, monta sur le bûcher et souffrit pendant deux heures les plus horribles tortures, parce que le vent repoussait la flamme qui devait en hâter la fin. Dans sa souffrance, il s'écriait : « Malheureux que je suis! quoi « donc ! avec les cent écus d'or et le riche collier que l'on « m'a pris, ne pouvait-on acheter assez de bois pour me con- « sumer plus vite? » Calvin avait assisté au supplice de Servet, sombre; il rentrait dans sa demeure, où seul il devait se trouver, lui aussi, en face d'un autre bourreau, sa conscience, qui jusqu'à la fin de sa vie lui reprocha ce meurtre judiciaire.

— Pourtant les femmes, à Genève, croient encore à Calvin, repris-je, et il est resté pape pour un assez grand nombre.

— Si vous m'attaquez, je vous dirai à mon tour que vous, qui vous croyez sages, vous recueillez toutes les billevesées des saint-simoniens, phalanstériens, fouriéristes, socialistes, communistes, égalitaires!... Singulière nature que la vôtre, où toutes les folies les plus inouïes ont le plus de chance d'être crues, et où la raison seule cherche en vain des sectaires.

— Venons à Rousseau, repris-je.

— Je n'oserai jamais formuler mon opinion sur un nom comme celui-là, qui vous appartient bien mieux qu'à nous, simples habitants de Genève. » J'insistai. « Eh bien, me dit-il, voici franchement ma pensée. Rousseau a été homme la moitié de sa vie et hibou l'autre moitié.

— C'est donc dans cette dernière moitié qu'on aurait pu lui dire comme Giuletta la Vénitienne : « *Lascia le donne e* « *studia la matematica.* »

— Peut-être. » Il continua : « Si Voltaire fut l'homme de la société, Rousseau fut l'homme de la nature. L'un, par sa verve caustique, châtia le faux ; l'autre, par l'éloquence de son âme, fit souvent aimer le vrai. Le premier vécut à côté des rois, escorté par l'opulence ; l'autre, pour exister, copiait de la musique, errait de demeure en demeure et écrivait dans une mansarde de la rue Plâtrière ses pages, révélations intimes de la plus haute philosophie qu'il ait jamais été donné à l'homme de comprendre.

— J'admets comme vous, repris-je, que la vie de Rousseau est une page de la légende des martyrs. Il ressentit des peines matérielles, des tristesses sans nom qui lui firent appeler la fin de sa vie. L'intelligence se développe, acquiert des forces dans cette sorte de gymnastique que la souffrance impose à la pensée. Les tortures trop pressées dans le cœur font courir la fièvre dans les veines. On devient poëte pour chanter ses douleurs. De là cette disposition élégiaque qui se traduit par la poésie. Puis arrive la confession de ses faiblesses, l'aveu de la détresse du cœur, du mortel ennui de l'esprit ; et l'on ajoute ainsi un feuillet à la triste complainte qu'on appelle l'histoire de l'humanité.

— Avouez au moins que Rousseau fut plus chrétien que Voltaire, reprit le Genevois.

— J'en conviendrai sans peine ; Voltaire s'est attaqué à Dieu même. Laissons la foi aux malheureux. Celui qui meurt de faim et de froid à côté de celui qui regorge de tout, a besoin de croire à des destinées futures ; s'il pensait n'avoir jamais que six pieds de terre pour étendre ses os, il ne supporterait pas ses misères sans demander compte aux heureux de leur bonheur.

— Rien qu'un mot sur madame de Staël, reprit mon interlocuteur, sur ce cœur qui a tout senti, sur cet esprit qui a fait de la plume le plus énergique de tous les pinceaux. Delphine et Corinne résument toute sa personnalité; Delphine est sa réalité, Corinne son idéal. Rivarol l'a dit : « C'est la seule femme auteur qui fasse illusion sur son sexe. » Elle a réuni la science à la poésie, ces deux majestés incontestables et incontestées, et grâce à la variété de ses œuvres et à la nature de son esprit, on pourrait la surnommer le Rousseau féminin de son siècle. »

Ici s'arrêta un entretien qui me plut assez pour le rapporter. Notre Genevois n'était pas de ceux qui parlent pour parler, qui s'exercent à la phrase comme d'autres à la natation ou à l'escrime, et qui font ou de la prolixité ou du paradoxe. La véritable causerie s'alimente des idées produites par la conviction.

CHAPITRE DEUXIÈME

I

Je me promenais un matin avec la parfaite quiétude du badaud parisien, sans autre but que de regarder l'eau couler. Soudain je vois écrit en grosses lettres sur le mur : Courrier du Simplon *(Corriere del Sempione)*. Et l'Italie, la belle Italie, m'apparaissait à l'instant même où je n'étais préoccupée que du chemin à prendre pour me rendre en Tyrol.

J'entre. « C'est ici que l'on prend le courrier de Milan? — Oui. — Quel jour? — Aujourd'hui. — A quelle heure. — A midi. — Il est dix heures. Deux places, s'il vous plaît, » et je sors.

Je venais de revoir par la pensée Milan, les îles Borromées, Venise, et leur souvenir avait chassé mes premiers projets.

« Divine Italie! m'écriai-je, terre de poésie, de rêverie et de fleurs, je te reverrai donc encore une fois!... Qui sait pourtant si je ne repasserai pas par de décevants souvenirs, comme on repasse par des buissons que l'on aurait teints de son sang, avec le plaisir amer de le voir ruisseler aux épines ?... Et au milieu des appréhensions qu'excitait en moi cet élan vers le passé, je levai les yeux au ciel; mon regard, en retombant, rencontra la figure longue et blême d'un prédicateur protestant. Il me fit de suite l'effet d'un sermon biblique pris à forte dose. Allons-nous-en bien vite, me dis-je à moi-même.

A midi, je partais pour Lausanne la Coquette, nonchalamment couchée sur sa verte colline. Je n'y fus pas plutôt arrivée que, comme à Nantua, je quittai la ville pour le lac. C'était un second ciel étendu à mes pieds; le soleil y prodiguait ses mille paillettes, et les vagues, que soulevait à peine une brise légère, se festonnaient d'or. Je marchais sur les gazons au milieu des millepertuis, de la belladone, du muguet, de la pâquerette, étoile des prairies; modestes filles de la terre qui ne naissent que pour être foulées. Puis je suivis l'étroite arête d'un chemin nouvellement construit, où les petites lames d'un bleu d'outre-mer venaient se briser en chuchotant. Les glaïeuls bercés par les molles ondulations du vent se penchaient sur les eaux indolentes qui jouaient à leur tour avec les joncs de la rive.

II

Les cantons de Vaud et de Fribourg entourent le lac de Genève, et à l'horizon la chaîne resplendissante des Alpes découpe sous le ciel ses cimes blanchissantes. A cette heure les montagnes, pourpres et noires à leurs bases, étaient roses et violacées à leurs sommets. Partout des contours hardiment accusés, une lumière splendide, le ciel souriait à la terre, c'était un sublime paysage!.... Puis, peu à peu, le soleil descendit derrière les montagnes, noyé dans de brûlantes vapeurs.

Je vis deux jeunes époux qui naviguaient sur le lac, ils avaient l'air heureux de leur liberté complète... Ah! il n'y a qu'une atmosphère où l'amour n'étouffe pas, c'est celle de la solitude!...

A minuit je quittai Lausanne.

Je me suis rarement servie des voitures publiques pour voyager; on y est d'ordinaire assez mal, et du moment qu'on a enchevêtré ses pieds dans ceux de son voisin, cette position incommode devient intolérable, c'est le *carcere duro,* avec la circonstance du cahotement en plus. A force d'éprouver de gêne on déteste cordialement son voisin d'en face; s'il ne vous rend pas la pareille, c'est qu'il appartient à la famille des touristes qui souffrent sans rien dire, victimes offertes en holocauste à la passion du voyage, martyrs de la grande route, de la table d'hôte et de la chambre à deux lits.

Quatre vigoureux coursiers nous entraînaient comme le vent, la voiture était presque vide, quelle bonne chance!... Mais, voici que passant à deux heures du matin à Villeneuve, elle s'arrête brusquement pour laisser monter deux voyageurs. J'eus bientôt fait *in petto* le récapitulé des inconvénients que je supposais à celui des deux qui s'était placé en face de moi. Lourd, bavard, incommode sans doute! La lune, qui se levait tard, apparut enfin pure et blanche et nous donna une nuit belle comme celle des tropiques. A la vive clarté, j'aurais pu dessiner le portrait du nouvel arrivant. Teint brun, cheveux noirs, l'œil mélancolique, la lèvre fine, un rare sourire, beaucoup de pensées dans un regard. Mes prévisions m'avaient trompée. Il m'adressa quelques mots et je répondis d'abord par monosyllabes. Peu à peu la conversation s'engagea, s'anima, et je finis par voyager avec l'inconnu, non pas sur les bords du lac de Genève, mais au Chili, aux Antilles, au Paraguay et jusque dans l'Océanie.

Comme je m'abandonnai avec plaisir à ces pérégrinations de l'esprit!... Que de mondes j'ai parcourus, que de steppes j'ai traversés!... Je suis montée à bord du navire alerte, j'ai franchi l'immensité des mers, et j'ai touché à toutes les plages!... J'ai vu le soleil se lever sur le nouveau monde, et l'embraser de ses chaudes étreintes; j'ai vu l'Orient où le ciel et les âmes sont de feu; j'ai vu les volcans, ces bouches de l'enfer, et les monts couronnés de la blanche auréole des glaces éternelles. J'accomplissais une de ces courses agiles de l'imagination, à la suite de laquelle le regard de l'âme plane dans la voûte azurée ou se perd dans les abîmes inconnus de la terre.

Je m'étais reposée avec l'Indien sous les aloès en fleur, avec l'habitant de Cuba sous les bambous flexibles. Dans ces climats brûlants la mer est le cadre qui sied à l'amour heureux, l'infini des cœurs appelle l'infini des flots. La mer emflammée est le miroir qui doit réfléchir l'union des âmes ardentes comme les rayons du soleil!...

Puis, rentrant dans notre vieille Europe, visitant Grenade, la fille des Maures, j'avais vu l'Andalous sous sa résille qui flotte au vent du soir; j'avais entendu sa douce cantilène, vibrant au son des castagnettes. Mais que devint mon rêve?... Ce que deviennent tous les rêves, hélas!

III

Ardent à s'instruire, notre voyageur courait au devant de l'inconnu. Poëte, il s'était inspiré de toutes les brises, de tous les rayons, de toutes les rosées. Et, comme tous les poëtes, ces sublimes ignorants qui ne savent rien et devinent tout, il avait appris en rêvant !...

Qu'il y a loin de ce voyageur à nos lions à la mode, à la main blanche, à la voix efféminée, qui, membres indispensables du *Jockey's Club,* arpentent leur boulevard le lorgnon à l'œil, la cravache à la main !

Journée d'un dandy.

S'éveiller à dix heures, prendre au lit le roman du jour, le lire, le cigare aux lèvres, je ne dis pas le comprendre. A onze heures, première toilette, déjeuner en parcourant deux ou trois journaux. A une heure, seconde toilette (il est bien entendu que le dandy doit posséder la grâce de la cravate, donner le ton pour la coupe du gilet). Il doit défier toutes les figures du monde dans l'art de porter la moustache et de la rendre menaçante ou coquette. Je donnerais toutes les moustaches de nos beaux à la mode pour celle qu'Albuquerque, prisonnier, laissa en gage en allant chercher sa rançon.

A quatre heures, se faire voir au Club, puis s'élancer sur sa jument pur sang, qui ira droit au bois ; dîner à sept heures ; le soir courir les salons et les théâtres.

En véritable *hanneton sentimental,* avoir force bonnes fortunes, et ne pas trouver le temps de conter l'aventure du matin à cause de l'aventure du soir ; dire à tous assez plaisamment : « Le mariage n'entre pas dans mes habitudes. » Enfin, avoir le cœur lâche à la souffrance et avide au plaisir; boire, manger, dormir, tourner dans un même cercle, vivre ainsi douze mois par an et vingt-quatre heures par jour. Telle est la mission que s'impose l'homme de la *fashion*. Pour lui, le suicide ou le duel sont aussi des manières assez brûlantes d'en finir.

Je laisse le lecteur mettre en regard de cette vie inutile et souvent nuisible du *dandy* de nos cités la vie pleine du voyageur intelligent. Il questionne la nature, observe les peuples, étudie l'histoire dans ses monuments et mesure le genre humain sur ses créations.

IV

Après cette digression, arrêtons-nous à Saint-Maurice. Là nous vîmes, au milieu d'une population goîtreuse et maladive, de véritables capucins, la tête rasée, le cordon autour des reins, les pieds nus, le chapelet au côté. C'était un avant-goût de l'Italie.

Notre voyageur[1] nous quitta à Martigny, et nous fîmes alors l'acquisition d'une famille anglaise qui perdit un peu dans notre estime par la comparaison.

Nous fîmes une pause à Sion, capitale du Valais. J'ai vu avec satisfaction que les crétins y sont aujourd'hui en minorité. Depuis plusieurs années la décroissance est sensible, au dire des observateurs.

On ne guérit pas du mal incurable du souvenir, et c'est

[1] Le comte de L...; nous avions les mêmes relations à Paris.

particulièrement au cœur des femmes qu'il habite. Je fus rechercher dans une chambre de l'auberge une bien pauvre épinette dont je m'étais servie pour accompagner ma voix quelques années auparavant. Mêmes touches, mêmes sons; qu'est devenu mon goût pour chanter?

La vie se divise en deux parts. A la première les joies du foyer paternel, les rêves, les chants d'amour; dans la seconde l'action succède au rêve, on voit, on comprend, on analyse. Étreint dans le cercle inexorable de la réalité, l'idéal s'enfuit épouvanté. L'âme affaissée se replie sur elle-même, et les facultés que nous avons reçues de Dieu nous servent à souffrir. C'est alors que pour le cœur déçu tout perd de son charme; le soleil a moins de lumière, les arbres moins de verdure, les fleurs moins de parfum. Et dans le rude sentier de la vie, où l'on avance avec crainte, le soupçon vous sert de guide. L'horizon se rétrécit, les nuages obstruent le ciel, les années marchent, nos larmes deviennent amères, les glaces de l'hiver blanchissent nos cheveux, la ride naît sur notre front, tout nous quitte, le rêve et l'idéal... Et l'on nous croit heureuses!... comme si les fleurs poussaient sur les ruines!...

Mais pourquoi ce retour vers un passé enfui à jamais?... Dans la foule et le bruit on doute de son cœur, on le retrouve devant la nature avec toutes ses plaies et ses faiblesses!...

V

En quittant Sion, un soleil de plomb pesait sur nos têtes; l'étroite vallée que nous suivions était coupée par des torrents et des buissons d'osiers rabougris. Nous cheminons tout le jour, une montagne à notre droite, une montagne à notre gauche et une autre devant nous. Je me sentais emprisonnée dans ces fortifications naturelles, je cherchais l'horizon, cette patrie des âmes inquiètes; mais pas la moindre échappée pour l'œil ni pour la pensée.

Depuis une heure environ le gentleman s'avançait, se reculait, puis passait la tête par la portière. Oh! oh! s'écriait-il, et sur ses pressantes invitations les deux femmes qui l'accompagnaient faisaient exactement les mêmes mouvements. Ah! Ah! faisaient celles-ci, le corps penché hors de la voiture; tous alors de faire chorus, imitant ainsi le coassement des musiciens aquatiques de nos mares verdâtres quand le temps se met à l'orage.

Je ne doutai pas un instant que l'enthousiasme de nos voyageurs ne fût provoqué par la grandeur des sites et leur sauvage âpreté. Eh bien, me disais-je, croyez donc à ce vieux préjugé que les Anglais ne voyagent que pour voyager? erreur passée en proverbe.

Les gestes et les exclamations qui appartiennent exclusivement aux enfants de la Grande-Bretagne allaient *crescendo*. Je me servis alors du peu d'anglais que je possède pour m'initier à leur conversation.

« Je le trouve lourd et pesant, dit le gentleman. — Tandis, reprit la jeune miss, que ses compagnes sont sveltes et légères, et que leur robe est verte comme les prairies de Windsor. Je crois que son nom générique dérive du grec *batrachos,* » ajouta-t-elle, en se posant en manière de bas-bleu.

Ce mot grec, le seul peut-être que je connaisse, et qui signifie grenouille, me donna la clef de la dissertation. Je penchai la tête à la portière, et je vis le marais jonché de crapauds. Décidément la gent marécageuse avait eu l'honneur d'occuper l'attention de nos insulaires. Singulière coïncidence entre la comparaison que je venais de faire et leur grave occupation. Cette fois un fou rire irrésistible dilata mes poumons.

Si le hasard me sert assez bien pour retrouver jamais cette intéressante famille, je veux lui faire hommage de la *Batrachomyomachie*, épopée burlesque que nous devons, dit-on, à Homère.

Le soir je retrouvai nos Anglais à la table d'hôte. Le gentleman arriva la barbe faite, les ongles irréprochables. Chez nos voisins d'outre-mer c'est moins l'homme qui voyage que son vestiaire.

Les dames, sous leur mirobolante parure, n'avaient rien perdu de leur grâce britannique.

Les Anglais sont curieux à observer en voyage; ils sillonnent le globe, sont partout, hors chez eux. A ce peuple qui cultive si amoureusement le spleen, on conseille la locomotion afin de guérir son esprit malade. Je me souviens d'avoir rencontré un jeune lord, à mon premier voyage à Rome, qui voulait à toute force se rattacher à l'existence. On eût dit vraiment qu'il désirait emporter tous les monuments de l'antiquité dans sa valise. Il se promenait durant le jour l'œil fixe, la lèvre entr'ouverte, humant l'air bleu. Le soir, il rêvait aux étoiles, assis sur le chapiteau d'une colonne brisée; puis, avec le matin, il buvait la rosée en même temps que le grog national.

Mais, disons-le ici en passant, malgré les lazzis un peu rebattus que nous nous permettons à l'égard de nos voisins, s'ils passent par nos jugements, ils en sortent en définitive tels qu'ils sont réellement, ni diminués ni grandis, mais valant par l'épreuve tout ce qu'ils valent.

VI

Reprenons notre route. Le soleil se couche, les bruits s'éteignent, les montagnes sont baignées des rouges clartés du soir. Nous entendons le tintement des cloches, le bêlement des troupeaux rentrant à l'étable; nous sommes à Brigg.

Je trouvai là, au souper, l'une de nos célébrités artistiques, moi seule je la reconnus. La gloire! noble erreur!... L'homme qui se croit illustre est souvent inconnu à quelques pas de lui. Le monde fait bonne justice des notabilités de province, des célébrités locales, des illustrations de quartier et des génies de famille.

Le jour avait fini, je m'acheminai vers la vallée. J'avançais en posant le pied avec défiance, l'œil tendu dans l'obscurité. Le vent, qui s'était levé, courait sur le flanc des montagnes avec de longues plaintes, et emplissait l'air d'harmonies sauvages. Le vent et la nuit sont deux choses tristes!... Au fond des mystérieux ombrages, les feuilles semblaient émues sous un frisson convulsif. La lune, voilée par les nuages, montrait sa face blafarde, qu'elle cachait bientôt. Des éclairs blanchissaient l'horizon et jetaient leurs lueurs livides sur l'étroite vallée. Les Alpes, ce squelette du vieil univers, se dressaient ainsi que de noirs fantômes. Les lieux étaient muets comme la tombe, et les prés qui gisaient au pied des monts semblaient habités par les folets.

En suivant la route (le clair de lune est menteur), je venais d'apercevoir une grande ombre qui me suivait. Elle marchait derrière moi, mesurant son pas à mon pas; si je m'arrêtais, elle s'arrêtait. Je mettais à honneur de ne pas rentrer trop tôt à Brigg, bien que cette nuit fût menaçante et qu'elle semblât cacher dans ses plis quelque mystère sanglant. L'ombre, me servant toujours d'escorte obligée, ne me quitta qu'aux portes de la ville. Était-ce quelque noire sorcière qui, enfourchant son manche à balai, avait franchi d'un vol impétueux les sommités aériennes du Simplon? Non. C'était tout simplement un grand arbre, qui, isolé de ceux qui bordaient la route, m'avait ainsi dans l'ombre rendue le jouet d'un effet d'optique, tandis que la lune, cette veilleuse éternelle, m'éclairait faiblement de ses rayons.

VII

Nous quittons Brigg avant le jour; l'air est vif, le ciel d'un bleu foncé; à cette heure la nature est solennelle, elle est pleine encore de silence et de ténèbres; des flocons de brouillards planent dans l'espace, et peu à peu le soleil écarte le voile brumeux. Comme il fait bon respirer le grand air de la solitude!

La route du Simplon est l'œuvre de celui qui, dans notre siècle, a parlé plus haut que tous ceux qui parlent, et dont la voix a couvert le bruit que les trônes faisaient en tombant. D'un geste de sa main le géant renversa la révolution populaire en France et écrasa les monarchies absolues en

Europe. Sa vie s'est passée au delà de la gloire ; aussi a-t-elle prouvé qu'il n'y a que la gloire qui puisse regarder en face la liberté. Chez nous, elle jouit d'un tel prestige, que l'esclave même oublierait sa chaîne devant son éclat.

Ici, où Napoléon a vaincu la nature, le Simplon serait un piédestal digne de sa statue.

Nous suivons la route au pas ralenti de nos chevaux. Les monts, qui de toutes parts s'entassent les uns sur les autres, n'ont rien d'âpre à la vue; ils se cachent çà et là sous les sombres rameaux des sapins ou sous la verte parure de petits champs de froment, de maïs et de frais pâturages. Dans d'autres endroits, des bruyères arides vêtissent les montagnes. Le Savoyard a porté son chalet dans ces régions impraticables; il dispute au rocher la terre qui le nourrit. Dieu a la main qui crée; il a donné à l'homme la main qui travaille.

Elle n'est pas triste cette misère bénie du soleil qu'il éclaire et réchauffe; mais viennent les hivers!

En cheminant j'entendais le pipeau du pâtre se perdre dans le lointain, et les mille bruits de la nature formaient une mélodie vibrante qui montait en une spirale harmonieuse du fond de la vallée. Tous nos voyageurs étaient descendus; je restai seule dans la voiture. Il fallait bien donner carrière à l'imagination, cette comète vagabonde dont le parcours est sans fin. Je n'étais pas fâchée de ce tête-à-tête avec ma rêverie.

Nous ne savons jamais, nous autres femmes, si ce que nous rêvons a le sens commun, car nous craignons toujours que notre cœur s'en soit trop mêlé.

Je ne sais trop pourquoi au milieu de cette grande scène,

image du chaos, notre bocagère Normandie me revint en mémoire. Je la vis parée de son mois de mai fleuri et chantant. C'est alors que les pommiers secouent leur neige odorante, que les toits des chaumières verdissent sous la giroflée, que la pariétaire, la campanule et le liseron étoilent les murs des métairies. Le tremble au feuillage mobile, le bouleau à l'écorce satinée, jettent leurs ombres sur les prairies, et les fumées bleuâtres s'élèvent des cabanes groupées autour des clochers rustiques. Dans les vergers, les arbres ploient sous le fruit dont ils sont chargés, et sur le bord des chemins le pèlerin ramasse la prunelle des haies vives, tandis que l'oiseau voyageur se nourrit des grains rouges du sorbier. Pour animer la scène, sur le bord des fossés, de grands bœufs regardent immobiles ceux qui traversent les chemins, comme s'ils se plaçaient là pour les observer.

Plus loin la mer!... la mer!... sur nos dunes solitaires, çà et là, des balises noires et blanches, à demi arrachées par les flots; la voile latine du pêcheur glisse sur l'onde, les sloops caboteurs courent aux pointes lointaines, une frégate se balance sur les ancres et roule à la lame, et les mauves éparses tourbillonnent autour des mâts aériens. Je revois nos petits ports si coquettement posés, les pieds dans la mer, et la tête sous l'ombrage de leurs collines.

Puis avec l'automne, saison de la misanthropie, le vent d'ouest s'imprègne d'exhalaisons marines; les journées fraîches et sereines se lèvent; c'est à peine si le soleil a encore de faibles ardeurs; le fil de la Vierge flotte dans l'air, les arbres se rouillent, et dans nos jardins la rose de Bengale s'incline sur sa tige que la neige a blanchie. Mais le laboureur a recueilli les fruits de ses rudes travaux; si la terre est dépouillée, les moissons sont à l'abri, et l'aisance et la joie sont devenues les hôtes du foyer.

C'est ainsi que je mettais en parallèle et cette nature des Alpes, forte, grandiose, bouleversée, et nos champs normands, riches, peuplés, féconds. Aux opulents habitants des plaines, je comparais ceux de ces contrées inclémentes, et pourtant je trouvais l'unité dans la variété, principe immuable de la nature.

L'homme est né pour souffrir sur cette terre trempée de larmes. Depuis les sentiers non frayés du Simplon jusqu'aux sillons de nos champs productifs, jusqu'au sein de nos cités populeuses, que de plaies morales, que de misères matérielles !

VIII

Nous fîmes une halte à Berishaal. Là, j'entrai dans un chalet protégé contre le froid des hivers par de grands quartiers de rocher. Une belle jeune fille nous y reçut ; sa physionomie était souriante de santé et de contentement ; sa vieille grand'mère tricotait au coin du feu, et tout en me parlant elle se grattait la tempe avec son aiguille ; un pauvre chien, à l'œil terne, aux flancs amaigris, était couché à travers l'âtre. « Vous êtes presque aussi mal élevé qu'une personne naturelle, lui dit la vieille, d'occuper ainsi le foyer à vous tout seul. » Elle le poussa rudement du pied, et la retraite du chien décida celle d'un gros chat, qui s'enfuit épouvanté, le dos hérissé, plein d'étincelles électriques, et les yeux reluisants comme deux émeraudes. La vieille lui envoya pour adieu un regard courroucé.

Je sens que si je fusse restée là plusieurs jours, j'eusse

fait plus ample connaissance avec ce chien, pauvre bête mal famée, que pour tout ce qui tient au cœur je place à cent piques au-dessus de certaines natures humaines.

Devant la porte les poules picoraient à l'ombre, et le coq piaffait en chantant. Ce petit intérieur n'avait rien de triste, il était riche d'ordre et de propreté.

Dans un des coins de la chaumière, un bel enfant dormait. Je ne donnai point un sourire de joie à son berceau ; on ne naît que pour mourir ; et je venais de mesurer, en le voyant, la voie de misère qui devait s'étendre entre ce berceau et une tombe.

IX

En sortant du chalet, mon œil étonné courait sur les sommets audacieux des montagnes qui dressaient de toutes parts leur masse pyramidale, nature si âpre, si sauvage, si belle !... C'était tout un monde de merveilles, et cet horizon largement ondulé ressemblait à une mer avec ses vagues gigantesques.

Je ne suis jamais plus croyante qu'en face de ces grandes pages de la création. C'est là que j'adore à deux genoux celui qui a paré la nature de son éternelle royauté ; c'est lui qui a dit à la terre de verdir, aux monts de s'élever, au soleil de briller, à l'eau de courir, aux brises de chanter. Béni celui qui a argenté la lune et parfumé la fleur ; béni celui qui a lancé les mondes dans l'espace et dit à l'oiseau de dormir dans le duvet de son nid de mousse !

Je remercie Dieu de m'avoir faite croyante, car la vie, entrevue aux lueurs de l'athéisme, n'est qu'un effrayant abîme dont le fond est le néant.

X

Nous arrivons au village du Simplon, curieux à voir dans son désordre. Là, le grand événement de la journée, c'est le retour des troupeaux. Les vaches reviennent accompagnées de leurs mères et de leurs enfants ; les cochons de lait marchent en éclaireurs, tandis que les oies, en se dandinant, forment l'arrière-garde. Les enfants, armés de gaules, forcent les traînards à rejoindre le corps d'armée. Tout ceci vaut bien le bétail des villes.

J'entre dans une pauvre église, j'y voulais prier!... J'ai vu Saint-Marc avec ses coupoles byzantines; j'ai vu le dôme de Cologne, que baignent les eaux fougueuses du Rhin ; j'ai vu Saint-Pierre de Rome avec sa couronne de siècles, et je voulais m'agenouiller dans cette modeste chapelle, ouverte au pèlerin. La prière devrait être plus fervente sous le toit agreste que sous les arceaux de marbre... J'entre... Je trouve une population affublée de grands linceuls blancs sur lesquels se dessine une croix rouge. Les vieilles, avec de gros yeux verts sous d'épais sourcils, avec leurs longs bras nus, le sein sec et ridé, eussent fait peur aux plus déterminés. Une musique burlesque interrompait par moments la psalmodie nasillarde des montagnards, et la voix acide d'un orgue les accompagnait dans un autre ton que les chanteurs. Dans cet humble sanctuaire, il eût fallu un orchestre qui tonnât aussi fort que le vent, aussi haut que la foudre, ou plutôt il eût fallu le silence de la solitude !

En sortant, j'entendis la cloche chrétienne qui chante sur le berceau du pauvre et qui pleure sur son lit de mort;

Puis, en levant les yeux sur l'horloge, dont chaque heure nous vieillit, et dont la dernière nous tue... je réfléchis tristement!

Me voici dans la chapelle qui tient à l'église et qui sert d'ossuaire aux générations éteintes. Les murs sont couverts de tibias, de vertèbres et de tristes débris. Par terre gisaient des ossements humains, les uns blancs et secs, les autres jaunes et humides. Les têtes se confondaient pêle-mêle, les lézards sortaient de leurs orbites creux, et la mauve s'y entrelaçait. Je me disais : Ces pauvres vieux rameurs démantelés ont-ils bien conduit leur esquif? Des os symétriquement rangés garnissaient le fond de la chapelle, et ces restes hideux y formaient d'horribles arabesques. Je lus ces mots : « Tel que tu es, j'ai été; tel que je suis, tu seras. » Il y avait là une leçon plus forte que les sermons des prêtres, que les discours des philosophes.

N'avons-nous pas vu défiler bien des fantômes à travers les songes de la vie?

Je dis à ces pauvres restes : Qu'avez-vous fait de vos âmes?... Étincelles échappées au divin foyer, atomes immatériels émanés de l'infini, qu'êtes-vous devenus?... Muets ossements, étiez-vous hommes ou femmes? jeunes ou vieux? Répondez. Tous les morts se ressemblent. Nous envoyons nos bagages d'avance chaque jour à la mort; puis, à la dernière heure, qu'est-ce que la vie contemplée par celui qui va mourir?... Oh! nous ne mourons vraiment que lorsque la vie nous quitte dans toute la vigueur de notre esprit, dans toute la puissance de notre être!

Qu'est-ce que la vie humaine? une comédie pour l'esprit qui pense, un drame pour le cœur qui sent...

Le présent est une seconde, le passé un songe, l'avenir une illusion... L'homme, après avoir fait un peu de bruit pendant sa vie, fait un peu de cendre après sa mort!

Deux pauvres vieilles étaient agenouillées dans un coin de la chapelle. L'une d'elles avait les yeux pleins de larmes. Dieu l'aura écoutée, car il protége quand les hommes abandonnent.

La foi est un bon oreiller sur lequel dorment bien le faible et le juste.

XI

Je rentrai dans l'église vide. Alors je priai pour ma mère adorée; je l'ai pleurée de toutes mes larmes, et je n'avais pas assez d'une âme pour l'aimer. Dieu n'aura abrégé ses jours sur la terre que pour les allonger dans le ciel! Je lui ai fait une solitude dans mon cœur, elle n'en sortira que lorsqu'il cessera de battre.

Hélas! hélas! je ne peux plus faire aujourd'hui que mon orgueil de ce qui fut si longtemps ma joie!

Oh! la première nécessité de la vie est de mourir pour renaître, et arriver à ces régions où nos attachements seront éternels!

L'ossuaire du Simplon me rappela les vieux fantômes que j'avais vus à Saint-Michel de Bordeaux. Les momies conservées sont debout, les bras pendants, l'œil vide, la poitrine vide, et montrant les dents. Ces spectres blêmes passent leurs nuits glacées sans manteaux!... leurs muscles se sont détendus graduellement et laissent voir leurs os. Quelques-uns de ces morts ont conservé leur nez, leurs lèvres, leur barbe, en dépit de la mort. J'avais reculé en présence de ces têtes grimaçantes, devant cet amas de poussière humaine qui tombe grain à grain et s'entasse pour l'éternité.

La mort ne règne-t-elle pas en despote sur la terre? Elle paraît quand l'heure qui l'appelle vient à sonner. Elle se montre à la lueur des bougies, aux rumeurs des fêtes. Alors les mains brûlantes se glacent, les cœurs émus se brisent. C'est elle qui détache la couronne de la tête des rois pour les coucher à terre; c'est elle qui dénoue les cheveux parfumés de la jeune fille, qui pâlit ses lèvres encore chaudes, et la laisse belle comme dans la vie. Elle s'assied au chevet du berceau de l'enfant ou se couche entre deux époux dans le lit nuptial. L'ombre de ses ailes fait la nuit, le nuage qui la porte fait le froid... Triste!... ô triste!

Puis après la mort l'oubli... Celui qu'on a pleuré et qui se lèverait de sa tombe pour rentrer dans la vie croirait trouver sa femme en pleurs, son coffre plein d'or comme il l'a laissé... Sa femme est à un autre et son or aux mains d'un héritier avide. On lui a pris affection et fortune. Il faut qu'il retourne s'étendre dans son lit solitaire. L'oubli pousse plus vite dans l'âme humaine que l'herbe sur la pierre de la tombe.

Le costume des habitants d'une partie de la Bretagne est sombre; leurs vêtements de deuil sont les seuls qu'ils égaient, ils sont bleus comme le ciel, terme de leurs espérances.

Ils portent le deuil de la vie et non celui de la mort.

XII

Une fois le village du Simplon passé, les pentes des montagnes sont nues et ravinées. Sur leurs parois se dressent des rochers qui, dans leur majesté abrupte, ressemblent à de terribles forteresses taillées par la main de Dieu.

Partout le flanc des montagnes incultes et décharnées porte la trace des torrents qui les ont déchirées en passant; des quartiers de roche menacent le ciel ou pendent sur l'abîme; des arbres déracinés gisent çà et là, et les cimes des Alpes se revêtent de leur éternel manteau de glace.

Après nous être repliés une douzaine de fois sur nous-mêmes et avoir traversé maintes galeries, nous arrivons à la cascade de .... L'eau tombe d'étage en étage et finit par se perdre dans le torrent qui fuit au fond du précipice, en se brisant contre des quartiers de rocher que le temps a arrêtés dans son lit. Rien de plus magnifique que ces masses d'eau furieuses et grondantes, toutes blanchies d'écume et nuancées des couleurs primitives de l'arc-en-ciel. Leur long ruban d'argent mobile et moiré de mille tons divers se perd au sommet du rocher.

Quelle misère offre la description écrite ou peinte de ces magnifiques aspects; c'est à peine si le crayon peut en retracer quelques grandes lignes qui valent mieux qu'une étude finie, car au moins l'esquisse est le reflet vivant d'une première impression.

Arrivée au bas du Simplon j'adressai mes adieux à ce triste empire de la nature inanimée.

CHAPITRE TROISIÈME

I

Voici Crevola, Domo d'Ossola!... C'est déjà la brise italienne, les enfants nous jettent des fleurs, les cloches sonnent, les moines mendient. *Ecco, ecco la bella Italia!*

La vallée de Domo d'Ossola est riche et luxuriante de verdure. Ce n'est plus ici une nature inculte, grandiose, pleine de haute poésie, c'est une nature fraîche, parée, riante. Nous entrons au galop de nos chevaux dans la cour de la Locamda di Spagna; nous sommes assaillis par une foule d'empressés, d'officieux, les inévitables *fachini*, cette lèpre de l'Italie. Ces hommes vont, viennent, crient, gesticulent, entrent et sortent par toutes les portes; l'hôtel est encombré de gens pressés, très-pressés..... de ne rien faire.

Cette vallée produit une autre race d'hommes que la montagne. Ils sont bruns couleur de suie, la lèvre forte, les traits réguliers, l'œil rêveur, le regard profond, la taille haute, les épaules larges. Les femmes, souriantes comme le matin, portent le corsage écarlate, la jupe courte; une fleur naturelle pare leurs cheveux noirs, et un rayon de soleil illumine leurs prunelles veloutées. Chez ce peuple quelle vie, quelle animation! C'est bien là l'Italie alerte, remuante, passionnée!...

Une pieuse réminiscence me mène à la première station du calvaire de Domo d'Ossola. Les arbres et les pelouses s'en vont en désordre sur les flancs doucement inclinés de la colline qui porte le sanctuaire béni. Je retrouve la madone que la foi des Italiens a parée de brillants oripeaux. Les arbres ont grandi, l'ombre s'est accrue, la vierge de pierre est restée la même.

Sur les degrés de la chapelle une vieille femme prie en pleurant, tandis qu'à ses côtés une pieuse fille sourit en priant. Elle sourit aux blondes fées de son avenir!... Tandis que la vieillesse, cette voyageuse de nuit, pleure son passé.

Des champs de maïs s'étendent dans la campagne, partout la vigne enlace le mûrier dans ses guirlandes flexibles. La terre se tapisse de plantes vivaces et gigantesques qu'on dirait fières de devoir si peu aux soins de l'homme. Il semble que les fleurs sauvages naissent sur vos pas, tant le sol s'en montre prodigue. Dans ces derniers jours d'août, si doux, si somnolents, j'aspire l'air des prairies, et dans les brises aromatiques qui accourent des montagnes, je crois reconnaître les émanations de chaque plante alpestre. Comme les sylphes, ces légers esprits de l'air, doivent se baigner joyeusement dans ces parfums subtils !

L'eau coule molle et paresseuse sur les prés fleuris, et les ruisseaux se glissent comme des traînées de vif-argent sur la verdure. Le vent du soir courbe la tête des roseaux, tandis que l'eau du marais s'étoile des blanches fleurs du nénuphar.

A l'horizon les montagnes s'écartent et se vêtissent de pins. Le Monte-Roso dresse ses cimes altières, il domine le val de Mancugnana, et cache sa tête dans les nuages; quelques ruines apparaissent çà et là à la crête des collines; les villa éparses se voilent sous le feuillage, tandis que les hameaux suspendus aux flancs des monts couronnent l'ensemble de ces beaux paysages.

Ici plus de chèvres farouches qui gravissent le roc, mais de longues vaches grises qui font résonner les clochettes suspendues à leur cou, et quelques poulains échevelés qui bondissent dans la plaine. Le pâtre indolent ne veille guère sur son troupeau, il rêve aux étoiles.

Que de fois je me suis demandé à quoi songe le berger en regardant le ciel; à quoi pense la jeune fille en filant sa quenouille au pied d'un arbre! N'en doutons pas, il faut qu'il existe pour ces hôtes du silence et de la contemplation une suite de longues rêveries, de douces extases dont la nature a seule le secret.

II

Le soir nous étions à Baveno, délicieux petit village sur le lac Maggiore, dont les toits plats se couronnent de clématites et de vignes sauvages.

La surface unie du lac, unie comme une glace transparente, était plombée par les teintes du soir. Je m'achemine vers un bois de mélèzes dont les pentes inclinées s'étendent jusqu'au bord de l'eau. J'écoute le rossignol, ce chantre des nuits heureuses, qui confie à l'ombre sa douce *cantilène*. La nuit me ramena à mon auberge tout italienne, pleine de bruits, de rumeurs et de chants. Les fruits et les fleurs peints à fresque sur les murs de ma chambre lui donnaient un air de fête. Je m'étends dans une couche moelleuse et sous d'amples rideaux de blanche mousseline, portés par quatre colonnes enroulées de chêne sculpté. Je reposais donc enfin sur le sol de l'Italie!... Les fées de la nuit me devaient de doux rêves; elles me furent favorables; sur leurs ailes agiles je traversai le beau pays des chimères.

Quel singulier phénomène que celui d'un corps endormi qui reste tant d'heures éteint comme un cadavre, tandis que son esprit voyage au milieu de la vie animée!... La nuit nous appartenons aux songes, et tantôt ils nous conduisent sur les nuées radieuses, tantôt ils nous plongent dans un noir chaos, et il nous faut souvent employer le jour à nous reposer des fatigues imaginaires de la nuit. Tandis que le corps s'assoupit, la pensée veille et se remplit d'idées sombres ou riantes. Dans cet état qui tient de la vie et de la mort, il semble qu'il soit donné à l'homme d'atteindre les sphères idéales, car le sommeil double ses facultés, l'esprit humain acquiert presque le don de seconde vue, et l'avenir lui est révélé comme par intuition. Combien de révélations douces ou tristes de la nuit le temps a changées en réalités?

Le rêve ne nous rend-il pas ceux que l'absence ou la mort nous a pris? Nous les revoyons, mieux que cela, nous nous sentons palpiter sous leurs douces étreintes. Ceux qui ont au cœur une passion qui les ronge comme le ver ronge le fruit, atteignent, dans le sommeil, le but par eux tant désiré. En dormant l'ambitieux saisit la faveur, l'avare dévore de l'œil son trésor, l'envieux met la main sur le bien qu'il convoite, le poëte touche à la gloire, la femme oubliée croit ressaisir la moitié de son âme, la mère rêve à son enfant et l'enfant rêve au paradis.

La nature bienfaisante n'a pas retiré au vieillard l'illusion du sommeil, il complète pour tous les âges un bonheur inachevé. Et lesquels valent mieux de nos songes de la nuit ou de nos songes du jour?

Endormons-nous dans la joie, rêvons, et ne nous réveillons pas!

Et pourtant le lendemain j'étais sur pied avec l'aube; la nuit avait été orageuse, le vent s'élevait par raffales, et à ces heures dorées du matin où les eaux doivent être bleues et nacrées, elles étaient agitées et sans transparence. Grâce à ma bouillante impatience, j'avais réveillé tout l'hôtel. Nos bateliers n'arrivaient pas, je les guettais à la fenêtre, dans l'attente les heures sont si lourdes à porter... Enfin les voilà, voilà nos rameurs, partons!

Le lac et les montagnes se cachaient encore sous un voile de vapeurs grisâtres; à peine si une teinte plus lumineuse colorait l'horizon et si l'œil pouvait deviner sous les brumes les prés, les arbres, les petits golfes et les villages qui bordent la rive. Autour de nous tout se faisait mystère. Mais notre barque s'est éloignée du rivage; soudain le lac s'illumine, un globe de feu vient de se lever dans une atmosphère sombre encore, et s'élance des collines qui planent sur Spalanza. L'astre prend son essor, monte dans la voûte bleue, et la nature encore sommeillante sort par degrés de son assoupissement. Tout vit, tout s'anime, l'âme humaine touche à la fois à tous les points de cette scène ; muette et lasse de son impuissance, elle s'incline devant celui qui a dit au jour : « Lève-toi. »

III

Mais les vapeurs amoncelées sur Feriola marchaient dans le ciel comme une noire colonne, le roulement profond du tonnerre rompait seul le silence de la nature ; sa voix menaçante bondissait d'échos en échos. Les nuages s'amoncelaient sur les montagnes et de livides éclairs déchiraient la nue. Les hirondelles effrayées traçaient de grands cercles dans l'air. Les vagues soulevées par le vent, se frangeaient d'écume et accouraient de toute leur vitesse vers la rive.

Isola-Bella avec ses blanches terrasses sortait comme un spectre blafard des eaux blêmes du lac Maggiore.

Notre barque avait à lutter contre la lame courte et violente. Nous abordons à Isola-Bella et je vois encore une fois cette demeure princière, avec ses terrasses de marbre blanc, ses pyramides d'orangers surmontées d'un Pégase. Néanmoins je préférerais la nature toute simple et je donnerais tous les palais du monde pour un rocher brut sortant de l'Océan.

En parcourant les chambres de la villa on est frappé du grand caractère de l'ameublement terne, à demi-usé et riche tout à la fois ; les meubles précieux, les beaux tableaux sont le patrimoine de la famille Borroméo. Là, que de richesses qu'envieraient nos musées et les collections de nos antiquaires !

Mais tout en pressant le pas dans ces salles splendides, j'éprouvais une sensation triste causée par la symétrie de leur arrangement intérieur que personne ne trouble, et par leur luxe artistique dont personne ne jouit. Tout est grave dans ce palais immobile et muet.

Dans l'étage inférieur, des pièces tapissées de coquillages ouvrent sur le lac. C'est l'asile des naïades, ou plutôt un conte réalisé des Mille et une Nuits. J'aimerais assez avoir beaucoup de millions et peu d'années, et devenir reine de ce palais d'Armide. Mon imagination aidant, je régnai pendant quelques minutes sur l'île parfumée, fille des eaux et du soleil.

Je ne me suis jamais fait un paradis absolu où l'on doive jouir de plaisirs sans cesse renouvelés et sous toutes les formes. Je me crée un paradis approprié à mes goûts, à ma nature, et qui sait si quelque planète bienfaisante n'en garde pas un ainsi fait pour chacun de nous?... Ce jour-là Isola-Bella était ma terre promise, mon ciel terrestre.

Je marchais d'un pas lent dans les jardins où les arbres sont taillés et mutilés, où l'eau est prisonnière dans des bassins de marbre; je ne trouvai pas même l'empreinte d'un pas humain sur le sable des allées. Mon rêve s'envola, ma tristesse revint. Décidément le libre désordre de la nature reparaîtra avec ma royauté.

C'est dans ce palais qu'un comte Borromée donna jadis asile à Tempesta. Le peintre avait assassiné sa femme pour se livrer à un autre amour. Soustrait à la rigueur des lois par l'hospitalité du grand seigneur, Tempesta acquitta sur la toile la dette de la reconnaissance.

Notre cicérone eut le soin de me faire voir le portrait de

la femme aimée pour laquelle le crime avait été commis. Sa beauté ne me parut pas une excuse suffisante pour la terrible preuve d'amour qu'elle avait reçue.

IV

Je voulais me rendre à Isola-Madre ; un vent impétueux soulevait les eaux du lac, nos bateliers refusaient obstinément de quitter la terre; le danger était pressant, assuraient-ils. Je n'étais pas fâchée d'essuyer une bourrasque ; je me disais : Si la mort vient nous chercher de la part de Dieu, partons! « Quatre rameurs de plus, dis-je à notre capitaine irrésolu, et mettons à la voile. » Ils levèrent l'ancre, les vents étaient contraires, des vagues énormes enlevaient notre barque à leur cime, puis la faisaient retomber aussitôt dans le lit profond qu'elles avaient creusé. De tardifs éclairs traçaient encore dans le ciel leurs zigzags de feu, et ma résolution nous rendit spectateurs d'une grande scène.

Isola-Madre nous reçut sous ses ombrages parfumés. Qu'elle est belle avec ses orangers épanouis et ses plantes exotiques souriant au soleil d'Italie !

Dans ce charmant séjour, les chanteurs ailés, heureux comme les colibris dans les savanes de Cuba, voltigeaient sur nos têtes, le paon promenait sa robe de rubis, le faisan de la Chine étalait son plumage argenté, tandis que les papillons joyeux et actifs s'abreuvaient dans le calice des fleurs.

En partant, nous prîmes à bord, pour les conduire à Spalanza, la vieille jardinière d'Isola-Madre et sa petite fille, jeune enfant de seize ans. Rien de plus hideusement laid que les vieilles femmes en Italie : celle-là était si ridée, si plissée, si blême, qu'elle ressemblait à une des plantes que venait de nous décrire notre trop savant botaniste, après décoction. L'enfant brillait de jeunesse. Insouciante, elle chantait devant la vie, comme une alouette devant son nid. C'est que la magicienne était là, la jeunesse, elle qui du plomb fait de l'or, elle qui tient toujours par la main sa jeune sœur, l'espérance! Comme je regardais cette belle enfant, il me semblait voir passer dans ses yeux d'un bleu d'azur les songes, blanches colombes qui rafraîchissent le front du battement de leurs ailes!...

Le berceau est un nid joyeux, plein de chants, de prières, de larmes : à l'enfant, l'espérance, cette joie anticipée à laquelle l'avenir donne souvent un cruel démenti.

Hélas! chaque illusion en s'en allant nous emporte une joie. Le passé nous apprend l'avenir. On juge parce qu'on se rappelle, on doute parce que l'on sait; on recherche, d'étape en étape, les rêves de sa jeunesse; ils sont effacés, et les derniers jours engendrent des idées tristes comme les oiseaux de nuit qui se cachent dans les ruines.

Le sommeil du vieillard est, comme le dit saint François de Sales : « Le frère qui attend la sœur. »

Qui de nous n'a pas compris que le bonheur est comme l'herbe des prairies : c'est au moment où elle est le plus verte qu'elle tombe sous le tranchant de la faux.

V

Nous touchons la rive. En nous quittant, la vieille

femme m'envoie un baiser du bout de ses doigts ridés, et l'enfant m'adresse un fin sourire.

La fougue du vent s'était apaisée, mais le flot avait conservé son agitation. Le soleil baignait de ses feux la nappe azurée qui s'étendait devant nous. Nous nous arrêtons à Spalanza, beau village avec ses maisons vastes et ses toits italiens. Voilà donc le peuple que l'on nous peint si pauvre dans son oisiveté. Je souhaiterais aux ouvriers de Birmingham et de Manchester, ces vraies machines humaines, d'être logés comme les paresseux habitants de Spalanza. Et si je compare les demeures aérées de ces derniers aux misérables tanières de nos Bretons, je me demande à quoi sert de marcher à la tête de la civilisation européenne. Chez nous, partout de hideuses masures à côté de palais orgueilleux. Le progrès en France n'a pas, certes, atteint son but, s'il ne sait, avant tout, assurer le bien-être des masses.

Le peuple mendiant de Spalanza vous tend la main avec une certaine arrogance. En Italie le sein le plus fier se gonfle sous des haillons, tandis que chez nous l'orgueil ne se trouve à l'aise que sous de riches habits. Et pourtant il y a une si petite différence pour le bonheur entre le riche et le pauvre; si l'un est las de la vie, l'autre en est dégoûté.

« *Il vapore, il vapore!* » s'écrie tout d'une voix la population ramassée sur la place, et le bateau à vapeur s'avance majestueusement, surmonté de sa colonne de fumée qui plane dans l'air comme le panache flottant du guerrier. L'eau bouillonne sous ses roues frémissantes qui tracent en marchant de longues rides sur la surface du lac.

A Sesto-Calende nous rencontrons la *dogana*. Là nous

subissons une visite inquisitoriale. En France on poursuit les bijoux, les dentelles; ici on fait la chasse aux idées, tout papier imprimé est saisi. La peur du cabinet autrichien se traduit sous toutes les formes dans ses possessions.

De Sesto-Calende à Milan la poussière faillit nous étouffer; le vent la soulevait par d'épais tourbillons qui s'interposaient entre nous et le paysage.

Rien de plus riche, rien de plus productif que le sol de la Lombardie. Couvert de prairies fertiles et de champs de maïs; la vigne, liée à l'ormeau et au mûrier, suspend ses vertes guirlandes au-dessus des moissons abondantes. Çà et là les paysans fauchaient les prés, et leurs femmes faisaient, à côté d'eux, la récolte en chantant. Sur les routes, les *contadini* conduisaient de lourds attelages de bœufs gris ou faisaient manœuvrer leurs barques sur des courants d'eau. La Lombardie doit sa fertilité à son système d'irrigation qui baigne ses champs et ses prés. Ses routes sont belles, ses gîtes excellents, et, je le répète à regret, en traversant cette riche contrée, la mémoire de notre France, avec son ciel variable, ses villes noires, ses villages fangeux, m'attristait le souvenir.

Là, je trouvais pour reposer ma vue des maisons éclatantes de blancheur, et des ruisseaux de cristal qui couraient sur des prairies veloutées. L'homme cultive avec soin, avec intelligence, avec amour, cette terre qui le nourrit en mère généreuse.

L'ombre au tableau pour le voyageur, c'est d'abord ce cri éternel : « *La buona mano, ecellenza mia,* » que tous ici répètent à l'unisson. Puis le postillon milanais, qui, assis commodément sur son siége, vous mène aussi lentement qu'il convient à ses chevaux efflanqués, et s'empresse à chaque relai de réclamer son salaire.

Autre cri : « *I passaporti, signori i passaporti.* » Il faut le dire, les craintes du maître se traduisent par ses carabiniers placés à tous les relais. Qu'il est triste pour un peuple de perdre sa nationalité ! La domination étrangère n'est pas d'institution divine.

VI

Voici Milan, Milan, la ville qui porte les fers aux pieds et aux mains. Ici l'on ne respire point à l'aise; il faut tenir son passeport toujours visible pour pouvoir y entrer et en sortir. Partout l'Italien et l'Allemand, le maître et l'esclave !

Milan a gardé sa place à travers les siècles. Fondée par un chef gaulois, elle avait grandi lorsque florissait l'empire romain. C'est en vain que Charlemagne raye cette opulente cité de la carte d'Europe, et que plus tard, en 1162, Frédéric Barberousse la rase de fond en comble. Elle renaît de ses cendres, plus belle, plus éclatante, et prend rang en tête des villes qui formèrent la fameuse ligue lombarde. La lutte des Sforza avec nos rois de France, Louis XII et François Ier, remplit les pages des quinzième et seizième siècles. C'est tout un drame traversé par la passion, par le mouvement de la guerre, par la colère de la défaite, par la raillerie de la victoire, par la ruse des traités.

Si les rois de France tiennent haut leur sceptre et menacent couronne en tête, les ducs de Milan ont aussi leur diadème. Leur sceptre n'est qu'une longue épée, leur force souveraine un indomptable orgueil. Sous Philippe II, Milan se fait Espagnole; le traité d'Aix-la-Chapelle la baptise Autrichienne. La révolution française jette à bas les aigles de la cour de Vienne, elle fait de cette ville la capitale de la république transpadane. Napoléon, empereur, la donne pour résidence au prince Eugène, nommé vice-roi du royaume lombardo-vénitien. Et de tout ce bruit, de toute cette splendeur, qui ont remué Milan de fond en comble, que lui reste-t-il aujourd'hui? Le silence de la défaite, l'impuissance de l'esclavage.

J'entre à Milan; quel bruit, quelle éblouissante confusion d'images et de couleurs! Les voitures brûlent le pavé, les promeneurs se coudoient, les femmes se cachent à demi sous leurs voiles noirs et jouent de l'éventail. Qu'y a-t-il là pour la pensée? Rien. Quel repos aux champs, quelle rumeur à la ville! Au milieu de ce mouvement sans but, je me surprends à regretter le Simplon, ce grand chaos terrestre, et Baveno, douce solitude! Que j'aimais mieux le ciel semé d'étoiles qui s'étendait comme un manteau sur le lac silencieux!... Il y a plus d'éloquence dans le repos des nuits au milieu de la nature, que dans ce bruit incessant des villes populeuses.

En voyage, c'est au milieu des grandes cités qu'on souffre de l'isolement; se sentir seule au milieu de la foule, c'est triste!... On ne rencontre là que des cœurs, que des visages inconnus. Chez soi, dans son pays, on peut encore dire à ceux avec lesquels on a vécu : « Vous souvient-il? » Et comme on se prend à regretter au loin l'ami qui sait notre vie, celui qui partage nos joies et nos douleurs, qui touche à toutes nos plaies sans les agrandir!... Oh! il y a dans ceux que nous aimons un fluide magnétique que l'âme reçoit et qui nous aide à vivre... Chez l'ami vrai, peu de démonstrations, beaucoup de dévouement; peu de paroles, beaucoup d'actions. Il console le cœur qui pleure et qui doute, en lui infusant l'espoir et la confiance!

On commence par dédaigner l'amitié si elle s'offre pour nous consoler d'un amour perdu. Puis avec son assistance les souffrances s'apaisent, les larmes se tarissent, et elle finit par n'être pas assez fière du bien qu'elle nous a fait!...

Mais qui ne sait qu'on peut aussi souffrir par ses amitiés mêmes? N'a-t-on pas le contre-coup des malheurs, des séparations, de la mort? L'amitié est-elle exempte des malentendus, des injustices, des jalousies? Elle s'attriste d'une préférence, d'un refroidissement, de l'ombre d'un oubli!... Elle console et fait souffrir le cœur.

A Milan, je ne rencontrai personne à qui je pusse tendre la main gauche, celle qu'on ne donne qu'aux vrais amis. Mais je me dis à moi-même que le bonheur comme l'amitié ont besoin d'être quittés pour être mieux compris.

VII

Je ne revis à Milan que le Duomo, avec son peuple de statues et ses fines dentelures de pierre fouillées par la main des anges. Noir à sa base, blanc à son sommet, ce monument est né de tous les rêves, de toutes les passions de l'Italie, et Napoléon est le dernier qui ait apposé son sceau impérial sur cette montagne de marbre percée à jour.

J'entre dans l'intérieur du temple. Devant la sainte majesté de ce lieu on fléchit le genou et la prière monte aux lèvres.

Je plains celui qui doute et qui ose mesurer l'Éternel sans trembler!

VIII

Ce qui manque à l'Italie, c'est la circulation des idées, aussi nécessaire à la vie sociale que la circulation du sang dans nos artères l'est à la vie physique. A-t-elle la liberté d'écrire, de publier, de penser même? Ses maîtres l'ont privée des jouissances de l'esprit et de la simple expression de l'intelligence.

La politique, en Italie plus que partout ailleurs, est réduite à la science du moment; sans principes, sans codes, elle varie selon le temps, les lieux, les circonstances. C'est l'application de la force brutale, et si, pour servir ses vengeances, le pouvoir n'a plus les plombs de Venise, il a encore les neiges du Spitzberg. N'y a-t-il pas toujours, en politique, quelques vieux Montalte qui s'appuient sur leurs béquilles jusqu'à ce que, les ayant jetées au loin, ils se relèvent Sixte-Quint? L'oppresseur ne dit la vérité que le lendemain de sa victoire.

Les temps de gloire de l'Italie ne sont plus, elle marche servilement dans le sillon que lui a ouvert la domination étrangère. Que de siècles il lui faudra traverser pour faire disparaître la trace de la servitude! Jusqu'ici ses tentatives d'affranchissement n'ont servi qu'à river plus fortement ses fers; les canons de l'Autriche sont braqués sur les places des cités lombardes, et les soldats allemands fondent sur le peuple à la moindre menace de soulèvement.

En relisant ces dernières réflexions, écrites en 1847, je me demande si je dois les publier en 1851. Une révolution a passé sur l'Italie. L'étincelle électrique, partie de la France, a propagé l'incendie dans la vieille Europe; les démagogues de tous les pays, encouragés par l'exemple que nous venions de donner au monde, ont partout promené la torche révolutionnaire, et l'on a le droit de se demander aujourd'hui s'il ne faut pas applaudir à une intervention étrangère qui soustrait un pays à la fureur de ses propres enfants.

Chez nous, 1830 a produit 1848. Le gouvernement, né des barricades, n'avait pour lui ni l'ancien droit ni la sanction des peuples. Ce règne éphémère n'a été qu'une usurpation qui n'avait pas même reçu son baptême de gloire. Il procéda par la démoralisation du pays, la corruption des individus, l'absence des croyances, l'abolition des principes et l'effacement des caractères. Aussi la monarchie citoyenne s'est-elle écroulée au moindre souffle des partis, et nous en avons traversé les décombres et la poussière.

Toutes les révolutions sont filles d'une même famille. La monarchie bâtarde, née sous des pavés, devait glisser dans la république.

Un seul homme est-il sorti de cette dernière révolution qui vient de remuer le monde? Non. Les orages ne fon éclore que les insectes, les ambitieux montent à la surface comme l'écume sur la mer pendant la bourrasque. Pauvre arène où il ne s'est pas présenté un lutteur! Dans cette révolution de 1848 on a pu se croire un moment en 93, aux hommes près. Si en France on a conservé l'instinct révolutionnaire, on n'a plus la passion, cette fille des convictions. Pour faire le mal ou le bien il manque, à presque tous, le courage au cœur, la force au bras.

Si j'exalte la liberté qui naît de l'ordre et de la stricte observance des lois, je hais celle qui est fille de la licence et mère du despotisme.

Mirabeau avait raison quand il disait, en 1790 : « Nous donnons au monde un nouvel exemple de cette aveugle et mobile inconsidération qui nous a conduits d'âge en âge à toutes les crises qui nous ont successivement bouleversés. Il semble que nos yeux ne peuvent être dessillés, et que nous avons résolu d'être, jusqu'à la consommation des siècles, des enfants toujours mutins et toujours esclaves. »

IX

Quand je parcourais l'Italie, je remarquais tristement le contraste qui existe entre la gaieté vive, spontanée, de ses enfants, et la morgue insolente de ses maîtres, et je me demandais si elle était condamnée à une éternelle servitude... Depuis cette époque, des efforts héroïques ont été tentés par les Italiens pour reconquérir leur indépendance, et le résultat obtenu n'a fait qu'accroître la puissance de l'Autriche qui tient maintenant plus fortement que jamais le pied sur sa conquête. Il serait trop long d'exposer ici les causes qui ont ruiné, pour longtemps peut-être, les espérances de l'Italie.

Placé à l'avant-garde du pays, le royaume de Sardaigne devait être tout naturellement appelé à prendre en main la défense de la nationalité italienne. De là le rôle obligé de Charles-Albert et de la maison de Savoie. L'Europe a apprécié les événements de 1848. Le contre-coup de la révolution française avait fait tressaillir tous les cœurs italiens; on put croire pendant quelques mois, après la révolution de Milan contre l'Autriche, que Charles-Albert allait réunir sous le même sceptre la Lombardie et le Piémont, en assurant au reste de l'Italie l'indépendance, la nationalité et l'unité fédérative : la liberté conduisait à ce résultat, la démagogie ne l'a pas permis.

En Italie comme en France, les plus dangereux ennemis des peuples sont ceux qui, s'intitulant leurs défenseurs exclusifs, compromettent les plus belles causes par les excès d'un zèle farouche et d'un radicalisme extravagant. Ce sont leurs exigences qui, en 1848, avaient forcé Charles-Albert de rentrer dans ses États après sa première expédition, couronnée d'abord par de brillants succès; ce sont les divisions funestes, fomentées par les clubs et les sociétés secrètes, qui ont amené le désastre de Novare.

L'Italia fara da se!... disait ce prince, qui s'était imaginé que l'amour de l'indépendance et de la patrie suspendrait, au moins pendant la guerre, les luttes qui, à Rome, à Florence, à Venise, à Naples comme à Turin, armaient les uns contre les autres les partis acharnés. Il ne savait pas que la haine du pouvoir et de l'autorité est encore plus forte chez les révolutionnaires de toutes les contrées que l'amour du pays.

Oui, l'Italie, pour se régénérer et reconquérir son indépendance, n'a besoin que d'elle-même; mais il faut que des princes comme Charles-Albert ou Léopold ne soient point réduits à l'impuissance; il faut que le pontife, qui est à la fois le symbole de l'indépendance italienne et de la vérité religieuse, ait repris cette influence morale et ce pouvoir protecteur qui avaient déjà produit dans la péninsule des effets si inespérés : que l'anarchie soit vaincue, l'Italie reprendra sa force, et chez elle la vue ne sera plus attristée par la présence des soldats étrangers qui campent sur son sol héroïque.

X

Il est un nom généreux, nom patriotique à côté de ceux d'Andryane et de Gonfalonieri, que le monde nouveau entoure d'une auréole dorée, comme font les dévots pour leurs saints du paradis ; c'est celui de Silvio Pellico, dont la voix chrétienne s'exhale en plaintes harmonieuses à travers les barreaux de sa prison. Son livre *I miei prigioni* restera un livre immortel, parce qu'il a été écrit sous l'inspiration de la souffrance et qu'il a l'éloquence de la vérité.

Il n'y a d'immortelles que les existences malheureuses ; l'adversité est une couronne qui devient une parure dans la postérité. Le génie ici-bas, persécuté, méconnu, meurt en laissant sa trace lumineuse, et ressuscite pour être adoré.

Disciple de l'Évangile, Silvio pardonne à ceux qui le font souffrir ; il raconte ses douleurs avec une étonnante sérénité ; le rire même aura ses coudées franches dans son étroite cellule, et le caporal Schiller, et la petite geôlière Zanze seront crayonnés par lui avec un entrain charmant : Schiller, type du germanisme en épaulettes ; Zanze dans sa naïveté maligne, hirondelle des grilles et du verrou.

Que faire à Milan lorsque la Scala est fermée ?... Je fus dîner à Monza, qui a pris le rang de ville, grâce à un décret de Sa Majesté Impériale et Royale. Comme tous les touristes scrupuleux se font montrer la fameuse couronne de fer que possède Monza, je me privai de la voir, rien que pour faire exception à la tradition consacrée. Je n'aime guère à me faire mouton à la façon de Panurge et à sauter de confiance les fossés par où ont passé ces estimables troupeaux. Bravant la peur des brigands qui, d'après les récits, infestent l'Italie, et que j'aurais bien voulu rencontrer (ne fût-ce que pour faire une étude de mœurs d'après nature), je ne rentrai à Milan qu'escortée par les ombres épaisses de la nuit.

Charmants et spirituels brigands, don Juan de montagnes et de broussailles, qu'êtes-vous devenus?... Vous qui détroussiez si galamment votre monde, tuant les carabiniers du pape avant midi, volant les *vetturini* au coucher du soleil, priant avec l'angélus, et devisant sous un balcon de Séville ou de Naples avec la nuit, vous n'êtes donc plus, hélas!

Enfin, arrivés à Treviglio, notre voiture descendit humblement des rails du chemin de fer, et, grâce à la nonchalance italienne de nos postillons, et grâce aussi au goût de nos chevaux pour le *far niente,* nous reprenons une allure plus en rapport avec la curiosité toujours en éveil du voyageur.

Je traversai en courant plusieurs grandes villes dont la description artistique pourrait remplir tout un volume. J'en ferai grâce au lecteur; qu'il sache seulement que j'ai passé au bord du lac Garda en pleine nuit, et qu'il veuille bien prendre sa part de ma mésaventure.

Durant cette éternelle marche, nous faisons de longues pauses à chaque relai. Les *trattorie* qui s'échelonnent le long de la route, regorgeaient de gens de mauvaise mine. Partout des figures patibulaires travesties en manière de brigands, affublées de lambeaux de draps et de velours, fières, très-fières sous leurs pompeuses guenilles.

Au milieu de ces quasi brigands, quelques vieilles, hideuses comme les sorcières de Macbeth, s'agitaient, versaient à boire. Tous criaient, juraient, tapageaient. Il faudrait le pinceau de Salvator Rosa pour esquisser les repaires de ces bandits en goguette. Les voix rauques et avinées couvraient le cliquetis des verres, et les rires sataniques se perdaient dans d'étranges clameurs. Enfin, à une certaine heure de la nuit, nous prenons un renfort de carabiniers royaux, qui se mettent à galoper aux portières de notre voiture. Cette escorte obligée nous apprend les dangers de la route. Nous avions le droit d'espérer que les braves soldats commis à notre garde feraient marcher hommes et chevaux; mais voilà qu'à chaque relai ceux-ci se mêlent aux postillons pour boire, chanter, rire ou maugréer, se versant de nombreuses rasades dignes du dieu *Bacco* qu'ils invoquent à grands éclats de voix.

Ces retards consécutifs excitaient la plus vive colère parmi nos voyageurs. A chaque station ils mettaient la tête à la portière, en s'écriant : « *Birbanti, ladroni, ma è una vergogna, avanti! avanti!* » puis ils reprenaient : « *Corpo di Bacco! corpo di Dieci! sangue di Diana! madona mia, andiamo, andiamo* (on saura que les Italiens ont pour habitude d'invoquer indifféremment Bacchus ou la madone); mais toutes ces malédictions se perdaient dans les rires frénétiques des démons incarnés qui nous menaient au gré de leur folie.

La veille, à Brescia, je m'étais aperçue que la partie la plus intéressante de ma *robba*[1] était restée en route, et je mêlais mes lamentations aux énergiques témoignages de colère de mes compagnons de route. C'était une plainte vaine qu'emportait la tempête. Des effets attardés en Italie ressemblent beaucoup à des effets perdus. Cette nuit-là, je trouvai qu'il valait mieux voyager avec quatre bons chevaux de poste attelés à son landau anglais, que dans le *corriere di Milano à Venezia.*

XI

A Vérone, l'herbe pousse dans les rues et sur les places. Les haillons des habitants pendent aux fenêtres enrichies de gothiques colonnettes et de fines sculptures. Je saluai les arènes et le tombeau de Giuletta, cette douce victime de l'amour.

A Vicence, nous reprenons le chemin de fer; nous laissons Padoue sous la tutelle du grand saint *Antonio*, son patron, et nous atteignons bientôt la lagune.

C'est un singulier, un étrange, je dirai plutôt un grand, un magnifique spectacle que l'intelligence humaine va dérouler devant nous!... Un rail de fer posé à travers la lagune, nous emporte au-dessus des flots, nous volons sur les vagues! Ce problème résolu fait honneur au génie de l'homme, et doit le grandir dans sa propre estime. C'est ainsi qu'on court jusqu'à Venise, on enjambe la mer d'un seul bond, et l'on est bientôt porté à l'extrémité du Canale

[1] Nom qu'on donne au bagage en Italie.

grande; mais ce sentier brûlant, jeté par la main de l'homme avec une téméraire hardiesse, relie la ville des doges à la terre ferme, et Venise veut la solitude, l'isolement. Fille des ondes, laissons-lui sa ceinture azurée et son flot discret qui vient mourir au pied des escaliers de marbre de ses palais en ruine!.... Tout ce qui porte un cachet d'actualité contraste péniblement avec la cité vieille et cassée qui n'est plus que le spectre vivant et couronné des temps ensevelis. Que j'aimais mieux prendre à Fusina la barque indolente qui vous portait en glissant sur l'onde immobile. Alors on entrait silencieusement dans Venise. Arrière l'animation, le bruit, la vie, n'insultons pas les morts!

Ce n'est point en économiste, encore moins en industriel, qu'il faut explorer Venise, la Niobé antique, c'est en rêveur, c'est en ayant à l'âme le rayon qui fait le poëte.

Le rêveur, être incomplet et maladif, sonde les profondeurs du monde idéal. S'il est poëte, Venise deviendra son domaine, car elle ne tient presque plus à la terre; il faut la contempler, comme disait Hamlet en parlant du fantôme de son père, « avec l'œil de son esprit. »

Je me disais : Vais-je retrouver, en cheminant de nouveau sur les canaux de Venise, mes impressions d'autrefois? En revoyant l'Italie n'affaiblirai-je point jusqu'au souvenir qu'elle m'a laissé?... Souvent la mémoire se plaît à renouer ironiquement les deux bouts de la vie pour nous faire mieux sentir ce que nous avons perdu dans la chaîne des ans. Naguère, la nature muette me semblait éloquente, je prêtais une voix aux montagnes, aux nuages, aux vagues!... Mais lorsqu'on a fait dans la vie un bien long chemin, lorsque la perspective que l'on avait devant soi passe derrière, que tournant le dos à un riant passé, on marche au-devant d'un triste avenir, la nature parle moins haut, la solitude pèse, on la fuit pour se dérober au spectacle de soi-même, on veut l'entretien des hommes et leur bruit qui étourdit.

Pétrarque n'a-t-il pas dit : « Que fais-tu, que penses-tu? Pourquoi regarder en arrière dans un temps qui ne peut jamais revenir, âme inconsolée? »

Le temps attache un crêpe noir à nos idées. Qui n'a pas perdu bien des illusions vertes comme la jeunesse, et mortes avant d'avoir atteint leur virilité?... Alors pourquoi chanter; qui répéterait nos chants? Pourquoi marcher quand personne ne voudrait nous suivre? pourquoi parler sans réplique et rire sans échos?... Malheur à celui qui n'a plus d'amour à bercer ni de songes à faire!

Oh! ne vieillissons pas; la vie humaine, lorsqu'elle se prolonge, ressemble à ces voies romaines toutes bordées de tombeaux; c'est un champ de bataille où tant de nos amis sont tombés dans la mêlée, hélas!

Et pourtant, le dirai-je, j'ai revu Venise et j'ai ressaisi mes émotions vives, instantanées d'autrefois, oui, j'ai revu Venise avec un plaisir d'enfant!... L'heure du repos désenchanté est donc tardive pour les âmes ardentes? leur foyer intérieur ne fait que changer d'aliment : aux organisations nerveuses, impressionnables, il faut la vue de la nature, car elles ne puisent pas leurs sensations aux mêmes sources que la foule.

CHAPITRE QUATRIÈME

I

Nous descendons à la Riva dei Schiavoni. La mer s'étend calme sous une lune argentée, la lueur des étoiles se mêle aux feux des barques. Quelle nuit!

Le lendemain, les heures empourprées du matin jettent leurs beaux rayons sur le pavé de marbre de ma chambre. Le soleil est radieux, l'air est pur, la journée sera belle!... Je sors et je suis partout : al Palazzo Ducale, à San Marco, à l'Arsenale, à San Georgio, à Santa Maria di Salute!

Me voici sur la Piazetta, au pied du lion ailé de Venise. Il a balayé de sa queue la poussière des siècles, et les siècles à leur tour ont rongé sa crinière. Malgré ses ailes déployées, il ne prend plus son essor, son œil est terne, ses flancs amaigris. Il ne reçoit plus de salaire pour son éternel servage. Jadis les rois lui donnaient pour litière leur écusson au champ d'or; aujourd'hui, pauvre et rivé à sa colonne, le lion pleure sa souveraineté perdue!

Ici les siècles ont tout détruit, les foudres, les trophées, les insignes de bronze; et tandis que l'œuvre humaine se brise sous l'aile du temps, le brin d'herbe lui résiste.

Les nations languissent avant de mourir, la décadence marche, marche toujours; l'agonie d'un peuple est longue!

Voici San Marco, avec ses blancs minarets, ses dômes byzantins, ses mosaïques à fond d'or, si brillantes encore sous la poussière des siècles, et ses flèches qui dessinent leur profil sur les tons dorés du ciel. Saint-Marc, tes coursiers de bronze te sont revenus avec la victoire.

J'entre dans les profondeurs du temple et je m'incline sous les parvis de porphyre et d'or, tout palpitants d'harmonies sacrées. L'église est parée, les chandeliers reluisent au tabernacle, les tapis déroulent leurs moelleuses arabesques, les spirales d'une fumée odorante se p rdent sous la voûte bysantine. Est-ce le Dieu de Moïse, est-ce le Saint des saints qu'on adore ici, ou bien quelque divinité païenne? En Italie, les dieux n'ont fait que changer d'autels. Me voici au sommet du clocher de San Marco, longue aiguille de marbre qui monte dans la nue. Partout, à Venise, le mélange précieux de deux architectures, le plein-cintre romain et l'ogive arabe d'un gothique oriental. De ces hauteurs, mon œil court sur la lagune, tandis que Venise la belle, Venise la morte gît à mes pieds. L'œuvre brisée des hommes est restée là au milieu de la mer, cette reine éternelle qui n'a pas changé!... Comme s'il voulait réparer l'injustice des siècles, le soleil jette ses mille paillettes dans un air embaumé, et il embrase de ses ardeurs la vieille cité voilée sous son manteau de marbre. Il semble que le corps acquiert une légèreté immatérielle dans ces royaumes de l'air; l'esprit s'illumine, l'âme quitte la terre et cherche un horizon transparent, infini, qui appelle les pensées d'avenir. Les facultés se doublent sous les flots d'harmonie mystérieuse qui montent de la terre au ciel.

Je t'aime Venise, je t'aime dans ta riche misère, dans ton superbe dénûment!... j'aime ta lagune qui flamboie sous la splendeur de ton ciel!

II

Je quitte le sommet aérien et me voilà plongée dans la nuit des cachots, dans la prison d'État où l'histoire de la douleur est écrite sur les murailles en caractères sanglants. Pauvres prisonniers!... les doges de Venise vous tenaient frémissants sous leurs pieds et vous n'aviez pas même pour vous le rayon de la lune qui tombe dans le cachot comme une espérance! Dans les salles du palais ducal, les vaillantes ombres des Morisini, des Dandolo, du Mocenigo, se lèvent imposantes pour répondre à l'appel des siècles, et près des héros, Tiziano, Tintoretto et Paolo Veronese, ont jeté l'éclat de leur caprice ou de leur génie.

Tout est grand, tout est noble à Venise; les soupirs résonnent poétiquement dans les palais sonores et vides, et les larmes que vous y arrache l'admiration ont aussi leur volupté!

Mais ma gondole avec sa proue élégante me présente son col de cygne, et nous glissons sur les eaux limpides. Elle est belle encore la féerique cité, sérieuse ou coquette, elle sourit sous ses chaînes et prend des airs de sultane pour se faire tour à tour fière ou soumise, terrible ou souriante.

Voici l'Arsenal, riche des dépouilles de Lépante et de

Candie. Les capotes grises veillent à l'entrée de la porte ; à Venise, comme à Milan, l'Autriche est toujours là! Pauvre Italie, elle dort sous la menace des canons ennemis!...

Au musée des chefs-d'œuvre qui n'ont point d'âge, Tiziano, Tintoretto et Paolo Veronese, c'est ici votre domaine fermé aux révolutions. Je m'incline devant vous, car si je crois peu à la majesté des titres, je crois beaucoup à celle du génie !

Qu'est devenu pour l'Italie le temps où l'art était une religion ? La servitude a renversé tous les autels.

Sous le dôme dei Frari reposent les cendres de Canova. La porte du monument funèbre est entr'ouverte. La pierre du tombeau ne se scelle pas sur l'homme de talent, après lui sa pensée court le monde.

Le jour va finir, ses dernières heures ont quelque chose d'harmonieux, *heures mélancolieuses*, dit Rabelais, qui évoquent les souvenirs. Que de fois j'ai été tentée de dire à de chères images : Permettez-moi quelques larmes, car l'heure est triste. « Mais silence, mon cœur, tu n'as pas le droit de souffrir tout haut[1]. » Bercée par une brise tiède, je me laissai aller à la rêverie, réflexion errante qui flâne et n'avance pas, et je ne sais quelle route elle prit pour me conduire en face de la baie des Trépassés dans notre vieille Bretagne.

Au jour des morts, l'âme des naufragés plane au sommet de chaque vague et le couronne d'une écume blanchâtre. C'est en ce lieu que tous ceux qui eurent les flots pour linceuls se rassemblent, et c'est là aussi que se rencontrent ceux qui se sont aimés dans la vie et perdus dans la mort.

[1] Braher.

Ils se quittent bientôt, emportés par le flot dont ils doivent suivre la marche. La houle jette des soupirs plaintifs, de sourds gémissements. Il faut prier avec ces âmes errantes qui pleurent, peut-être, à la porte du paradis!... Une analogie de temps et de lieu avait fait naître en moi cette réminiscence : je l'écartai peu à peu, et, dans cette inaction de l'âme, j'essayai de peupler l'avenir de songes moins tristes que ceux du passé.

Enfin les étoiles s'allument une à une dans le ciel; elles laissent tomber sur Venise leur regard clair et chaste. Filles poétiques de la nuit, elles se lèvent vives et scintillantes, jettent leur clarté radieuse sur le manteau du ciel, ou bien dorment dans l'éther azuré. Elles tracent des signes que l'œil ne peut saisir, et ne nous disent pas le secret de leurs destinées. Astres errants, je vous interroge avec une vraie, une ardente sympathie. Comme je voudrais savoir vos noms, vos âges? Êtes-vous vides ou habités? Dites-le-moi. Peut-être un jour serez-vous notre patrie!

Si le soleil sied aux fleurs, la clarté des étoiles convient aux ruines. Nous venons de glisser sous la sombre arcade du pont des Soupirs; j'entends la voix du rameur vénitien qui se perd dans la brise des lagunes. L'ombre vient encore attrister mon rêve; j'ai cru voir passer Venise dans sa noire gondole, Venise morte dans son cercueil de marbre!... Mais bientôt les lumières de la Piazzetta dansent dans l'eau du canal, les barques passent et repassent, et des rumeurs bruyantes me font sortir de ma rêveuse apathie.

III

Nous abordons, adieu les songes! ici c'est la vie réelle. Les fachini et les gondoliers fument accroupis au pied de la statue de san Teodoro, tandis que d'autres étendent leur paresse sous les arceaux de marbre du palais moresque.

Je suis au milieu de la place Saint-Marc; la voilà bourdonnante, avec ses cafés, ses galeries, ses théâtres. Et si, échappant par la pensée à ce tumulte, mon regard pénètre dans cette cour monumentale du palais des maîtres de Venise, je crois voir rouler sur les degrés de marbre de l'escalier des Géants la tête de Marino Faliero. Les Vénitiens parlent, crient, gesticulent, se coudoient, se pressent; ils viennent ici le soir se reposer de l'oisiveté de leur journée. La place San Marco est le Tolède de Venise, même bruit, même animation. Partout des groupes bavards, des musiques rauques, des chanteurs enroués. Tous, allant, venant, se démenant, sous les jets capricieux du gaz, lorsqu'il ne faudrait à la ville des doges que le rayon tremblant qui tombe des étoiles. Et je me disais : « C'est donc là Venise, Venise la somptueuse, la ville valeureuse et opulente, la reine de l'Adriatique, qui tint si longtemps l'empire barbaresque en échec? »

Quand le soleil se couche, les Italiens se lèvent; la vie, suspendue pour eux pendant le jour, recommence avec la nuit. A Venise, comme à Milan, les femmes sont belles, vives, passionnées; elles sont coquettes à la promenade et coquettes à l'église ; agenouillées sur les dalles de Saint-Marc comme à la porte des mille cafés de la Piazzetta, leur regard cherche un autre regard. Parmi les femmes du peuple, j'en ai vues dont les traits caractérisés eussent été dignes du pinceau de Murillo ou de Léonardo da Vinci, mais celles-ci sont l'exception. En général, les Vénitiennes sont petites, brunes, courageuses, exaltées; leurs affections sont tranchées, elles haïssent ce qu'elles n'aiment pas à la folie.

La Vénitienne, née sous un climat énervant, languit sous notre ciel, elle a froid à notre soleil. Chez nous, son teint brun pâlit; sa taille, souple comme le jonc flexible, se penche. Sa mollesse habituelle vient se briser contre notre vie active; elle rêve, et nous agissons; elle se repose, et nous marchons. La passion seule l'anime; sans une pensée d'amour ou de vengeance, elle ne vit plus, c'est à peine si elle se laisse vivre. L'amour est pour elle la vie du cœur et de la pensée. Nous la contraignons à voiler l'ardeur de son âme, sous notre vêtement comme sous notre éducation, et elle étouffe sous cette double enveloppe. Elle a beau baisser les yeux pour ne pas voir qui la contemple, fermer son cœur pour ne point aimer qui l'aime, elle aimera, sinon elle s'éteindra dans les brumes glacées de nos nuits d'hiver, comme l'oiseau voyageur qui, saisi par le froid, n'a pu atteindre les régions du soleil.

Je cours dans les rues étroites qui font le centre de Venise, une bande de ciel bleu, semée de paillettes d'argent, m'apparaît au-dessus des maisons qui les bordent. J'entre dans des boutiques décorées de feuillages, de vertes banderolles et de lanternes de couleur. Les richesses de la terre s'étalent chez les marchandes de fruits. Je les questionne; ce n'est pas sans plaisir que je me trouve face à face avec les grands yeux noirs italiens.

A chaque angle des murs, la madone... la Vierge a pour les Vénitiens des regards si miséricordieux!

IV

Nous rentrons à minuit, la belle heure des rendez-vous, et bientôt l'ange aux ailes sombres plane sur la ville assoupie. L'amour s'enhardit sous les rayons de la lune, et aujourd'hui, que la croyance aux revenants est morte, la nuit accompagne plus de tendres paroles que de noires visions.

L'air de l'Italie endort la pensée et éveille les sens. A Venise, il faut dormir et aimer : l'amour y bat le plein, comme la mer qui sert de ceinture à la cité des rêves.

Mes yeux se ferment doucement sous les blancs et voluptueux rayons d'une lune toute italienne. S'il faut en croire Charles Fourier, la lune n'est plus qu'un astre à l'agonie, qu'il est assez ridicule d'admirer; quoi qu'on en dise, rien ne flétrira à mes yeux cette belle reine des nuits. Quoi! la lune elle-même aura trouvé ici-bas des calomniateurs!!

Le lendemain matin je côtoyais la baie verdoyante de Santa Chiara; les arbres s'y penchent avec amour sur la lagune. C'est ici Venise bocagère, avec sa verte couronne; on y entend le rouet des femmes et les horloges du couvent qui sonnent d'une voix claire. Il règne là une sorte d'égalité incontestable; la barque de l'ancien noble et celle du riche banquier, comme celle du marchand de fruits, voguent ensemble sur les canaux, sans qu'aucune d'elles ait la priorité. Chose étrange! le peuple me semble heureux en dépit de sa misère; il porte si fièrement la pauvreté, qu'assurément il porterait avec noblesse l'opulence. Il vit sur ses bateaux chargés d'herbages odorants, de vins de l'Archipel et d'oranges de Malte. A-t-il faim, il chante; est-il opprimé, il se rit de ses maîtres. Insoucieux dans son dénûment, il ne croit pas, comme le riche, qu'il n'y a de nécessaire que le superflu. La facilité de la vie entretient chez lui l'indolence. J'ai rencontré à Venise, comme dans tout le reste de l'Italie, une misère hautaine. Flatteur à jeun, insolent quand il est repu, ce peuple n'est point à plaindre, car c'est à peine s'il a la conscience de l'infériorité qui lui est imposée.

Arrachez un lazzarone à son climat napolitain, conduisez-le dans un des palais sombres qui se mirent dans la Tamise, et dites-lui : « Ce palais est à toi, avec des millions pour y vivre, sois riche, sois heureux ! » Six mois écoulés, le mendiant du soleil voudra revenir à son lit d'algue verte, à la pierre qui lui sert d'oreiller; il voudra sa terre napolitaine où le pin élancé lui tend son large parasol. De même le gondolier de Venise redemanderait ses lagunes, ses chants, ses brises.

A Venise comme à Naples, les hivers sont de tièdes étés; les jours sont radieux, les nuits sereines. Est-ce que pour tout un peuple les ardeurs du soleil équivaudraient à la liberté ? Le soleil ! il flotte dans le ciel, il secoue son ondoyante chevelure sur la terre qu'il féconde; il pénètre dans la chambre du pauvre, il l'éclaire, il le réchauffe, il entre dans sa vie... Le Tasse, apercevant ses rayons à travers les barreaux de sa prison, disait : « *Ecco l'amico spirito che cortesamente è venuto a favellarmi.* » O Italie, Italie, ton soleil t'éblouit trop pour que tu voies les chaînes dont tes mains sont chargées !

Le lecteur voudra bien se rappeler que ces lignes ont été écrites en 1847, et je dois consigner ici en toute humilité que l'histoire est venue donner un démenti à l'opinion que je venais de formuler sur l'insouciante apathie des Italiens. C'est encore parmi ce peuple que l'on rencontre la plus belle espèce d'âmes, et l'héroïque défense de Venise est là pour le prouver.

V

Les événements de 1849 ont démontré que Venise était encore la ville des doges, et que le patriotisme n'était pas mort dans le cœur de ses enfants.

C'est une belle page à ajouter à son histoire que celle de sa lutte héroïque contre une puissante armée commandée par le vainqueur de Novare. En soutenant le siége mémorable qui a illustré son nom, jusqu'alors inconnu, le brave et intrépide Manini a donné un grand exemple à l'Italie et au monde. Il a fait voir que le patriotisme s'élève à toute sa hauteur quand, sous la ferme discipline d'un homme de bien, il préside à la défense du territoire en réduisant à l'impuissance les passions anarchiques.

En succombant sous le nombre, Venise a du moins prouvé qu'elle était digne de la liberté. Puisse l'Italie apprendre à son école le grand secret de la force des nations qui aspirent à l'indépendance ! Les fureurs démagogiques, qui tuent la liberté au dedans, rendent un peuple impuissant à lutter contre les ennemis du dehors.

Avant que l'Italie songe à vaincre l'Autriche, qu'elle s'occupe de triompher des tribuns factieux qui la déchirent au profit de leur ambition.

VI

Si l'on ne rencontre pas ici comme chez nous la guerre éternelle que se font les hommes d'oppression et les hommes de résistance, il y a au moins dans chaque ville de l'Italie des âmes patriotiques qui rêvent la délivrance de leur pays; elles attendent et elles espèrent!... Çà et là apparaissent dans le cours des siècles des intelligences qui, devançant le temps, disent des vérités que les esprits ne sont pas encore faits pour entendre, parce que leur public n'est point venu. Ce sont les hommes de l'avenir qui se sont fourvoyés en venant un siècle trop tôt dans ce monde. Je les préfère aux gens qui se disent prophètes, et qui, au lieu de voir en avant, ne voient qu'en arrière.

Tout en voguant nous atteignons le Lido; les algues, les joncs, les glaïeuls en verdissent les rives, et l'œil s'y repose. Je suis le vol des goëlands, des pétrels qui fendent l'air ou rasent la lagune, je m'assieds au bord de la mer, et je me plais à interroger l'écho et à suivre l'aile des mauves. Comme la rêverie s'attelle facilement à l'aller et venir de la vague, quel chemin elle fait avec elle!... J'aime mieux un peu de silence, un peu de mousse verte, et le chuchotement de l'eau que les joies tristes de Venise.

Qu'elles sont belles les femmes au Lido! leur sourcil arqué se dessine sur leur œil noir de velours, leur regard est limpide comme l'étoile, leur chevelure flottante comme l'algue des grèves, leur pied mince et agile, leur taille ployante et cambrée. Nonchalantes et passionnées, elles sont divines ces molles enfants de l'Adriatique.

Dans les nuits d'orage, les filles de Palestrina et de Chioggia chantent sur la rive, jusqu'à ce que la voix de celui qu'elles aiment et qui court la mer réponde à leur voix.

Dès mon arrivée à Venise, j'avais fait choix de deux alertes gondoliers. Ils jetaient habilement le mot qui sert aux rameurs pour s'éviter aux détours des canaux. Dominico, l'un des deux, était plutôt travesti que vêtu sous sa veste de Perse à grands ramages, et sous son feutre à petits bords. Il chantait les stances du Tasse avec une voix qui, en conscience, ne venait ni de la poitrine, ni du gosier, ni même de la tête. Pour moi, cette voix était un problème, et ce chant une manière de complainte d'une gamme très-élevée qui rappelait le cri du goëland dans les gros temps.

Je crains que ce gondolier ait perdu le peu de poésie que longtemps il déroba à la servitude. Il n'a vraiment gardé que son esprit pénétrant et sa causticité native.

Je voulais de la musique et des chants à tout prix.

« Dominico, lui dis-je, ce soir même, il me faut des chanteurs.

— *Schiavo suo,* reprit-il.

— Je veux d'autres gondoliers qui puissent me dire des barcaroles.

— *Oimè! i gondolieri non cantano più.*

— Eh bien! je veux les chanteurs de la Fenice, puisqu'en ce moment le théâtre est fermé.

— *Sior si, sior si,* » répondit Dominico (c'est leur mot consacré).

Et le soir même, étendue paresseusement sur les coussins de maroquin noir de ma gondole, qui glisse comme un beau cygne sur les eaux du *Canale Grande,* j'écoute une belle et douce mélodie. Les choristes de la Fenice nous accompagnent de près dans une barque conduite par quatre vigoureux rameurs. La nuit est calme, les eaux des lagunes sont tranquilles, les étoiles mêmes n'y tremblent pas. Des milliers d'astres nouveaux se révèlent à ma vue comme un semis de paillettes ; les tons irisés du couchant se reflètent dans l'onde, et Venise, ainsi qu'une flotte à l'ancre, dort sur l'eau et sous le ciel. Les fines dentelures de ses palais se voilent sous des vapeurs confuses, les campanules se mêlent aux noires arabesques des balcons, puis après tout se perd, s'estompe et s'efface sous une ombre vaporeuse ; nos gondoliers seuls se dessinent dans l'air bleu.

Sous les accords des voix, aux sombres lueurs du crépuscule, il était facile à la rêverie d'imaginer derrière les rideaux de lampas cramoisi ou derrière les tendines de jonc qui voilent les fenêtres des palais de divins tête-à-tête où les idées se mêlent, où les émotions se confondent, où les sensations se purifient dans l'éther des saintes tendresses. Voluptés où l'âme tient plus de place que le corps...

Si la barque mélodieuse glisse rapide comme la flèche, nous nous élançons dans son sillage; si elle ralentit sa marche, nous la suivons avec une religieuse lenteur. La mélodie court sur la lagune, les échos de la mer la prolongent en notes graves et pénétrantes, qui se fondent dans le bruit harmonieux et cadencé de l'eau soulevée par les avirons.

Comment définir l'instinct musical de ce peuple *dilettante* passionné? Le chant n'est-il pas sa langue maternelle? Nos choristes nous disent les morceaux d'ensemble *dei Puritani* et *di Parisina*, puis viennent, après les airs nationaux, les vives barcaroles; c'est alors que leur verve comique se livre à tous ses bonds capricieux.

Dominico ranimait nos virtuoses par de fréquentes libations de vin de l'Archipel; s'ils faiblissaient, il s'écriait soudain : « *Coraggio, cantiamo, brava canaglia!* » Et bientôt les voix, un peu trop lentes d'abord, finissaient par se passionner.

La musique, langue sacrée qui n'est comprise que par les organisations complètes, est le champ le plus vaste qui soit ouvert à l'imagination. Le manque du sens musical est une sorte de surdité de l'âme, et quand les avenues en sont assez closes pour que le son n'y arrive point, la prière, la supplication même ne doivent point y avoir d'accès.

J'avais pris goût à ces courses mélodieuses, nous recommençâmes le lendemain. Mais au milieu du trajet le ciel s'obscurcit, le vent balaie les nuages rapides, il soulève la masse houleuse des vagues, et une plaine sombre et mugissante s'étend autour de nous. Cette fois, notre gondole, triste comme un cercueil, n'est plus qu'un point noir et solitaire. La barque qui porte la symphonie nous suit découragée; la pluie tombe à torrents. La foudre, cette voix tonnante de la nue, bondit à travers les échos. La vague nous soulève, nous abaisse avec elle, et les voix humaines se perdent dans l'orage. Grâce à leur instinct musical, nos chanteurs choisissent des mélodies sauvages qui se mêlent au désordre du ciel, tandis que le tonnerre les accompagne à grand orchestre.

Quelle scène!... A chaque éclair les eaux livides des lagunes s'illuminent et flamboient!... J'aperçois au loin une pauvre barque de pêcheurs ballottée sur les eaux; elle semble s'engloutir, puis elle reparaît sur la crête d'une autre vague. Nos gondoliers s'écrient : « Marie, étoile des mers, patronne du matelot, protége celui que l'orage menace. »

Qu'était Venise sous la tempête? Un amas de marbres brisés, de palais chancelants, de ponts qui croulent, d'eaux mortes et désertes... Plus de chansons sur la lagune, plus de poésie aux lèvres du rameur, plus de gondoles mystérieuses, plus de drames d'amour!... Venise alors m'est apparue comme la courtisane délaissée qui secoue ses roses fanées, et cache ses mains humiliées toutes chargées de parfums et de chaînes!

VII

Je dirai quelques mots sur les Italiennes. Elles m'ont paru vraies, franches, naturelles; elles sont tout simplement telles que la nature les a créées. Leur cœur est un livre toujours ouvert, leur confesseur c'est tout le monde; elles ne prennent et n'acceptent rien froidement. Les femmes de tant d'autres pays aiment ou n'aiment pas, celles-ci adorent ou détestent. Exemptes de coquetterie, il semble que pour les Italiennes il n'y ait qu'un seul homme, celui qu'elles aiment; elles ont au moins le mérite d'être fidèles à leur infidélité. Certains maris, il faut le dire, ne sont que les protecteurs obligés des faiblesses de leurs femmes, rien de plus. Ceci me rappelle un dialogue que voici. Une femme du monde venait, me disait-on, de se séparer avec éclat de son mari. « Le scandale doit être assez rare, dis-je, vos époux sont si facilement complaisants? — Oui, reprit-on alors, mais vous vous expliquerez l'événement quand vous saurez que l'objet de la préférence de la jeune femme n'était point du goût de son mari. » La raison, comme on le voit, était concluante, et je m'inclinai, *in petto*, devant ce nouvel art d'aimer en partie double, sous la raison sociale du mariage.

Chez les Italiennes point de feinte, point de mystère; chez elles le sentiment monte tout naturellement du cœur aux lèvres, tout aveu devient facile. Elles ne trouvent pas de mots pour tromper celui qu'elles aiment. L'amour est le plus beau sentiment qui puisse germer dans une âme, disent-elles; aussi l'amour est-il leur état normal. Quand cette passion fougueuse est entrée dans leur vie, elle s'en empare, et leur âme devient la moitié d'une autre âme. Si un homme plaît à une Italienne, elle le regarde avec les yeux du cœur, et lui fait comprendre qu'il est aimé. Les attachements nés d'un mot, d'un regard, sont souvent aussi durables qu'ils sont spontanés, et ces unions de choix se consacrent par le temps. La beauté du climat, la clémence du ciel, les poésies du luxe, les plaisirs du monde, ne sont, en Italie, que les entr'actes de l'existence; les jouissances réelles sont celles du cœur, et l'amour est la seule flamme qui donne la vie.

En France, notre éducation première, comme la seconde, que nous recevons du monde, nous apprennent à nous montrer autres que la nature ne nous a faites. Tous nos fronts ont un masque, nous pleurons quand nous voulons rire, la joie luit dans notre regard quand notre cœur est déchiré. Mensonge! notre monde, tel qu'il est, a des déguisements pour tous. Passant à côté de la vérité, nous nous contentons de faux semblants. Aussi, à force de mettre un vernis sur toutes choses, chez nous, on n'est jamais effrayé de ce qu'on voit, mais on peut l'être de ce qu'on découvre.

Dans notre monde, *le convenu* prend une grande autorité; il y a si peu de gens qui osent oser! On redoute les jugements d'autrui, car ils sont sans appel, les méchants ayant l'habitude de se servir de leur langue comme les spadassins de leur épée.

Nos salons se composent surtout de sceptiques dont le sourire accueille chaque mot qui représente un sentiment.

Les Français usent tout rapidement, les sentiments, les idées, la vie. Fidèles à rien, comment le seraient-ils à l'amour?... Ils ont bien vite secoué ce lien d'or que l'indifférence détend ou brise, et les femmes qui prendraient leurs protestations au sérieux tomberaient dans une étrange méprise. Notre coquetterie est l'œuvre des hommes. Comme aujourd'hui on se passe de force et de grandeur en toutes choses, on ne fait que des protocoles auxquels on n'est pas plus fidèle en politique qu'en amour.

Mais ce qu'il y a de plus fâcheux à dire, c'est que, chez nous, les femmes entre elles sont rarement sincères, même en amitié. Leurs affections se composent de ce qu'elles sont convenues d'appeler leurs *ennemies intimes;* et que de fois leur tendresse, comme celle du chat, se traduit-elle par un coup de griffe?

L'homme est bon tant qu'il est jeune, parce qu'on dirait que son cœur a gardé quelque chose de celui de sa mère. Il croit que la femme qui est l'objet de son premier amour, est la *seule* qui puisse le rendre heureux. Du jour où une autre lui fait éprouver un sentiment pareil à celui qu'il a ressenti, ce n'est plus une femme, ce sont toutes les femmes qu'il voudrait aimer.

L'amour est le sentiment le plus puissant de notre vie. On nous apprend à le rêver dans la jeunesse; nos jeux, nos livres, nos spectacles en sont remplis. Nous pouvons affirmer qu'il n'est jamais absent de notre cœur, qu'il dort en nous, jusqu'à ce que l'heure qui doit le réveiller vienne à sonner.

De même que j'ai dit qu'il fallait pouvoir s'arrêter en voyage, de même je permets à ma plume de stationner au milieu de ses récits; après s'être égarée, elle va maintenant reproduire une histoire que j'ai recueillie à Venise même.

VIII

LA VÉNITIENNE.

Il y avait à Venise une jeune fille qu'on nommait Bianca Rinaldi. Noble, belle et riche, issue d'une famille patricienne; le nom de son père était inscrit sur le livre d'or. Bianca, fleur à peine entr'ouverte, souriait gaiement à la vie. Ses cheveux noirs comme l'ébène se partageaient en bandeaux et retombaient sur ses épaules en tresses soyeuses. Son sourcil brun et arqué se dessinait sur un front virginal, et de longs cils voilaient son œil velouté où luisait un rayon de soleil. Comment peindre son regard, sa lèvre accentuée, son profil sérieux et doux comme celui d'une madone? Sa taille était ployante et cambrée, c'était la jeunesse dans sa rayonnante splendeur, la volupté dans sa forme la plus chaste, une promesse d'amour dans sa révélation la plus poétique! Paraissait-elle à son balcon? tous les yeux la cherchaient; entrait-elle dans sa gondole? tous les cœurs couraient après elle; à Saint-Marc, on l'aurait priée comme on prie les saintes du paradis. En un mot, Bianca Rinaldi troublait la raison des plus sages et s'attachait le cœur des plus fous.

Bien qu'elle se sentît adorée de tous, elle avait encore sa candeur native, cette fleur de la vertu! Bianca était belle de ce qu'elle ignorait, son sein demeurait calme; mais il y avait parfois dans son regard ce trouble qui semble dire : J'aimerai.

Je ne dirai ni les dates ni les noms réels de cette simple histoire qui s'est passée en quelques heures à l'ombre d'un rideau. Or, examinez ce rideau de damas qui s'agite, ne quittez pas de l'œil le balcon de marbre dont les fines sculptures se dessinent sous les jets de la lune comme autant de lames d'argent.

Dix heures venaient de sonner; un baiser se fit entendre derrière le rideau, puis le mot : « Doux repos, ma Bianca, » fut prononcé par une voix grave et lente, et tout redevint silence : c'était le baiser d'un père!

« Bon sommeil et doux rêves, » répondit Bianca, et les lèvres de Rinaldi s'attachèrent encore une fois au front de sa fille; puis il se retira en mesurant ses pas sur sa vieillesse.

Alors le damas se soulevant, deux bras ronds et souples

s'accoudèrent sur le marbre du balcon et une tête d'ange se dessina argentée par les reflets de la lune; puis tout à coup une autre tête jeune aussi se montra, c'était Paolo Levanti, enfant de l'Adriatique, auquel ses aïeux, illustres dans les fastes de la république vénitienne, avaient laissé un nom glorieux, mais qui devaient aux révolutions une noble pauvreté. Ses cheveux bruns, son large front, son regard passionné, sa taille haute, trahissaient son origine, et Paolo, après avoir couru les hasards de la mer, revenait près de Bianca, tout rayonnant d'amour et de jeunesse.

On se parla d'abord si bas que nul n'eût pu saisir la moindre parole. Puis on ne parla plus; le silence est l'éloquence de l'amour.

« Oh! ma Bianca, dit ensuite Paolo; non, Venise n'est pas morte, elle revit libre en toi; oui, tu es pour moi la patrie et la liberté... Ton regard est celui de Desdemone et ton âme recèle l'amour de Giuletta. Dis-moi que je te suis encore cher, ma Bianca!

— Comment pourrais-je vivre sans toi? reprit-elle; ta présence m'est aussi nécessaire que la lumière pour voir, l'air pour respirer.

— Tu m'aimes donc toujours, ma chère âme?

— Oh! si je t'aime! je t'aime sans le comprendre, sans le vouloir, sans me l'avouer à moi-même. Je t'aime comme mon père, comme mon pays, je t'aime comme je vis, comme je respire. »

Qu'elle était belle, la jeune enfant, en proférant ces mots! l'espérance venait de passer dans son sourire.

« Si je m'éloigne, songes-tu à moi, ma Bianca?

— Oh! ton regard ne s'en va plus de mon cœur; en

m'éveillant, je pense que tu viendras, en m'endormant, que tu es venu. »

Paolo pressa la main de Bianca. Ces enfants de la même terre semblaient heureux comme deux élus qui montent au ciel.

« Le paradis est à moi, car tu m'aimes. Parle, parle; un mot, un seul mot de toi rayonne dans mon cœur comme l'étoile dans la nuit orageuse.

— Oh! oui, je t'aime!... Mais que de choses en toi qui me rendent rêveuse et qui me jettent dans une agitation dont je ne suis pas maîtresse.

— Dans mon humble fortune, aimer si haut, dit Paolo. Quelle souffrance, mon Dieu! Cet amour, je l'ai combattu comme on combat la pensée d'un crime; cet amour, je le cache à tous les yeux, et pourtant j'en suis fier, bien fier devant moi-même et devant Dieu! Oh! s'il fallait te perdre, j'en deviendrais fou!... »

Ici le front de la jeune fille s'assombrit. Il est si facile de remplir de larmes des yeux pleins de bonheur!

Alors tous deux se turent, et parlèrent encore une fois le langage muet de la passion, où un regard, une larme, un signe, sont plus expressifs que des mots. Et comme deux ruisseaux limpides qui roulent ensemble leurs ondes où le ciel se mire, leurs âmes étaient si transparentes qu'un secret n'aurait pu s'y cacher.

« Si je t'ai aimée contre le vœu de ton père, ma Bianca, reprit Paolo, c'est la fatalité qui a tout fait. Le lien qui m'attache à toi est plus fort que la mort, que la vie!

« Que de fois j'ai demandé au ciel de changer la volonté paternelle, qui veut me sacrifier aux maîtres de mon pays, mais que de fois j'ai été à Dieu sans qu'il vînt à moi!... Aussi la prière s'est-elle usée sur mes lèvres!

« Donne-moi ton anneau, Bianca, qu'il soit la promesse sacrée de n'appartenir jamais qu'à moi. »

— « Impie!... s'écria une voix étranglée par la colère, qui des marches de l'escalier du palais s'éleva jusqu'au balcon. Descendez-vous, séducteur, qui paraissez quand les pères sommeillent. Allons, descendez, venez faire connaissance avec mon épée; au moins prouvez-moi que vous avez du cœur! L'aveu de votre amour vient de flétrir celle qu'un père m'avait promise. »

A ce défi, les deux têtes avaient disparu, et le rideau s'était abaissé pour redevenir immobile. Que se passait-il derrière ses larges plis? Dressée sur la pointe de ses pieds, Bianca avait jeté ses bras autour du cou de Paolo, et lui disait avec des larmes et des prières : « Oh! reste, reste, ami, ne descends pas, il te tuera comme les siens ont tué Venise... Suis-moi près de mon père, je lui dirai encore une fois que tu m'aimes, que je n'aime que toi... Il nous pardonnera, et ne liera pas ma vie à celle de ce comte autrichien, qui est là comme le bourreau attendant sa victime.

— Laissez-moi, Bianca; » et Paolo, se dégageant brusquement de l'étroite étreinte de celle qu'il aime, se trouve bientôt en face de son adversaire. Au même instant, la détonation d'une arme à feu se fait entendre. Paolo pousse un faible cri : « Adieu, tout ce que j'aime, adieu, jeunesse, amour, » soupire-t-il. Le sang coule à flots noirs et épais de sa poitrine ouverte, il tombe mort, la tête en arrière.

Mais un cri vient encore de traverser la nuit, c'est le cri du désespoir parti du fond de l'âme; il épouvante le meurtrier dans sa fuite. Après un effort suprême, Bianca tombe évanouie sur le plancher... Elle reste ainsi dans une atonie muette, voisine de la mort; ses yeux regardent sans voir, un sanglot expire sur ses lèvres, son pouls ne bat plus, son sang se fige dans ses veines.

Les ténèbres couvrent Venise. Minuit vient de sonner à Saint-Marc; la lune, cette sentinelle de la nuit, se cache sous un sombre nuage, et la ville des doges repose comme une flotte à l'ancre avec ses palais lavés par les vagues, avec ses portiques, ses temples, ses statues, qui, à cette heure, ne s'éclairent plus que des reflets du temps.

Tout à coup, une ombre se dessine sur le balcon qui était resté vide, deux bras se posent encore une fois sur la balustrade de marbre, une pâle figure se montre, mais sans sourire, sans tendresse... « Paolo, s'écria Bianca, Paolo est là, mort, mort... Oh! mon Dieu, pardonnez-moi!... Paolo m'attend, je vais le rejoindre!... » Elle se jette du haut du balcon, et les eaux qui l'avaient reçue referment sur elle leur cercueil argenté.

Le lendemain, toute la vieille cité est en émoi; les nobles sont consternés, le peuple est en larmes, et les cloches de Saint-Marc jettent leurs clameurs. La couche mortuaire sur laquelle repose Bianca Rinaldi est portée au milieu de la foule. Les cheveux noirs amoncelés autour de la morte font ressortir la livide pâleur de ses traits, les roses blanches couronnent son front et suivent les ondulations de son corps privé de vie.

Quelle association que celle de la jeunesse et de la tombe! Pauvre enfant... Bel ange morte à seize ans! Étoile fuyante et lumineuse qui brille et s'éteint! Ame bénie qui n'a pas besoin qu'on lui montre le chemin du ciel! Vierge sacrée perdue au milieu de ce pâle troupeau des âmes désolées qui passent en pleurant sur cette terre! douce Bianca, dors en paix, la mort, c'est le repos, c'est le soir paisible de ce jour agité qu'on nomme la vie!

A la nuit, une gondole noire et fermée quittait les dalles de la place Saint-Marc; un fanal brillait à sa poupe et allait se perdre dans les solitudes des lagunes. Une autre gondole, close et lugubre, la suivait; bientôt elles voguèrent mystérieusement ensemble et atteignirent la pleine mer. A mesure qu'elles s'éloignaient, leurs deux clartés ne brillaient plus que comme deux étoiles dans les brumes, et toutes deux abordèrent à une des îles de Venise. L'oiseau de nuit jeta son cri plaintif, la vague gémit en se brisant sur le rivage, et les cercueils furent déposés sur un tertre gazonné que baignait un rayon de la lune. La mort prit et garda sous son aile les deux enfants qui n'avaient pu s'unir pendant la vie!...

IX

Revenons au voyage. Il faut qu'avant de quitter Venise je vous conduise au palais de madame la duchesse de Berry, situé sur le Canale Grande. Cette résidence princière, poétisée par les souvenirs de la France, prouve que celle qui l'habite n'est Italienne qu'à demi. Le jour où je l'ai visitée, pourquoi l'exilée manquait-elle à sa demeure?

En ce moment le prince sans héritage, le fils des proscrits demande à Venise un asile. Que de haines assoupies, que de ressentiments oubliés par ce cœur généreux! La séduction de la générosité est de toutes la plus puissante. Quatre années se sont écoulées depuis que j'ai écrit ces lignes, et aujourd'hui la tombe vient de se fermer sur l'auguste Marie-Thérèse, sur cette fille de tant de rois, qui, morte dans l'exil, a reçu là-haut la couronne qui lui fut arrachée sur cette terre!...

Ce fut par une pluie battante que nous fîmes cette dernière excursion à Venise. En Italie, la pluie est considérée comme une grande injustice du ciel. Nos gondoliers, mouillés, trempés, provoquaient les rires et les lazzis de tous ceux qui, plus heureux, s'étaient réfugiés sous les ponts. « A Venise, me disait Dominico, Dieu doit au moins son beau soleil. » En glissant sur les eaux dormantes du Canale Grande, je salue le palais qu'habita Byron. Ce fut là qu'entouré de toute la magie du luxe et des arts, ce génie du doute interrogeait l'abîme sans trouver de solution aux problèmes qu'il lui posait. Puis, quittant bientôt le silence de la retraite, il poursuivait l'orage sur les lagunes ou se jetait dans de folles amours.

Avant de quitter Venise, que d'heures je passai devant la mer murmurante, mélancolique, solitaire!... Rien, rien, pas même une voile rasant les flots comme un goëland égaré. Je n'entendais que la voix de la vague; il semblait que mon âme tout entière s'était associée à ce chant régulier qui devenait pour ainsi dire quelque chose de moi-même; un lien mystérieux entre moi et un monde inconnu, et l'extase immobilisait ma pensée... Ici, rien ne manquait à la tristesse de la scène, pas même le deuil des ruines... Je rêvais, j'étais emportée à travers les espaces infinis. C'est alors que j'eusse voulu revoir l'Italie, ses cités, ses nobles débris!... La campagne romaine, ce grand cimetière des nations, où le soleil se lève derrière la Sabine pour regarder l'Adriatique, où les yeux s'attachent aux cimes bleuâtres d'Albano et aux lignes lointaines du vieux Soracte... Quand irai-je donc cueillir les giroflées sauvages aux fissures des aqueducs? Rome, écrasée sous le poids de tant de siècles, réveille-toi dans ton sépulcre de marbre, avec ton diadème de créneaux et de tours!... Réveille-toi, la cloche chrétienne vibre sous les coupoles de Saint-Pierre, et les moines agenouillés psalmodient les Laudes sur tes ruines, Reine déchue!... Les pins déploient sur toi leur large parasol, le palmier se balance dans ton ciel de saphir!... Réveille-toi!... Oh! ne respirerai-je plus les parfums que Naples a déjà versés sur mon front?... Ne me reposerai-je plus sur un lit d'anémones, pour recueillir les chants à demi soupirés par les vents et les voix humaines?...

Venise, Venise, ville des morts, toi qui règnes encore sur l'Adriatique, toi dont les nobles fils viennent de rajeunir ton antique gloire; il faut partir, Venise, adieu! « *Quello che la lingua non puo dire, il cor vi lo dira col suo battere.* »

X

Me voici à la Strada Ferrata. Nous nous arrêtons à Padoue, et nous sommes encore une fois assaillis par la nuée des *fachini* et des *veturini*. Nous prenons à la hâte le plus mauvais dîner dans la plus piteuse *trattoria* de toute l'Italie. Notre *veturino* était bien le type exact du bandit italien : le visage couleur de cuivre, l'œil hardi, la taille haute, le ton déterminé. Il portait des haillons sur l'épaule avec une certaine arrogance. Nous partons à neuf heures du soir, par la nuit la plus noire, une de ces nuits que payeraient les voleurs. L'humide pâleur de la lune donnait à la nature quelque chose de froid et de sinistre; à peine si l'œil pouvait percer la teinte livide qu'elle répandait sur la terre et dans le ciel. Je me surprends encore une fois à désirer la présence de quelques ténébreux bandits, car ils compléteraient le tableau... Impossible! je ne vois rien venir... Mais quelle est cette ombre qui pointe à l'horizon? C'est une pierre immobile. Décidément le voyage me sert bien mal, et j'arrive à Bassano avec armes et bagages.

Le lendemain la journée s'annonçait belle, l'air était pur, le ciel radieux, et les bergeronnettes des buissons, éveillées par le jour, faisaient leur toilette au soleil.

Après avoir quitté Bassano, le paysage prend peu à peu un aspect grandiose. Des sites bocagers ou abruptes, graves ou riants, se déroulent comme par enchantement au regard étonné. Les montagnes se dressent ainsi que des remparts le long du chemin. Leurs cimes touchent la nue, tandis qu'à leurs bases de longues terrasses dont les pentes inclinées permettent à la terre productive de séjourner, alimentent une végétation forte et vivace. Çà et là de gros blocs de pierre calcaire, blancs et arides, se dessinent hardiment sur le ciel, et partout l'épine-vinette et ses grappes écarlates poussent dans les fissures du rocher. Ici, la nature est grande et belle!...

CHAPITRE CINQUIÈME

I

Enfin nous entrons dans le Tyrol! Terre libre et vierge, je m'incline devant tes monts gigantesques, devant tes torrents impétueux, devant tes vallées paisibles, et, comme le pèlerin qui touche Jérusalem, je te salue dévotement!

Béni soit le Tyrol, cette grande œuvre du Créateur, qui repose des chefs-d'œuvre humains, car si Venise est à l'homme, les Alpes sont à Dieu!

Toujours emprisonnés entre deux montagnes, nous suivons une route tracée dans une étroite vallée, riche de champs de maïs, d'oliviers, de mûriers et d'ormeaux, liés ensemble par d'épais cordons de vigne aux grappes jaunissantes. Comme la vie circule jeune dans cette nature féconde, tout est joie, parfum, gazouillement, lumière... Ainsi qu'une jeune fiancée, la vallée se couronne d'une guirlande fleurie. Tout luit, tout chante, le ciel n'a pas un nuage, la brise pas un soupir! De beaux papillons, aux ailes diaprées, courent de fleur en fleur; les bouffées d'un air odorant nous arrivent de toutes parts; c'est encore le mois de mai avec son brillant cortége, c'est le divin printemps que célèbrent les oiseaux babillards dans leur lit de mousse. De jolis chalets sortent des bouquets d'arbres, la vigne et le lierre tapissent les murs, et le maïs séché en décore les façades. Sur le seuil des maisons, des hommes robustes devisent et se reposent, des groupes d'enfants s'abritent sous l'aile de leurs mères.

Les femmes sont pastoralement coiffées de fleurs naturelles; leur physionomie placide contraste avec l'air provoquant des Vénitiennes, et les jeunes filles, au regard chaste, accourent à nous fraîches comme les corbeilles de fruits et de fleurs qu'elles nous offrent en même temps que leur sourire. Quel calme, quel repos! *Pace... o dolce pace!*

Qui ne voudrait passer ici des jours entiers à contempler la nature, à jouir du ciel et de l'air? Dans cette méditation pensive, la tristesse se change en douce mélancolie, les souvenirs perdent de leur âcreté, sans même qu'une espérance vienne s'y mêler. Celui qui dans cette vie a bien souffert par le cœur s'attache aux choses inanimées; il lui semble que les monts, les arbres, les nuages, sont autant d'amis que Dieu lui a gardés. Que de fois j'ai été tentée de faire comme le lépreux de la vallée d'Aoste, qui étreignait dans ses bras les arbres du chemin, et priait Dieu de les animer pour lui!

En cherchant le contour aérien des montagnes, l'œil s'élève avec la pensée vers le ciel, et il semble que l'âme se repose dans ces champs de l'infini! Un landau vint à passer sur la route, il suspendit ma rêverie. Traînée par quatre chevaux les stores de cette voiture étaient hermétiquement fermés. Quelle bonne fortune pour les conjectures! Qui habite cette maison roulante si bien close? Est-ce un couple heureux, une lune de miel? Est-ce quelque jeune lady devenue la proie d'un lion ravisseur? Est-ce quelque John Bull qui, emporté à travers cet Éden, se trouve en tête à tête avec le sommeil? La voiture disparaît et mon roman galope avec elle.

A l'issue du défilé au milieu duquel nous cheminions, soudain les montagnes s'écartent et prennent de colossales dimensions. Ce site nouveau offrait une suite d'échappées magnifiques; des vapeurs nuageuses se promenaient sur le flanc des monts, tandis que le soleil jetait ses rayons sur leurs cimes aériennes. Nous venions d'atteindre le val Sugana, large vallée éblouissante de lumière et de riche végétation. Le figuier, l'olivier, croissent ici librement, et, sur cette terre aimée du soleil, la vigne étreint les arbres dans ses bras amoureux.

A ma droite s'élève le castel habité de Vivano. Planté comme un nid d'aigle à la pointe du roc, il domine la vallée. Quel joli conte de fée mon imagination me récite en ces lieux enchantés! Je me vois armée, par quelque génie bienfaisant, du fil mystérieux qui doit me conduire à travers tous les périls jusqu'au sommet aérien du vieux castel. Voilà que je déroule ma pelotte soyeuse; je vais, je vais, j'aborde le pays des chimères, j'ouvre la porte vaporeuse des songes, mais hélas! quand elle fut refermée, je ne trouvai plus qu'un tout petit conte bourgeois à la façon de madame de Genlis ou d'Auguste La Fontaine. J'établis alors tout prosaïquement, dans les gothiques tourelles de Vivano, un jeune couple jouissant de ce jour de fête qu'à vingt ans on appelle la vie. Après le conte, laissez-moi m'arrêter au roman. Le roman commence où finit l'histoire; il est aussi vieux que le monde. L'imagination humaine, lasse des réalités, trouve un refuge dans les excursions faites vers le domaine de l'idéal; elle y fait une halte, car en cherchant le faux, elle échappe au vrai, et le roman devient le rêve de la vie éveillée. Le roman n'est-il pas aujourd'hui le roi de la foule? Il a des enseignements pour tous les esprits, des passions pour tous les cœurs, il sait instruire, intéresser, émouvoir; il court de la mansarde au Louvre, de nos boudoirs aux châteaux-forts du moyen âge : le roman bien fait n'est qu'un idéal mêlé de réalités. Le véritable romancier entre dans le cœur même de la vie : aux hommes il ôte leurs masques, aux choses le voile qui les couvre; il montre les visages et les événements vrais, et s'il emprunte à l'historien la vraisemblance des faits, la vérité des types, ses créations imaginaires deviendront instructives. Que le philosophe comme le poëte ne dédaignent pas d'entrer dans le sentier facile du roman; la fiction, tout idéale qu'elle soit, lui permettra d'étudier l'homme, mieux que cela, de le peindre.

Mais que l'observateur, poëte ou philosophe, ne pousse pas trop avant l'anatomie des cœurs, car c'est une recherche qui le conduirait à de cruelles découvertes. S'il poursuit la duplicité humaine dans tous ses détours, il reculera devant la foule compacte des lâches et des ingrats, et, finissant par trop mépriser l'homme pour le haïr, il deviendra sombre, désolé comme Lara, comme Hamlet.

II

Oh! comme le soir on regrette les heures matineuses!... Je m'aperçois qu'il est temps de rentrer à Val Sugana. Ce bourg, avec son clocher élancé et ses maisons italiennes, est enclavé dans de formidables rochers. Les ruines du vieux castel de Borgo dessinent leur silhouette sur un ciel azuré. Ses tours à demi-brisées sont le refuge des lutins. « Chaque soir, à minuit, on entend le vent gémir, la cloche de la chapelle en ruine tinte dans l'air, et le corbeau jase au fond des tourelles, » me dit en tremblant la jeune Tyrolienne qui nous servait à Val Sugana, où nous fîmes une halte. Notre jolie conteuse, tout en nous parlant, nous fit essayer de la *polenta,* bouillie de maïs, sans goût, sans saveur, et jugée, par les indigènes, délectable (*lisez* détestable).

Nous prenons notre course au milieu de la luxuriante vallée de Val Sugana. Peu à peu le soleil s'incline à l'horizon, les monts resplendissent sous une poussière d'or; tout s'illumine, s'embrase, et au sein de l'air ambiant nage un semis de rubis et d'opale dont l'œil est ébloui. Les montagnes qui ferment la vallée acquièrent une teinte diaphane; elles forment une masse jaune, rouge, bleue, orange; des nuées brûlantes sortent de ce cratère céleste; des rayons qui partent d'un centre commun montent vers le zénith; c'est un large brasier, c'est le granit en fusion, c'est un volcan qui laisserait voir ses entrailles, c'est l'incendie dans le ciel!!... Puis le soleil s'abaisse, son globe de feu se cache derrière la montagne, et il jette à la terre un dernier et sublime regard!... Le croissant de la lune se dessine dans le ciel pur et délié, toute la nature semble faire une halte, l'ombre s'étend, et bientôt la vallée s'estompe sous un voile brun et mélancolique.

La vue des grands sites, comme celle des grands effets de la nature, active les fonctions de la pensée! L'admiration peut s'user devant les œuvres de Raphaël ou de Michel-Ange, mais les scènes gigantesques des Alpes, grandes comme le chaos, à l'heure où Dieu a fait la lumière, sont un livre dont chaque page étonne, éblouit.

C'est à la nuit que nous côtoyons le petit lac de Levico; il est cerné par des montagnes pelées et arides. Leurs pentes sauvages arrivent jusqu'au bord de l'eau, qui en ronge les bases.

III

Minuit sonnait comme nous entrions à Trento. Nous nous arrêtons à l'albergo della Rosa. Nos chambres sont vastes, aérées et peintes à fresque, c'est encore un souvenir vivant de l'Italie. Aujourd'hui que la spéculation apprend combien de pieds cubes d'air suffisent à l'existence d'un Parisien, je pris quelque plaisir à respirer librement dans les salles qui devaient me servir de gîte pour la nuit.

Trento, avec ses dômes, ses clochers, ses flèches, ses blancs minarets, ses palais de marbre couleur de bistre, ses terrasses fleuries, ses toits plats, ses cheminées crénelées, ses édifices percés de grandes meurtrières, ressemble à une ville d'Orient. A Trento, riche de la pompe méridionale, tout parle aux yeux. Son vieux château, avec ses tours massives et rondes, habité par les invalides autrichiens, est sa vivante histoire. Armé de créneaux, c'est le moyen âge qui se tient debout sous son armure.

Ici des maisons en ruine sont accolées aux édifices, et les palais au premier étage deviennent masures sous les combles : c'est luxe et misère. Les balcons finement sculptés, les légères colonnettes des croisées gothiques sont surmontées d'un grand toit fort sombre. Les maisons de marbre, peintes depuis plusieurs siècles, et que le temps a verdies à leur base, sont couvertes de fresques naïves qui dénoncent l'enfance de l'art, mais une enfance forte et presque virile.

Je parcours toute la ville; les rues étroites sont bordées d'antiques maisons lombardes barbouillées de couleur et percées de fenêtres grillées. Leurs statues mutilées s'abritent sous des toits avancés et spacieux. Des lambeaux de toile déchirés, accrochés aux croisées, pendent dans la rue. Je plonge un œil furtif dans l'intérieur des salles basses, et je vois encore les foyers où le soir, à la veillée, se lisaient les vieilles légendes.

Trente, aujourd'hui, n'est plus habité; ses maisons, ses rues sont désertes. Au milieu des citadins, grossièrement vêtus, je distingue la race des *lazzaroni* à demi-nus, revêtant toujours la même misère de la même fierté. Ces hommes, d'un brun cuivré, sont sanguins, ardents, colorés, et leurs yeux sont vifs comme leur soleil. Ils jurent et menacent en mauvais italien, ou dorment à l'ombre des arcades. A cette race fainéante se mêlent les bruns enfants de la montagne, actifs, intelligents, laborieux, aux cheveux d'un noir de jais, à la taille herculéenne, à l'air simple et antique. Ici, le caractère italien se fond dans le caractère allemand; c'est une sorte de mariage sous le régime de la communauté, passé entre le flegme et la verve. A côté d'une maison où l'on entend réciter la prière du soir, on surprend les fougueux éclats de rire des joueurs de la *morra*. A Trente, je le répète, les usages italiens dominent, et l'esprit a conservé un tour piquant qui tempère la gravité germanique.

Au milieu de ce peuple qui rit et dort plus qu'il ne travaille, des enfants nus et criards courent sur les places, tandis que des moines largement drapés se promènent carrément à l'ombre. Leurs yeux reluisent sous leur large capuchon, leur démarche est traînante, quelques-uns sont d'un embonpoint excessif; on les dit oisifs et sensuels. Hugues Metel raconte qu'un loup, qui avait résolu d'embrasser l'état monastique, n'ayant pu s'habituer au maigre, se fit chanoine. Il sera sans doute entré dans la confrérie des moines de Trente.

Je vis aux fenêtres des antiques maisons des milliers de cages vertes avec leurs petits chanteurs prisonniers qui s'appellent et se répondent.

Il Duomo est un beau vaisseau gothique soutenu par des piliers massifs; les vieilles statues y abondent : toutes portent le cachet naïf de leur vétusté. J'aime les saints et les saintes du moyen âge peints ou sculptés; si ces images manquent de correction, elles sont au moins l'histoire incarnée et palpable des hommes de cette époque.

Sainte-Marie-Majeure est pavée de tombes; je marchais sur les dalles longues et froides qui abritent un éternel sommeil. La pierre des sépulcres nous sépare de la vie; dans ces couches muettes, l'homme vient se reposer de ses labeurs!

VIII

C'est à Sainte-Marie-Majeure que se tint le fameux concile de Trente de 1545 à 1560.

Dans ces temps reculés, l'Église commençait à sentir qu'elle tenait avec moins de fermeté dans ses mains l'âme des rois et la vie des peuples. Le chrétien lui avait appartenu sans réserve; elle le prenait sur cette terre à son premier pas, le dirigeait pendant sa vie, recueillait sa dernière parole, et, debout sur le seuil de deux éternités, elle lui promettait des joies célestes ou des peines sans fin. Les conciles généraux avaient alors toute l'importance que pourraient avoir, de nos jours, les assemblées politiques. L'esprit humain, qui sortait à peine des langes de la féodalité, s'était rangé sous les bannières de la foi chrétienne, espérant lui devoir son émancipation.

En 1439, la peste avait dissous le concile de Bâle; le seul cardinal d'Arles était resté ferme à son poste. Après de longues, d'interminables discussions, le concile de Constance, tenu en 1464, ne conclut que sur peu de points. Le pape Jean XXIII se retirant, le bûcher où devaient monter Jean Huss et Jérôme de Prague s'était dressé. Avant de mourir, le premier s'écriait : « Mon Dieu! je remets mon âme entre vos mains; » et sa dernière parole s'exhalait au milieu des flammes. Ses cendres, abandonnées aux eaux du Rhin, trouvèrent plus tard des vengeurs. Après ce supplice, les hussites se levèrent en masse, se rappelant ce mot de leur apôtre : « Plutôt que de plier, j'aimerais mieux que l'on me jetât à la mer avec une meule d'âne au col. » La

Germanie en feu, une guerre d'extermination faite au nom d'un Dieu de paix, des hommes marchant à la mort, l'épée et l'Évangile à la main, une suite de meurtres et de massacres, voilà les bienfaits qui sortirent pour l'humanité de ce bûcher sanglant!

Mystiques et cruels, ces dévots soldats, gorgés de sang, se livraient à de religieux transports; ils laissaient le champ de bataille pour s'asseoir à de fraternels banquets. Leurs chefs Ziska et Procope déployèrent dans cette guerre, qui dura seize années, autant de cruauté que de génie. Histoire émouvante et tragique dont on ose à peine tourner les feuillets sanglants!

La persécution est mère de l'examen; c'est du bûcher de Jean Huss qu'est sortie la réforme. De ses cendres sont nés Luther, Calvin, Bèze, Mélanchton.

La papauté, vivement attaquée, convoqua une assemblée générale; un concile fut d'abord réuni à Mantoue, puis à Trente. Il devait s'occuper de mettre fin aux combats incessants qui menaçaient la chrétienté.

L'Église n'eût-elle pas dû se réformer elle-même? Grande question qu'il ne m'appartient pas de toucher.

V

Au seizième siècle, une ère de révolte se lève. En 1511, un joueur de luth, rêveur et poëte, s'en allait de porte en porte demandant l'aumône avec des chansons. Un orage vient à le surprendre sur le grand chemin; il a peur et tombe la face contre terre. A cet instant, il jure de se faire moine si le ciel lui laisse la vie. Sa prière est exaucée, et, fidèle à son vœu, il entre dans un cloître. Il y passe trente-sept ans dans la foi ; puis il naît en lui des craintes, des défaillances, des spectres, enfants du doute, qui l'épouvantent dans ses veilles comme dans son sommeil. Alors il s'écrie : « Malheur à l'Église ! » Ce moine, qui plus tard deviendra le plus fougueux de tous les tribuns, ce moine, c'est Luther !

Sa révolte est celle de tout son siècle ; et, en accomplissant ce que peut enfanter l'audace, il essaie de se substituer à l'Église. Il proclame que l'homme, ne relevant que de Dieu seul, ne doit, en matière de conscience, courber le front devant aucune puissance terrestre ; il attaque le principe d'autorité dans son représentant le plus auguste. Rome, ne pouvant rester indifférente à de pareils emportements, dut lutter contre cet esprit orageux.

Léon X, en montant sur le trône pontifical, avait assis à ses côtés la magnificence, la grâce et le génie heureux de la maison des Médicis.

Le 15 juin 1520 partit de Rome la bulle qui laissait à Luther le droit de choisir entre une rétractation solennelle et l'anathème. Elle commence par ces mots : « Lève-toi, Seigneur, et sois juge dans ta cause : *Exsurge, Domine, et judica causam tuam.* »

Luther répond sans hésiter : « De même qu'ils m'excommunient par une sacrilége hérésie, je les excommunie, moi, au nom de la sainte vérité de Dieu ; Christ, notre juge, verra des deux excommunications laquelle vaut : *Christus judex videret utrò excommunicatio apud eum valeat.* »

La bulle de Léon X devint la proie des flammes sur la

place de Wittemberg. Que de crimes, que de meurtres sont sortis de cette page brûlée!

A la voix du novateur, les croyances du peuple s'affaiblissent, un tressaillement universel remue le monde chrétien. Tandis que le Midi reste fidèle à l'Église, le Nord incline à se ranger sous la bannière du tribun fanatique. C'est alors qu'on voit se dessiner la grande figure de Charles-Quint; grave, rêveur et maître à vingt ans du secret de sa pensée. A lui Vienne, Naples, Madrid, Bruxelles, et le continent américain; il règne d'un pôle à l'autre. Luther, le terrible joûteur, reculera-t-il devant le colosse? Non. L'Allemagne deviendra pendant un siècle le théâtre de la guerre la plus sanglante. Un cri poussé par Luther s'est élevé contre Rome, un autre cri va monter du peuple jusqu'au trône. Nicolas Storck se lève dans le Wittemberg pour tenter d'abolir la servitude qui pèse sur le monde. Tandis que sa voix pousse les peuples à la révolte, elle prescrit au chrétien de ne recevoir le baptême qu'à l'âge où il pourra comprendre et aimer. De là le nom d'anabaptistes donné à ses sectaires.

Storck fut à la fois prophète, soldat, tribun.

Thomas Munzer, homme énergique, audacieux, d'une éloquence sauvage, s'entend avec Storck le réformateur, et ce dernier se rend près de Luther, espérant l'engager dans la cause des peuples. Ils ne sont pas plutôt en présence que bientôt ils se quittent ennemis. Munzer court les campagnes, il appelle les populations à la liberté, et sa parole, comme une traînée de feu, allume tous les courages. Il prêche la révolte dans les forêts, sur les chemins; il s'écrie : « Nous sommes tous frères, fils d'un même père; est-il juste que les uns meurent de faim, tandis que les autres regorgent de richesses? » (Cette question, que se font encore aujourd'hui nos socialistes, est vieille de plusieurs siècles). Les clameurs enthousiastes accueillent les paroles de l'apôtre de la liberté, et sa pensée d'affranchissement revit tout entière dans le cœur de ses disciples. L'incendie marche, s'étend; et tandis que Luther ne veut de la liberté que dans les choses du ciel, ses antagonistes la proclament pour établir l'égalité sur la terre.

Luther se rend à Iéna pour y trouver Munzer. Celui-ci, de son côté, entre à Mulhausen, et bientôt il y règne en maître. Il y a tant de séduction dans sa personne, son cœur est si haut placé, sa parole si fière, que les femmes, qui sont toujours du parti de la générosité, se rangent toutes sous sa bannière. Mulhausen n'est plus qu'une grande famille à laquelle il impose sa loi.

Mais la Souabe, la Franconie, la Thuringe, se soulèvent, les chemins se couvrent de bandes tumultueuses, et les conciliabules se tiennent dans le diocèse de Mayence, chez l'aubergiste Georges Metzeler. Bientôt la Forêt-Noire s'ébranle, tout un peuple veut la liberté. Luther fulmine contre la révolte, il traite le principe d'égalité d'*absurde ineptie;* il veut liberté en religion, servitude en politique. Les paysans se réunissent encore une fois sous les voûtes flottantes de la Forêt-Noire: c'est là leur forum; et Metzeler, ce Rienzi rustique, se met à leur tête. Tous marchent guidés d'abord par un saint amour de la liberté, puis après, s'abandonnant à leur fureur, ils invoquent l'Évangile et l'interprètent dans le sens de leur colère. « A notre tour d'être les maîtres, » disent-ils à chaque noble devenu leur prisonnier. La Souabe et la Franconie sont dévastées, le meurtre, le feu, le pillage courent les routes et marquent le passage de la révolte.

Princes et gentilshommes se liguent enfin, et les paysans se choisissent pour chef Gœtz de Berlichingen, ce fier représentant de la chevalerie au moyen âge, surnommé l'homme à la Main de Fer[1]. Les paysans vont à lui. — Es-tu Gœtz? — Oui; que me voulez-vous? — Que tu sois notre chef. — Prenez plutôt Satan. — Sois-le. » Il marche à la tête du peuple, qui plus tard l'accuse de trahison.

Pour étouffer ce cri de liberté qui venait de surgir de toute l'Allemagne, princes catholiques et protestants font alliance; ils sentent que leurs trônes s'ébranlent, et les partisans comme les ennemis de la réforme font cause commune pour écraser un peuple qui proclame la liberté comme son droit. La lutte générale qui s'engagea alors ne fut point un combat, ce fut un carnage. Les paysans, sans armes, périrent sous le fer d'une armée aguerrie, les plaines se couvrirent de cadavres, et les mourants, les mains jointes, les yeux levés vers le ciel, chantaient un dernier hymne d'amour avec la voix des martyrs.

Munzer souffrit la torture, et sous le fer du bourreau il criait encore : « Pitié pour le peuple ! »

Les destinées de l'anabaptisme ne finirent point avec leur chef; ses sectateurs se multiplièrent et se répandirent par toute l'Europe.

[1] Ayant perdu sa main droite dans le combat, Gœtz la remplaça par une main de fer avec laquelle il continua de combattre.

VI

Luther n'a rien fondé, rien régénéré : il a détruit. Son dogme est une négation, et non une affirmation, et tout en posant la première pierre de la réforme, ce grand mouvement de l'esprit humain, il a laissé après lui non pas une religion, mais une opinion.

Avec le siècle, le doute se personnifiera dans Bayle, la négation reparaîtra avec Voltaire.

Le Christ a assis le monde sur une base solide, invariable. Son empire compte près de vingt siècles; sa loi a parlé aux nations, à l'humanité tout entière. Brisant l'idée par laquelle se fondait la société païenne, il proclame l'égalité; d'une main il relève la femme, tandis que de l'autre il défend les faibles contre les forts. Il répand sa parole sur le monde, et sa parole y germe sous l'œil de Dieu. Il prêche aux puissants l'humilité, aux riches la pauvreté; il sape les passions orgueilleuses et cupides; il choisit ses disciples dans les derniers rangs du peuple. Ces hommes simples, mus par une grande pensée, portent l'Évangile aux quatre coins de la terre; ils apprennent au vieux monde que ses dieux sont morts, et tandis que le maître des immortels fuit devant le Dieu de Moïse, le fils de Bethléem entre triomphant au Capitole.

Si l'on étudie les religions primitives, on voit qu'une sorte de christianisme traditionnel a précédé dans le monde le christianisme révélé. La trinité, l'amour, le sacrifice, l'expiation, l'idée morale des peines et des récompenses dans une autre vie, se sont manifestés à l'intelligence des peuples dès leur enfance. Le Verbe a révélé des vérités déjà entrevues ; en dégageant l'humanité de ses langes, il semble qu'il ait dépouillé l'idée de ses voiles. Le progrès est le fond même du christianisme, et s'il avait pu être suspendu dans sa marche, les révoltes de Luther et de ses imitateurs en auraient compromis l'existence. Il a survécu à toutes les attaques, et sur lui seul encore repose l'avenir du monde. C'est dans la transformation de l'idée par le christianisme que réside le germe de la civilisation et de la vraie philosophie. Croyons, espérons que la foi soit pour nos jours de lumière ; à ceux de ténèbres Dieu a laissé l'espérance !

VII

Mais rentrons à Trente, dont un concile et une longue digression nous ont longtemps éloignés. Cette ville est la patrie des légendes, ces naïves traditions du catholicisme au moyen âge que nous, enfants du doute, accueillons avec un sourire incrédule. Le dernier, je crois, des iconoclastes, le docteur Jean de Launoy, qui fait la guerre aux saints douteux, aurait pu sans doute détrôner quelques-uns de ceux qu'on révère en Tyrol. Il me semble toutefois qu'il vaut mieux risquer de faire entrer quelques élus de plus dans le ciel, que d'en oublier un seul sur la terre : dès lors n'a-t-on pas le droit de s'étonner que le docteur se montre si sévère sur les admissions en paradis ?

On trouve à Trente un parfum candide de superstition et d'ignorance ; les croyances primitives y sont altérées comme tout ce qui, venu de Dieu, est tombé dans le domaine des hommes.

Le hasard me fit rencontrer ici un Tyrolien qui avait passé la moitié de sa vie à Sienne; je me plus à le faire causer en idiome toscan. L'italien est plutôt la langue des passions que celle des idées, langue chantée et non parlée. Dans la bouche de mon Allemand italianisé, le toscan avait pris le rhythme harmonieux d'une vraie mélodie.

Je rencontrai aussi à Trente un bon moine avec lequel je causai à fond. Le pauvre homme me paraissait avoir une congestion religieuse qui lui embarrassait le cerveau, et quelle croyance que la sienne! Je m'aperçus qu'il prenait avec le bon Dieu les familiarités qu'un vieux serviteur se permet avec son maître. Il n'aurait pas mangé, le vendredi, une omelette au lard de peur d'être damné; mais il risquait de mauvaises plaisanteries sur les saints les moins bien famés du calendrier, et il narrait volontiers quelques récits rabelaisiens qui frisaient l'irrévérence. Il m'assura qu'il était occupé nuit et jour à chercher le chemin du paradis; j'avais envie de lui conseiller de prendre une autre voie pour être plus sûr d'y arriver.

Puis nous quittons Trente. Notre aubergiste, qui, la veille au soir, nous avait gratifiés du classique *felicissima notte*, ne manqua pas au départ de nous faire payer son urbanité. Tandis que d'une main il nous tendait la carte qui nous dévalisait, il trempait l'autre dans l'eau bénite, comme si la dévotion dût sanctifier sa rapacité. Venceslas XI faisait mettre à la broche son cuisinier quand il n'avait pas bien rôti le lièvre qui devait orner sa table; nous avions pourtant mis beaucoup plus de longanimité envers notre amphitryon de Trente, il aurait dû le reconnaître.

A peine ai-je quitté la ville que je suis frappée du bel

aspect qu'elle présente ; l'Adige en baigne le pied. Cette année, les crues subites en avaient fait un fougueux torrent.

L'aube teignait le ciel de ses teintes laiteuses, et les noirs profils des rocs et des monts s'accusaient hardiment sur l'azur brumeux du ciel. De toutes parts, de minces filets d'eau suintaient des montagnes, et les champs émaillés étalaient çà et là leur belle culture comme un écrin précieux.

A trois lieues de Trente sont situés les deux villages Mezzo-Lombardo et Mezzo-Tedesco, frontière de l'Allemagne et de l'Italie.

Nous cheminions lentement, et vers le milieu du jour nous fîmes une halte au pied d'un château en ruine. Je m'étais assise en face du rocher qui le porte, l'œil attaché à ses débris, lorsqu'un bon Allemand, qui gardait ses chèvres éparpillées sur le versant du roc, s'approcha familièrement de moi et m'offrit de me raconter l'histoire du château de Salurn. Je l'écoutai complaisamment.

« Un pauvre vigneron, dit-il, nommé Christophe Patzeberg, se rendait de son village à Salurn en 1688. Voilà que sa curiosité s'éveille à la vue de cette ruine, et il est bien vite au pied de ses murailles écroulées. Après en avoir fait le tour avec un soin minutieux, il aperçoit une large ouverture ; suivant aussitôt un escalier à demi brisé, il pénètre dans des souterrains qui le conduisent au fond d'un cellier. Là, dans cet antre obscur, dix-huit tonneaux étaient rangés le long de la muraille ; au son qu'ils rendirent en les frappant, Patzeberg jugea qu'ils étaient pleins, ce que voyant, il tourna le robinet de l'un d'eux et remplit deux brocs qu'il avait à la main du vin le plus exquis.

« Au moment où il allait sortir muni de son nectar, il voit trois personnages vêtus de noir, portant de longues barbes blanches, ce qui ajoutait encore à leur vénérable aspect; ils traçaient des caractères mystérieux sur le mur avec de longues baguettes d'ébène. Le pauvre vigneron, saisi de peur, tombe à leurs genoux et implore leur clémence. Les vieillards lui ordonnent de se relever et lui permettent de sortir. (Ces braves revenants avaient sans doute compris que l'indulgence est plus près de la justice que la sévérité, ce qui est assez avancé pour des gens de l'autre monde.) Ils l'autorisèrent donc à emporter le vin qu'il avait soustrait, mais en lui enjoignant de garder un inviolable secret, ce qu'il promit.

« De retour au logis, la femme et les enfants de Patzeberg trouvèrent le vin excellent, et l'on conçoit que le vigneron dut faire maints voyages au merveilleux cellier. Il eût pu s'abreuver comme un roi toute sa vie, mais ses voisins étant venus un jour le visiter, il ne put résister au désir de leur verser quelques rasades de son ambroisie. Ceux-ci ne doutant pas que le pauvre vigneron ne dût son vin à une soustraction coupable, le dénoncèrent, et Patzeberg fut appelé au tribunal de Salurn. Pour se justifier, il raconta simplement ce dont le hasard l'avait rendu témoin. A cette époque-là, la justice était, à ce qu'il paraît, bénévole, puisqu'elle renvoya absous le pauvre Patzeberg, sans aller prendre sa part du vin dérobé. Pour lui, sans plus tarder, il retourna au gîte; mais plus d'escaliers, de porte ni de cellier. Tout à coup il se sent frappé par une main invisible qui le terrasse. Resté à terre assez longtemps, et après avoir repris connaissance, il se relève et aperçoit, à travers les gerçures de la terre, les trois inconnus qui siégeaient au fond d'un abîme et traçaient une large croix sur le rocher. A cet instant même le beffroi de Salurn sonnait minuit. Patzeberg, plus mort que vif, se laisse glisser au pied de la ruine, et là il distingue de loin une longue procession de moines vêtus de noir, tenant d'une main un cierge, et de l'autre un crucifix. Il entendit alors distinctement le *De profundis* chanté par des voix qui n'appartenaient pas à des poitrines humaines. Ces religieux portaient un cercueil vide; peu à peu les chants cessèrent et la nuit devint des plus noires. Le pauvre Patzeberg tomba sur la route où il s'était traîné à grand'peine; il y resta le nez contre terre, et ce fut seulement vers le matin que des passants le rapportèrent au logis. Dix jours après on le trouva mort dans son lit. On voit encore à l'hôtel-de-ville de Salurn les deux brocs qui furent trouvés dans la ruine et qui attestent la vérité de cette histoire. »

Nonobstant le récit, je m'approchai du pied de la tour fréquentée par les esprits. Ce débris domine une vallée marécageuse, mais riante. Le lézard court le long des murailles; la pariétaire en verdit les crevasses humides, et l'hirondelle a construit son nid dans les voussures poudreuses. A cette heure de la journée, les voix lointaines des troupeaux réveillaient gaiement les échos de la ruine et le soleil la caressait d'un de ses beaux rayons. A midi, les ténébreuses légendes ont toujours tort.

VIII

Après avoir passé Galorno, la vallée s'élargit; les monts s'éloignent et s'abaissent; les fonds deviennent plus vaporeux, et nous entrons à Neumarck par une large et longue allée bordée de saules pleureurs d'une dimension inusitée. Les fines découpures de leur feuillage cendré tombent avec leurs branches jusqu'à terre. Je préfère ces saules, dans leur rareté, aux vieux ormes des Tuileries et aux beaux chênes de Windsor.

Quelle différence entre la bonne tenue de ce village allemand et le désordre pittoresque du Tyrol italien. Quelques paysans revenaient des champs, tandis que d'autres étaient assis sur le seuil de leurs portes, avec la pipe classique aux lèvres. Je crus discerner sur leur front la douce et nuageuse mélancolie allemande. Ici, comme à Trente, il semble que la verve du caractère méridional se fonde dans la gravité germanique.

Ces gens me parurent heureux; leur pays est riche, bien cultivé, et ils jouissent d'un grand calme. La paix de l'âme ne vient pas d'une position plus ou moins heureuse, ni même de l'absence du mal; elle vient du mépris de ce qui peut la troubler. Celui qui demande à la vie plus qu'elle ne peut lui donner, et qui cherche avidement un bonheur qui ne se rencontre pas sur la terre, est essentiellement misérable. L'homme le plus simple n'est-il pas le plus riche, puisqu'il ignore ce qui lui manque?

Il en est du bonheur ici-bas comme de la vie elle-même, tous les deux sont souvent sans lendemain!

J'entre dans le cimetière de Neumarck; les croix d'or y reluisent. Il semble qu'ici on réserve le luxe pour les morts. Je veux que l'ortie croisse le long du cimetière, et que de hautes murailles le sépare du bruit de la vie. Je veux des tombes tristes, des bouquets d'ifs et de cyprès agités par les vents d'automne, car la mort est là...

J'entrai dans ce champ de repos où nul autre que moi n'était debout. Je lus ces mots sur une tombe : « Ici repose celui qui n'eut jamais de repos. » Il y a donc des âmes qui s'agitent dans les lieux les plus ignorés, les plus paisibles! L'idylle que je venais de composer sur Neumarck trouvait ainsi, bien vite, son démenti.

« Marche, marche, » a dit à l'homme la loi divine; elle n'a donc pas voulu qu'il fît une halte sur cette terre.

J'écrivis sur la pierre funéraire : « Le repos n'est pas dans la vie, il n'est que dans la mort. »

Du fond de ces tombes, pensai-je, que d'âmes qui se sont envolées vers le ciel, tandis que nous souffrons encore sur la terre! Mais après son heure dernière, le juste s'éveille ange à son tour.

En quittant Neumarck, la jeune Allemande qui nous avait servis s'avança près de la voiture ; son teint hâlé, ses grands yeux bleus en amande, son regard chaste et triste, donnaient du charme à sa physionomie; elle me dit : « *Buon viaggio !* » simple mot qui me ramena en Italie.

IX

Quel doux après-midi! Le soleil était radieux, les arbres projetaient de grandes ombres sur la route, et une brume blonde et vaporeuse montait des ravins. Dans cette vallée de l'Adige, les grenades, les olives mûrissent en pleine campagne. Les reflets empourprés du couchant doraient les flèches pittoresques de Neumarck, et la ville blanche se perdait dans les vapeurs. Sur le bord du fleuve, les saules pleureurs laissaient flotter leur verte chevelure, tandis que les peupliers souples et grêles se balançaient dans l'air. Les bergeronnettes venaient boire dans le fleuve, et sur ses rives la mousse s'étendait comme un tapis de velours.

Le soleil s'abaissa; la soirée fut d'une douceur charmante, puis le paysage se cacha peu à peu sous un voile d'un azur ondoyant. C'était une soirée tiède qui devait précéder une nuit d'orage. Je jouissais des courants d'air à demi-enflammés ; je les aspirais à pleine poitrine ; les douces senteurs de la sauge et des plantes balsamiques s'exhalaient des champs fleuris : le parfum est le sentiment des fleurs ; il s'évapore avec la nuit. Bientôt la lune, rouge et ronde, se leva dans le ciel.

Plus tard, la nuit se faisant tout à fait noire, me laissa à peine deviner une longue enfilade de montagnes amoncelées les unes sur les autres, dont la cime se coiffait de nuages. Avec l'ombre le papillon se cache sous l'herbe, la grenouille se tapit dans les marais, les plantes frissonnent et se ferment, la nature se tait, et l'homme est bien seul, s'il veille !

Nous cheminions depuis longtemps entre d'interminables murailles de pierres sèches, la voiture roulait sur une chaussée inégale, et les cahots me tenaient éveillée ; enfin les grelots des chevaux, le grincement des roues sur le pavé, le frémissement des vitres, me tirèrent de ma rêverie. Nous traversâmes rapidement, entre deux rangées de maisons, une ville endormie, qui avait je ne sais quoi de pensif avec ses volets fermés et ses portes closes. « Prenons garde de troubler le sommeil des vénérables bourgeois de Botzen, m'écriai-je; neuf heures vont sonner. »

A peine si je voyais çà et là quelques débiles lumières derrière la vitre des fenêtres... Qui veille ici? Est-ce le plaisir ou la douleur? en écoutant, recueillerai-je des plaintes ou de douces paroles? Qui sait?

Je descendis de voiture devant l'hôtel de la Couronne, et je fus escortée jusqu'à une chambre par un *cameriere* armé de flambeaux. Il nous conduisit dans de vastes salles peintes en blanc, et dans l'angle de chacune d'elles se dressait un grand poêle de faïence, meuble indispensable de ces contrées. J'aime mieux le *brasero* napolitain, qui ne s'allume que lorsque le soleil s'éteint.

Je soupai dans une vaste salle enfumée. Un vieillard à l'air morose arpentait la pièce de long en large, comme s'il n'osait pas approcher de la table couverte de mets. Ses habits flottaient sur son corps; on eût dit qu'ils cachaient un vrai squelette, et je ne sais pourquoi je lui trouvai une physionomie mortuaire. Il me rappela ce conte allemand: Un personnage inconnu se promenait depuis quelques heures sur le préau d'un vieux castel; le châtelain venant à lui, le presse d'entrer et l'engage à s'asseoir à sa table. « Non, dit l'étranger; écoutez-moi sur le seuil de votre porte, car je viens vous apporter des nouvelles de l'autre monde. —Entrez, entrez, dit le seigneur; le souper vous attend. — Non, je n'en ferai rien, je ne mangerai pas à votre table, ne voyez-vous pas que je suis mort? »

Ce trépassé-là était de moins bonne compagnie que ne le fut le commandeur.

L'histoire ajoute que le châtelain, en y regardant de plus près, vit enfin que l'étranger était mort, et qu'il ferma brusquement sa porte entre lui et le cadavre.

A minuit, le crieur m'éveilla pour me dire que, la ville étant tranquille, je pouvais sommeiller en paix : attention toute allemande qui me toucha.

Le *watman* nous recommanda aussi de prier pour les morts, et cette voix qui traverse l'ombre se perd d'écho en écho par toute la Germanie.

X

La ville de Botzen (Bolsano) est resserrée entre les montagnes et traversée par l'Eisack. Les pointes aiguës des rochers qui ferment l'horizon se dessinent en dentelures bizarres sur le bleu étincelant du ciel ; des blocs de pierre ont roulé dans la vallée, d'autres ont fait un temps d'arrêt au milieu des monts, et semblent devoir reprendre leur course terrible ; des chalets s'accrochent aux parois des rocs, ou se hissent à leur cime ; un froment abondant croît au pied de ces demeures alpestres.

Avec le jour je cours hors la ville. La rosée tremble à la pointe des gazons, et malgré l'air mordant et presque sauvage qui vient des montagnes, l'atmosphère est douce. Ici la nature prend un air de fête ; l'homme travaille, l'oiseau chante ; l'Eisack roule ses eaux grises ou jaunâtres, grossies par la fonte des neiges, au milieu des jardins de l'Éden. Ce fleuve est cerné par d'immenses montagnes toutes parées de fleurs que Dieu a semées sur leurs flancs. Des treilles recourbées en cerceaux laissent pendre jusqu'à terre leurs pampres verts, qui cachent amoureusement des grappes dorées, dignes de la terre promise. J'en dérobai plusieurs, l'abondance m'enhardit ; il semble que, dans cette vallée, la nature prodigue à l'homme ce qu'il achète dans d'autres contrées à force de labeurs. Je m'arrêtai au milieu des vergers, près d'un chalet fermé par une haie vive. Je voudrais vivre là, pensai-je, dans ces contrées lointaines, au milieu de ces paysages grandioses sur lesquels Dieu jette le manteau d'une végétation vivace, tandis que le soleil s'y montre resplendissant dans un ciel d'azur.

La petite ville de Botzen a emprunté à l'Italie ses grands toits plats et ses arcades voûtées. On assure aussi qu'elle participe à quelques-uns de ses usages, et que chez elle le sigisbéisme est fort en honneur. (Mauvais propos peut-être, dont je ne me fais pas l'éditeur responsable.)

Ici le prêtre exerce une influence toute puissante sur l'esprit du peuple. J'appris qu'il y a quelques années on construisit une vaste salle de spectacle à Botzen ; les prêtres, indignés, appelèrent le feu du ciel sur la ville impie. Le jour malencontreux de l'ouverture du théâtre, le peuple faillit mettre en pièces les pauvres comédiens, qui prirent la fuite.

Le respect qu'ici on porte aux prêtres me rappelait les habitudes religieuses de notre vieille Bretagne. « Monsieur le prêtre, » dit à son fils, qui revient le front blême et rasé, la bonne mère bretonne : il s'assied seul à table, ses sœurs le servent debout. Avec sa présence, la maison devient un sanctuaire, il voit les fronts s'abaisser sous sa bénédiction ; mais, pour lui, plus d'embrassements, les mains ne s'avancent plus pour serrer la sienne, la familiarité a fait place au respect.

Le culte protestant a dû se développer dans le Nord, là où l'examen est le besoin des esprits. Aux hommes du Midi vivant d'émotion, il faut un culte qui parle aux yeux, à l'imagination, aux sens. Le peuple tyrolien, crédule et simple, croit sans savoir; chez lui, la foi tue le raisonnement. Je ne connais en France que nos Bretons qui soient aussi fortement attachés à leurs naïves croyances. Les routes du Tyrol sont semées de chapelles, de madones, de christs sanglants et de saints fort laids. Arrive-t-il un accident? on élève une croix. Survient-il un malheur? on bâtit un sanctuaire. Les églises regorgent d'*ex voto*. Si le Tyrolien entend sonner l'*Angelus*, il se découvre et récite l'*Ave Maria*. Les pèlerins s'en vont pieds nus, le chapelet à la main, intercéder les vierges miraculeuses qui habitent tout le pays.

Ici les mœurs sont pures. Je dis à regret que dans une partie de la Bretagne, après la procession de *madame Marie de Bon-Secours*, vient la fête; filles et garçons se mêlent, se poursuivent, et j'ai bien peur que la dévotion à la Vierge ne soit pas une égide suffisante contre tous les dangers.

Chez le Tyrolien crédule, on rencontre la foi sans l'intelligence, sans la perception du beau et du vrai; enfin, ce n'est qu'à travers un fanatisme grossier qu'il entrevoit Dieu. Et moi je dis à ce peuple naïf : « Croyez toujours à l'ange qui veille auprès du petit enfant quand les mères s'endorment. Croyez à Dieu, hommes simples, restez à l'ombre de vos figuiers et courbez le front devant vos madones. »

XI

La cathédrale de Botzen, avec ses grands toits couverts de faïence de toutes couleurs, étonne par sa bizarrerie. Ses rues étroites et obscures, et les espèces de pavillons qui décorent les façades de ses maisons antiques, impriment à cette ville un caractère pittoresque. L'habit des hommes, de couleur brune et de forme rustique, a quelque chose de patriarcal. Les femmes, coiffées d'un chapeau de feutre, portent étagées les unes sur les autres des jupes de couleurs diverses. Leur physionomie n'a rien de caractérisé.

Je dois avouer que je laissai à Botzen une partie intéressante de ma *robba,* comme disent les Italiens, et que je me trouvai tout à coup dans un dénûment assez pittoresque. J'aurais pu dire comme disait le grand Henri à son vieux serviteur : « Combien ai-je de chemises ? — Une douzaine, sire; encore y en a-t-il de déchirées. — Et de mouchoirs, n'est-ce pas huit que j'ai? — Il n'y en a pour cette heure que cinq, » lui répondit-on. Le lendemain, Henri IV gagnait la bataille d'Ivry, sans chemises.

Je ne remportai pas de victoire, et je n'eus avec le Béarnais d'autre conformité que celle du dénûment.

XII

Je quittai Botzen pour me rendre à Méran, délicieuse vallée. La ville est située au milieu d'un paysage ravissant. Les collines y sont tapissées de pampres et de jolies habitations ; abritées du vent du nord, elles jouissent d'une température toute clémente. C'est la petite Provence du Tyrol.

En ce lieu est situé son vieux château rasé en 1808 par les Bavarois, et vendu par eux à l'encan ; la ville de Méran en racheta les débris en 1814 pour les rendre à l'Autriche. Aujourd'hui ses vieux murs délabrés s'abritent sous des constructions nouvelles et sont préservés des intempéries sous un vaste hangar que supportent de grands rochers grisâtres. Le patriote tyrolien se découvre avec respect devant cette ruine, car elle est encore pour lui le souvenir vivant de ses libertés.

C'est ici la terre classique de la chevalerie, si grande alors avec ses nobles institutions. Prier et combattre, quitter la croix pour l'épée, joindre à l'autorité du moine le courage du soldat, vivre et mourir pour Dieu et sa dame, défendre le pauvre, protéger l'orphelin, mettre son sang et sa vie au service de toutes les infortunes, tels étaient les statuts de cet ordre fameux dont l'histoire a gardé dans ses pages les grands souvenirs.

Le vieux château du Tyrol fut une image vivante des demeures féodales du quatorzième siècle dont la vallée de Méran était jonchée. Des tours écroulées de cette ruine l'œil plane sur les restes des fiefs féodaux qui s'étendaient aux environs. Je dirai seulement quelques mots du château de Worst.

Avec ses tours crénelées, ses murailles éventrées, ses salles vides, Worst a quelque chose de désolé. La couleuvre glisse sous ses pierres et l'orfraie en fait sa demeure.

Voici sa légende.

Après de longues années de mariage, le châtelain de

Worst, puissant seigneur, n'ayant eu qu'une fille, craignait de voir éteindre le nom de sa noble lignée. Il maltraitait sa femme nuit et jour, lui reprochant d'être cause de l'extinction de sa race. Celle-ci, désolée de ses mauvais traitements, quitte un jour le château de Worst et se rend en toute hâte près d'un solitaire, nécromancien célèbre dans la contrée. La châtelaine passa trois jours dans cet ermitage, et, à son retour au château de Worst, elle resta confinée dans sa demeure; neuf mois ensuite, jour pour jour après cette visite, elle mit au monde deux jumeaux. En leur donnant la vie, ses cheveux se dressèrent sur sa tête, son sein se tacha de sang, un sourire affreux contracta sa lèvre glacée; elle expira.

A peine entrés dans le monde, les deux frères Othon et Adalbert se mordirent comme de jeunes lionceaux et se vouèrent dès l'enfance une haine implacable.

« Lequel de mes deux fils est l'aîné et auquel appartient mon patrimoine? » disait le vieux châtelain, tout embarrassé de sa progéniture inespérée. Il voulait en sacrifier un, afin d'assurer à celui qui resterait la libre possession de ses domaines. Mais, ne pouvant prendre un parti dans cette perplexe situation, il se laissa mourir d'ennui pour échapper à son incertitude.

En quittant la vie, il maudit ses deux fils.

Après la mort du châtelain de Worst, la haine instinctive des deux frères alla toujours se développant. Tous deux avaient le cœur dur comme l'airain, et leur ressentiment grandissait à mesure qu'ils avançaient dans la vie. Ils habitaient chacun une aile du château féodal, et, envieux l'un de l'autre, ils reniaient les entrailles qui les avaient portés.

Plus tard, le mauvais destin qui s'attachait aux deux frères voulut qu'ils aimassent la même femme. Se rencontrant un jour fortuitement au seuil même du château de la jeune Bérengère (c'était le nom de celle qu'ils préféraient), ils abaissèrent spontanément la visière de leurs casques et se battirent à outrance ; ce que voyant, le père de la belle châtelaine parvint, aidé de ses varlets, à les séparer ; mais indignée de tant d'impiété, la douce Bérengère repoussa les vœux de l'un et de l'autre.

Il y avait en ce temps-là un saint homme, l'abbé de Brixen, célèbre dans toute la contrée par ses miracles. Affligé de la haine que se portaient les deux frères, il se rend à Worst pour chercher à les réconcilier ; il leur fait promettre à chacun séparément de se trouver le lendemain matin dans la chapelle du château. « J'y serai, » dirent-ils d'un commun accord. A la nouvelle de cette rencontre, le peuple des environs de Worst accourt au castel. L'office commence ; Othon et Adalbert s'agenouillent au pied du même autel ; mais si la prière est sur leurs lèvres, la haine est au fond de leurs cœurs. « Par le sang de notre Seigneur, donnez-vous la main et le baiser de paix, » dit le bon abbé. A cette invocation, ils quittent aussitôt leur banc et s'avancent l'un vers l'autre ; au moment où ils se joignent, un seul cri, un cri terrible, monte jusque aux voûtes de l'église. Un de ces crimes qui doivent épouvanter la justice de Dieu venait d'être commis... les deux frères avaient tourné l'un contre l'autre leur poignard impie ; l'autel et les vêtements du prêtre se rougissent de sang, le vase sacré tombe de ses mains vénérables, et l'hostie souillée disparaît.

Ce drame sanglant se raconte dans le pays sous le nom

de *la réconciliation de Worst.* Que de rapprochements dans les familles ressemblent à ce coup de poignard! les mains s'unissent, les lèvres sourient; mais la haine est au fond des cœurs... Ce n'est qu'une réconciliation de Worst.

CHAPITRE SIXIÈME

I

De Méran nous revenons à Collman. Le château de Trosburg, planté fièrement sur son roc, est debout comme une sentinelle avancée qui garde la vallée de Grudner. Plus haut encore et à demi dans la nue plane le vieux castel de Wolkenstein, qui servit de repaire à Oswald de Wolkenstein, si redouté au moyen âge. Aujourd'hui, les paysans de la vallée le croient habité par des spectres.

C'est ici la patrie des tourneurs habiles; d'une simple ébauche grossière taillée dans le bois brut, ils font une œuvre d'art. Sans connaissance aucune, et seulement guidés par un goût instinctif, les paysans du val de Grudner composent des statuettes et des figurines qui courent par toute l'Europe.

Il y a un siècle, je ne sais quelle partie du Tyrol vit naître un pauvre paysan du nom de Pierre Anix. Sans aucune science acquise, il fit une carte exacte de son pays et des globes terrestres très-complets. Il vécut et mourut pauvre.

A sa mort, il fallut briser les portes de sa chaumière pour en faire sortir une masse de travaux topographiques ; la cabane qui avait été assez grande pour lui était trop petite pour ses œuvres.

Le Tyrolien est gai et probe ; il vous reçoit avec une cordialité toute pittoresque. Laborieux et actif, partout où sur le rocher il trouve un peu de terre, il la cultive avec amour. Pour l'habitant du Tyrol allemand, le printemps est le signal du départ; il court le monde et revient chez lui en automne, riche du petit pécule qu'il a acquis. Les Tyroliens du midi émigrent l'hiver en Italie et rentrent au foyer avec l'été. Le jour de la séparation est pour la famille un jour de deuil ; elle pleure et surtout elle prie, puis le lendemain, les visages comme les cœurs reprennent leur sérénité.

A gauche de la route qui conduit à Brixen s'élève la petite ville de Klausen. Un couvent de femmes (Seben), de l'ordre de Saint-Benoît, est assis sur le roc escarpé ; ses vertes terrasses en amphithéâtre dominent une contrée sauvage et grandiose.

Le Seben, ancienne station romaine, fut, à ce qu'on croit, un temple dédié à la déesse Isis. Que de prières chrétiennes ont été dites en ce lieu pour le purifier ! Je ne plains pas la femme qui finit sa vie derrière les grilles d'un cloître ; seule avec Dieu, elle trouve encore en elle des pensées qui l'exaltent. Je plains la femme qui, vieillissant au service du monde, en a gardé l'esprit, car le monde a peu de chose à donner à ses esclaves.

On ouvre des asiles à l'enfance, au pauvre malade, au vieillard abandonné ; ouvrons aussi des refuges aux âmes souffrantes. Comme j'aime ces pieuses cénobies, tantôt jetées sur la cime des monts, tantôt abritées sous les frais ombrages des vallées, où l'homme, fatigué d'implorer la pitié des hommes, se recommande à celle de Dieu!

II

En suivant l'Eisack, qui court à travers des gorges étroites et sur des graviers stériles, nous parcourons une vallée romantique ; ces majestueux paysages ont quelque chose de calme comme tout ce qui est grand.

Voilà bien le Tyrol avec ses hautes montagnes, ses torrents fougueux, ses neiges éternelles, ses sentiers perdus, et ses aigles qui fendent la nue.

Le soir, nous étions à Brixen, petite ville oubliée dans sa vallée bocagère. Les collines qui l'entourent sont couvertes d'une belle végétation, et les plus frais cressons tapissent les ruisseaux qui baignent les prairies. Mais la cité est déserte, l'herbe croît sur ses places, et ses maisons, sous leurs naïves peintures, ont un air de simplicité, on pourrait presque dire de bonhomie.

Nous apprenons qu'une troupe de chanteurs tyroliens s'est arrêtée, pour la nuit, dans un hôtel voisin du nôtre. Je n'avais pas encore entendu de mélodies agrestes, et j'arrivais en Tyrol avec l'idée que le chant devait être la langue universelle de son peuple. Nous traversons la ville, précédés par un brave Allemand portant un falot, ainsi que cela se pratique dans nos villes de province ; nous entrons bientôt dans la cour d'une grande *gasthaus*. La salle dans laquelle nous sommes introduits est vaste et encombrée de fumeurs et de chasseurs tyroliens. Une lourde atmosphère de tabac, dont les Allemands seuls sont dignes de supporter l'intensité, nous enveloppe de toute part. J'admirais l'indolente béatitude des fumeurs; tout en suivant de l'œil les spirales de la fumée de tabac, leur oreille s'ouvrait aux gais refrains, puis de temps à autre, saisissant leur verre avec ardeur, ils savouraient le houblon. C'était trop vraiment que cette trilogie de jouissances! Des tyroliennes étaient dites en partie par cinq ou six chanteurs, et la voix d'une jolie fille, qui des tons les plus graves montait aux notes les plus élevées, me causa une vive impression.

A chaque fin de couplet, les bons bourgeois de Brixen poussaient de folles clameurs; moi, plus silencieuse, j'écoutais, attendrie, ces chanteurs qui disaient avec sentiment les airs nationaux de leurs chères montagnes. Puis, la jeune fille disparut, et des éclats de rire se firent entendre dans la pièce voisine. A ce bruit, un jaloux se leva, ouvrit brusquement la porte et nous laissa voir une scène d'intérieur assez piquante. Devant une table chargée de mets étaient assis deux personnages à l'air opulent, et la jeune chanteuse, avec le sourire sur les lèvres, leur indiquait du doigt l'importun qui venait troubler la fête.

Le lendemain, il fallut partir!... C'est en vain que nous autres pauvres femmes courons après la liberté; les exigences de la vie sociale nous étreignent. Nous avons toujours derrière nous la cage, prison dorée dans laquelle il faut rentrer; et pourtant qu'est-ce que la vie si elle ne nous offre pas contentement pour le cœur, satisfaction pour l'esprit? Vivre pour vivre, ennuyeuse plaisanterie; vivre pour souffrir, cruelle destinée!

III

Les sites qui environnent Brixen sont à la fois agrestes et riants. Dans sa spacieuse vallée, de beaux châtaigniers ombragent les prairies, et partout le houblon s'enlace aux tilleuls. A mesure que nous cheminons, le paysage se revêt de teintes plus sombres, car nous entrons dans la montagne. Bientôt nous traversons des solitudes d'une incroyable mélancolie.

Les rochers forment çà et là des citadelles naturelles avec leurs murailles anguleuses et leurs terrasses bastionnées. Les cimes des monts n'appartiennent à personne, et l'homme industrieux n'a pas su les conquérir sur la nature. Un bois de mélèzes et de sapins a poussé dans les interstices de la pierre, et les fées des glaciers se jouent le soir dans cette verte chevelure des Alpes. Les pâtres se répondent d'une montagne à l'autre, et l'écho redit leur gai refrain. Poétique Tyrol, comme mes rêveries erraient doucement dans les rameaux de tes sapins et sur le sommet de tes rochers!

Au milieu de cette nature attristée, des madones reposent à l'ombre dans le tronc des mélèzes, et des fleurs toutes fraîches cueillies se fanent à leurs pieds. C'est là que le montagnard s'agenouille quand la neige descend des monts; c'est là qu'il prie la patronne du malheur de lui venir en aide.

Nous passons au pied de Transzenfeste bei Brixen. Pour être plus sûre de la fidélité du Tyrol, l'Autriche y entretient partout des garnisons et des forteresses.

Mittevald dort au fond de son étroit défilé et sous l'ombrage mystérieux des forêts. C'est tout au plus si dans l'été le soleil visite ce hameau pendant cinq ou six heures du jour.

Là, nous faisons une halte, et je m'assieds sur un pont léger qui traverse l'Eisack. J'ouvre mon livre; le vent en tourne les feuillets. Je me mets alors à songer, en regardant le torrent bondir sur des quartiers de rochers qui entravent sa marche.

L'eau a mille voix diverses : elle est discrète avec le ruisseau, grondante avec le torrent, tonnante avec la cataracte. Elle est tour à tour verte comme l'émeraude, bleue comme le ciel, blanche comme le lait écumeux lorsqu'elle frange la vague des mers; elle siffle dans les joncs, crie en se brisant contre l'écueil, ou murmure doucement en se jouant avec le sable des grèves; furieuse, lorsqu'elle est soulevée par l'orage, elle soupire dans ses jours de calme, et effleure à peine la barque du pêcheur; lascive quand la brise la caresse, elle court en riant sur le velours des prairies; si l'ouragan la pousse, elle tombe en se brisant au fond des gouffres; elle se perle au bout de l'aviron agile, elle s'élève en colonnes jaillissantes et se colore sous les rayons du soleil, ou s'assombrit avec les nuages; puis elle s'évanouit en blanche écume, ainsi qu'une humide poussière que le vent enlève du fond de l'abîme. L'eau règne depuis la goutte de rosée jusqu'au grand Océan, qui emprisonne la terre dans sa vaste ceinture.

J'entrai dans l'église qui fait face au pont. Ses fresques roses et lilas sont d'un goût détestable. Un bon prêtre priait à l'autel; à notre approche, le curé de Mittevald, car c'était lui, se leva, et sortant avec nous de l'église, nous pria de visiter sa maison, qui en est proche. Les plantes pariétaires en festonnent les murailles; les légères graminées verdissent son toit, tandis que la marguerite et la primevère étoilent son jardin.

Le maintien du prêtre était grave, sa physionomie placide reflétait son âme; ses pensées me parurent imprégnées d'une tristesse dont le temps avait fait une douce mélancolie. Il aimait la solitude des bois et les murmures de sa vallée. Nous causâmes longuement, et je trouvai en lui toutes les lumières de l'intelligence unies à la simplicité du cœur; il me sembla qu'il avait cette virginité d'émotions, cette sainteté de sentiments qui font les heureux sur la terre et les élus dans le ciel. Ame pleine de séve et toute en fleur! Naïvement amoureux de la science, sa raison s'abaissait devant la révélation; le doute n'avait pas ébranlé ses croyances natives, et son cœur se nourrissait des pages de *l'Imitation*, livre écrit par l'homme sous la dictée de Dieu.

L'entretien du pasteur m'intéressa; les sentiments vrais inspirent les idées neuves. Je compris qu'il n'avait jamais fâché sa conscience; sa vie se composait de joies innocentes, de douleurs senties, et surtout de l'oubli de lui-même.

Dieu lui avait donné les trois blanches vertus théologales, la foi, l'espérance, la charité.

« Vous passez ici les hivers? lui dis-je.

— Oui, me répondit-il.

— Ne vous semblent-ils pas bien rigoureux?

— Ils ne le sont pas pour moi; mais, hélas! ils le sont bien pour mes pauvres montagnards.

— Vous les aidez, vous les soulagez; car je ne doute pas que, pour vous, obéir à un devoir du cœur c'est obéir à une nécessité.

— J'ai bien peu de mérite, madame, et, croyez-moi, on marche lentement dans la route du bien, car on s'y arrête plus d'une fois.

— N'avez-vous pas ici une mère, une sœur?

— Je n'ai pas de famille à Mittevald; ma mère, qui est au loin, m'a envoyé ici pour essayer de gagner le ciel.

— Après les soins donnés à vos frères, quelle est l'occupation qui remplit votre temps?

— La lecture. Un bon livre est un bienfait; il rafraîchit l'âme, console le cœur, et sèche les larmes.

— Votre maison, votre jardin, sont bien restreints; vous me semblez prisonnier entre vos hautes murailles?

— Je vois encore assez de ciel, là-haut, pour espérer.

— Et puis, repris-je, le bonheur tient peu de place et n'a pas besoin d'un large horizon.

— Quelque petit que soit l'enclos où se cache notre vie, dit le bon prêtre, il est encore assez vaste pour s'y trouver heureux, car le bonheur est en nous-mêmes, et nous ne le rendrions pas plus grand en étendant nos prés ou nos champs; il se mesure à la modération des désirs et à la résignation du cœur. »

Nos actions laissent une trace lumineuse ou sombre dans notre passé, et la vie de cet homme vertueux ne devait lui avoir créé que de bons souvenirs. Sa gaieté était douce : les cœurs purs font les esprits joyeux.

Nous sortîmes ensemble; les montagnards accoururent sur nos pas; tous saluaient le bon curé et lui disaient de touchantes paroles. De l'un, il avait béni le mariage; de l'autre, il avait consolé le père à son heure dernière ou baptisé le nouveau-né. Je compris que ces pauvres gens sentaient que, leur pasteur absent, le malheur fondrait sur eux. Tout ce qu'il possédait appartenait aux pauvres, sa main s'ouvrait moins pour bénir que pour donner... Ce vénérable prêtre, isolé sous un âpre climat, seul sur une terre ingrate, était heureux; tandis que nous sommes aussi las de traverser ce que nous nommons une vie de plaisir, que le voyageur l'est de suivre un chemin sans ombrage.

Nous courons après les grandeurs de la terre et les biens impossibles. S'il est des souffrances qui nous viennent de Dieu, il en est plus encore qui nous viennent de nous-mêmes : nos passions sont nos bourreaux; elles creusent des rides sur nos fronts comme l'ouragan creuse des sillons dans la plaine qu'il ravage. Et si Dieu n'avait pas mis au cœur de l'homme l'horreur de sa propre destruction, combien y en a-t-il, parmi ceux qu'il est convenu d'appeler les heureux d'ici bas, qui prendraient d'eux-mêmes congé de la vie?

Que les hommes de nos cités, si énervés, si lâches, se comparent aux enfants de ces contrées inclémentes, et qu'ils se jugent!... Ces privilégiés du sort donnent à une contrariété l'importance d'un chagrin; à une égratignure faite à leur vanité, la dignité d'un malheur. Il faudrait faire passer tous ces cœurs délicats au creuset des vraies douleurs; c'est là le pugilat qui fortifie l'âme. On ne s'élève à la qualité d'homme qu'à condition de beaucoup souffrir.

Je venais de rencontrer un homme sacrifiant tout au bien de l'humanité, croyant dans un siècle incrédule, simple dans un siècle d'orgueil, éloquent dans son silence, martyr sans auréole. « Mon père, souvenez-vous de moi devant Dieu, » lui dis-je en partant. Il porta sa main à son cœur, et m'envoya ainsi un adieu éternel.

Je m'éloignai bien attendrie.

III

J'entrai dans quelques maisons de Mittevald; dans l'une d'elle, je vis une pauvre mère qui faisait ses adieux à son fils : son visage était baigné de pleurs. Elle me rappelait cette bonne femme d'un de nos ports normands à qui un jour je demandais ce qu'était devenu le plus jeune de ses enfants. « Mon dernier fils? dit-elle; il est parti sur la mer du bon Dieu à bord du vaisseau du roi! » puis les sanglots la suffoquèrent. Les mères ont toutes le même langage : celui des larmes.

Les paysans tyroliens sont gais, ouverts; ils vous reçoivent avec cordialité. Comme j'eusse aimé m'asseoir auprès de quelque âtre rustique pour entendre les contes qui se disent le soir à la veillée, accompagnés par le chant du grillon, hôte fidèle du foyer!

Ces vigoureux montagnards, à la large poitrine, aux fortes épaules, sont intrépides; ils se suspendent au rocher, ayant toujours l'abîme béant à leurs pieds. Bons tireurs, le fusil est le meuble indispensable de la chaumière; ils chassent le chamois et poursuivent l'oiseau de proie dans l'air. Combien de dramatiques traditions ont laissé leur empreinte sur ces monts escarpés!

On est riche au Tyrol si l'on possède un capital de quinze à vingt mille francs; la plupart des habitants n'ont à eux qu'une petite parcelle de terre où viennent le lin et le maïs, et c'est à peine si deux chèvres trouvent à y vivre. Le Tyrolien est pauvre sans indigence : être riche, n'est-ce pas, au fait, être content de ce qu'on a? Chacun cultive son étroit domaine et dort sous son toit. Ce peuple professe l'insouciance, cette philosophie des humbles.

Que de labeurs pour la plus mince récolte! La terre, disputée au rocher, ne produit qu'à l'aide du travail le plus opiniâtre; la terre, cette mère généreuse qui dans nos champs rend tout au centuple, qui pour un grain donne dix épis, pour un gland une cépée de chênes, qui ouvre son sillon au semis que le vent lui apporte, la terre qui chez nous se couvre de moissons, se montre, dans ces régions, inféconde et ingrate.

La fin de mai est le signal de la migration sur la montagne; c'est une fête de famille à laquelle tout le village est convié. En tête du cortége qui va émigrer, s'avance le plus adroit berger, conduisant une belle génisse parée de rubans et de clochettes. Dans le chalet suspendu au rocher, le montagnard couchera sur la terre nue; si la neige vient à tomber, et qu'il soit embarrassé de la subsistance de ses troupeaux, il prendra sa chèvre favorite pour guide, et la suivra à travers les escarpements de la montagne jusqu'au lieu où le rocher se revêt d'un peu d'herbe verte. C'est à l'aide de ses pieds et de ses mains qu'il atteint les parois d'un roc taillé à pic. Le gouffre s'ouvre devant lui, il se glisse le long de la rampe périlleuse, et s'il a été assez heureux pour échapper au danger qu'il a bravé, il revient chargé d'un agreste butin.

Les Tyroliens aiment les montagnes qui les ont vus naître;

ils vivent là, ils mourraient ailleurs. Leurs bandes aventureuses courent le monde et reviennent jouir au foyer de la dîme ramassée sur le chemin.

L'usage de passer la nuit du samedi au dimanche avec sa promise, longtemps avant le mariage, existe ici comme en Suisse; puis, au bout de l'an, un prêtre sanctionne cette union des âmes que la naïveté des mœurs a, dit-on, laissée pure.

Le vol, dans ce pays, est resté à l'état d'enfance, et le crime y est presque inconnu. Je me suis laissé dire qu'en dix ans le Tyrol n'a compté qu'une seule condamnation à mort.

La liberté, pour le Tyrolien, se réfugie au sommet de ses rochers. Le clergé, la noblesse, le peuple élisent chaque année leurs députés respectifs; tous se rendent à Innsbruck pour recevoir les communications officielles du gouvernement autrichien, puis, lorsque les formalités d'usage ont été remplies, ils retournent bien vite à leurs foyers. Si l'air libre souffle sur la montagne, le servage domine les esprits. Aucun mouvement pour la pensée, nulle action littéraire, une sorte de pétrification intellectuelle paralyse les âmes. Quand donc l'idée réclamera-t-elle ici son droit de cité?

On ne reçoit en Tyrol que la *Gazette d'Augsbourg* et quelques autres feuilles périodiques, *imprimées, revues et corrigées* dans les provinces de l'Autriche; à peine si Innsbruck voit paraître chaque année quelques livres élémentaires : on se garde d'instruire le peuple, car l'ignorance profite au despotisme.

Le Tyrolien a un caractère particulier de simplicité

virile et de mâle énergie ; on dirait qu'il grandit devant l'austérité de ses sites et devant la fière physionomie des Alpes. Là, point de paysages enchanteurs, mais d'âpres rochers, des vallées sillonnées par des torrents, des forêts de sapins où le jour n'entre qu'à regret, et de pauvres cités à demi-désertes. C'est bien là le domaine des neiges, des torrents, des orages; une pareille nature développe chez l'homme le courage, car il s'y trouve sans cesse aux prises avec le monde physique. Tout est à faire dans ce pays, où le caractère n'est point assuré, où la vie politique est encore incertaine; il lui manque avant tout le sentiment de sa force.

Les labeurs de ce peuple, ici-bas, lui font imaginer un paradis presque austère. La religion qui a dit : « Vous monterez au septième ciel, vous aurez à vos côtés des houris aux yeux noirs, toujours jeunes, toujours vierges, et là, assis à l'ombre du laba, vous goûterez toutes les jouissances qu'il est donné à l'homme de rêver ; » non, ce n'est pas ici que cette religion trouverait des sectaires.

IV

A l'entrée du défilé de Mittevald, une inscription placée sur une chapelle dit au voyageur que l'armée de Joubert s'arrêta là. Ce ne fut pas faute de pouvoir, mais de vouloir, qu'elle ne passa pas outre. Le Tyrolien, toujours crédule, attribua cette halte volontaire à une intervention divine.

L'insurrection de 1809 eut pour foyer Brixen et Sterzing.

A mesure que nous entrons dans cette contrée grave et

mélancolique, les montagnes se cachent sous des ceintures de brumes humides, et çà et là de vifs reflets d'or, noyés dans un lointain vaporeux, forment un horizon mêlé d'ombre et de clarté. Qu'il y a loin de ces sites âpres aux scènes riantes du Tyrol italien, où la vigne jette ses guirlandes autour du mûrier! Ici, partout des rocs abrupts, des monts gigantesques, dont les derniers plans découpent leurs blanches cimes sur le bleu du ciel.

Nous arrivons à Sterzing, petite ville située dans une longue vallée presque nue ; des torrents courent au milieu des prairies, et à l'horizon se dessinent de vaporeuses montagnes couvertes de neige. Elle est singulièrement construite cette cité en miniature! Ses rues sont surplombées par de hautes maisons peintes de toutes couleurs, avec des toits crénelés, d'étroites fenêtres, de longues gouttières de zinc, et des enseignes de métal brillant.

Je rencontre sur la route des bandes de pèlerins marchant pieds nus, le rosaire à la main, la tête découverte. Ils se prosternent devant les chapelles ornées de bras, de jambes et d'*ex voto* qui s'échelonnent le long de la route. Je cherche en vain la veste de velours, les bretelles vertes brodées, le chapeau conique à plume d'aigle, costume classique du Tyrolien ; je vois partout des hommes affublés d'un long tablier blanc, qui diffère peu de celui que portent les chefs de cuisine des maisons opulentes.

De Saint-Léonard, un sentier, côtoyant le torrent de Passeyer, nous conduit à l'auberge de la Couronne, qui a eu pour maître Andréas Hofer, de vaillante mémoire. C'est l'occasion pour moi de dire quelques mots d'une guerre mémorable qui occupa toute l'Europe.

V

En 1808, l'Autriche, ayant consenti à son propre démembrement, se vit dépouillée de ses plus riches provinces ; le Tyrol, entre autres, échappa à sa domination, et fut donné à la Bavière. Tout en renonçant à ses droits sur ce pays, l'Autriche conserva l'arrière-pensée, fondée sur la connaissance qu'elle avait du peuple tyrolien, de ressaisir un jour la proie qui lui échappait. Toute dépossédée qu'elle était, cette puissance ne cessa donc pas d'entretenir des menées en Tyrol.

Il y avait alors un homme qui maniait les esprits à son gré : son œil regardait haut et loin, et son cœur portait de grandes pensées. Franc buveur, avec le verre il animait les chants joyeux, sa parole remuait les cœurs, et son intégrité lui avait acquis la confiance de tous.

Soumis en apparence aux nouvelles lois de son pays, il rêvait le retour de l'ancien ordre de choses. Son caractère, sa volonté, sa force, tout justifiait sa popularité. Ce tribun, ce soldat, cet apôtre, c'était Andréas Hofer.

Il portait fièrement le costume national, le justaucorps rouge, la veste brune, et le chapeau à larges bords surmonté de la plume d'aigle. Son geste et son regard étaient dominateurs; il avait l'air résolu, l'œil ardent, la parole vibrante; sa force était herculéenne; sa barbe noire et touffue descendait jusqu'à la ceinture. Le Guillaume Tell du Tyrol parlait au peuple le langage qui le subjugue; sa parole inspirait le courage et enfantait le patriotisme.

Il prit le commandement et ne le quitta qué pour mourir.

Le peuple tyrolien aimait les princes de la maison d'Autriche qui l'avaient gouverné, seulement par l'excellente raison que ses pères les avaient aimés. Chez lui, la fidélité était héréditaire; la noblesse seule, là comme ailleurs, restait en dehors de cet élan national.

L'archiduc Jean, sans se mettre ostensiblement à la tête du mouvement, se rapprocha des frontières du Tyrol, et reçut de ses bandes armées la promesse d'agir en faveur de l'Autriche. Déjà l'Europe était en feu. Napoléon la tenait en émoi sous sa main menaçante; l'archiduc autrichien occupait Salzbourg, et de ce point il faisait parvenir de mystérieuses dépêches aux montagnards. Dès qu'il arrive à Gratz, il mande Hofer; celui-ci se rend à son appel et lui garantit le succès de l'entreprise si l'Autriche consent à l'appuyer lorsqu'il lèvera l'étendard de la révolte. L'archiduc promet aide et secours. Andréas part avec l'impatience au cœur, il va hâter l'heure de la rébellion.

Rentré chez lui, il attise le feu que va faire éclater la lutte que le Tyrol porte dans son sein. Les insurgés vont se réunir près de Méran, dans un cabaret du Passeyer-Thal; ce sera le Grutly des Tyroliens.

« Vous êtes les fils du Tyrol, dit Hofer aux conjurés, et l'on veut vous faire Bavarois!... On a rasé votre château, renversé vos autels, vengeons-nous! on nous aidera. » Ces mots relèvent les esprits; on se sépare en jurant de se revoir, et le secret est gardé par plus de six cents conjurés. Sur un signe d'Hofer le Tyrol est debout l'arme au bras. La nuit du 10 avril 1809 est désignée pour l'exécution du complot. Des signaux placés sur les cimes des monts annoncent aux habitants des plaines que l'heure de la vengeance va sonner, et partout des feux allumés éclairent l'insurrection. La voix du tocsin résonne, les Tyroliens saisissent leurs carabines, pressent une dernière fois contre leur cœur leurs femmes et leurs enfants, et descendent leurs montagnes au pas de charge. Les prêtres les précèdent, le crucifix en main; ils soufflent au cœur des insurgés de saintes colères qui leur tiennent lieu de forces numériques. Un cri, un seul cri d'affranchissement poussé par tout un peuple, court à travers les monts et se perd dans les bourrasques.

Ce ne fut point là l'insurrection espagnole avec ses moines, ses guérillas embusqués derrière les monts, les haies et les villes, faisant feu dans les champs, dans les rues, vendant cher leur vie, d'arbre en arbre, de maison en maison; ce fut tout un peuple qui se leva comme un seul homme pour défendre son Dieu et ce qu'il nommait sa nationalité. Non, ce n'était pas là l'Espagne avec sa noblesse hautaine, son clergé fanatique, ses moines factieux; c'était une nation de braves qui retournait à ses anciens maîtres, à la foi de ses pères.

La flamme qu'Hofer venait d'allumer brûla pendant plusieurs mois. Après maints combats dans lesquels les paysans sans armes restaient maîtres de la campagne, Hofer marcha sur Innsbruck, où une poignée d'insurgés résistait aux Bavarois et à quelques régiments français. La ville frémissait d'impatience à l'approche de ses libérateurs. « A mort ceux qui sont debout! s'écrie Hofer, grâce pour ceux qui sont à genoux! » et il s'avança droit au pont d'Innsbruck. « Enfants, en avant, dit-il, saint Georges et ma barbe vous serviront de bouclier! » Le pont est emporté, Andréas entre victorieux dans la rue principale de la capitale du Tyrol. L'armée franco-bavaroise est en déroute complète; le général Bisson se refuse d'abord à capituler, puis enfin, contraint par la nécessité, il signe un traité que Napoléon ratifie.

VI

Après la reddition d'Innsbruck, Hofer, secondé par ses lieutenants Sperbaker et Haspingher, le capucin guerrier, soldat intrépide sous le froc du moine, tente divers combats dans lesquels il a toujours le dessus. Il s'empare de Kesptein et de quelques places dans la vallée de l'Inn.

Toute insurrection vit par la lutte, il lui faut le champ de bataille; elle meurt si l'on cherche à la régulariser. Après avoir déposé les armes, les soldats d'Hofer se retirent dans leurs foyers. L'Autriche se montrait insoucieuse devant tant de sang répandu pour sa cause : il fallait au Tyrol des munitions de guerre, de la poudre, des balles, et elle se borna à convoquer un conseil à Brixen.

Bientôt les Français se rapprochent du Tyrol. Devant le péril, Hofer retrouve sa première énergie. Les bandes insurgées se reploient sur Innsbruck et dans le Brenner, tandis que les troupes françaises, commandées par le duc de Dantzick, entrent dans cette capitale.

Andréas et ses capitaines reprennent le commandement; ses bandes fanatiques se retirent dans le Brenner, forteresse que la nature a faite inexpugnable. L'insurrection relève de toute sa hauteur sa tête abaissée; le peuple enfant et guerrier se rallie à la voix de son chef. Il n'a pas d'artillerie, il taille des sapins, leur donne la forme des canons, les mineurs, pour faire croire à un feu de mitraille, creusent le rocher, et la poudre le fait sauter en éclats. Les femmes, les vieillards secondent leurs maris et leurs fils, tous veulent défendre la mère-patrie. Les Bavarois, saisis de crainte, restent longtemps sur la défensive.

Dans la vallée de l'Inn, Sperbaker se rend maître de Wolders et marche avec six cents affidés sur Hall. Un feu nourri de mousqueterie balaie sa troupe : « Amis, dit-il, c'est là le prix de la course, en avant, et que saint Florian nous protége! » Tous s'élancent sous les balles ennemies; ils mettent le feu au pont, qui s'embrase et s'écroule. Sperbaker regagne l'autre rive, et les Bavarois, confondus, épouvantés par ce courage surhumain, l'appellent der Feuer-Teufel, *le Diable de feu.*

Le général Deroy, qui commandait l'armée bavaroise, s'avance vers Innsbruck. L'insurrection tyrolienne venait de frapper un coup de hache, qui avait retenti dans toute l'Europe. L'Autriche laissait périr ses défenseurs; mais ce lâche abandon ne refroidissait pas leur patriotisme. C'est à la paix de Presbourg que, ainsi que je l'ai dit, la Bavière avait dû la possession de ce pays; abusant des droits du maître, elle défendait les pèlerinages, démolissait les églises et chassait les moines. Le peuple superstitieux souffrait donc par l'âme; il frémissait à l'idée de sa damnation éternelle, et en donnant son sang, il croyait venger son Dieu, sa foi.

Du jour où la Bavière rasa l'antique château du Tyrol, de ce jour-là le Tyrol fut à l'Autriche. Faire la guerre pour son peuple opprimé n'était pas un droit, c'était un devoir. L'Autriche avait peur de l'ardent patriotisme des conjurés;

elle cherchait à neutraliser leur élan, car elle craignait avant tout l'avénement d'une république tyrolienne.

Enfin, les Tyroliens sont abandonnés à leurs seules ressources, et chez eux la force morale, née de l'ardeur des croyances, enfante encore une fois des prodiges. La nation se lève, le même jour, à la même heure. Elle marche, elle court au premier appel. Encore une fois, adieu aux chalets!... Le courage d'Hofer a grandi dans l'isolement; il retrouve son audace, son génie, sa popularité.

Sperbaker, découragé, voulait se retirer en Autriche; déjà Haspingher le capucin s'était réfugié au fond d'un cloître. Hofer les rappelle à lui, et d'un bond ils sont au pied du Brenner. On tient conseil, le lendemain les hostilités recommencent. Andréas se montre, et, chose inouïe! une armée nouvelle sort de sa force et de sa volonté.

Du 4 au 11 août 1809, les Tyroliens se battent en héros. Hofer est encore le général et l'apôtre de cette nouvelle insurrection. Ses lieutenants prennent position dans la gorge qui s'étend jusqu'à Mittevald, pour tenir tête à l'armée bavaroise qui est en possession de Sterzing.

Les montagnards coupent les ponts de l'Eisack, où ils se barricadent avec des arbres entiers et de lourds quartiers de roches. Le 3 août, le tocsin sonne dans tous les villages, il annonce la marche de l'ennemi, les paysans accourent à son appel, le combat s'engage; les Français tentent un vigoureux effort; mais, repoussés avec perte, ils se replient sur Sterzing. Le maréchal Lefèvre quitte Innsbruck et s'avance vers cette ville. Le brave, l'intrépide Hofer, avait amené des levées en masse de Méran et du Passeyer-Thal. Quatre mille Bavarois pénètrent dans la vallée de Steufer, ils avancent avec crainte, marchent en silence; ils ont des vertiges sur ces hauteurs inexplorées.

Une voix sort de la montagne et dit : « Est-il temps? » On lui répond : « Non, pas encore. » La voix se tait, et il se fait un formidable silence.

Lefèvre promet des secours, et les Bavarois se remettent en marche. Au milieu du sombre désert que traversent les troupes, une autre voix s'écrie : « Tout est-il prêt? — Oui. — Eh bien! au nom du Père, du Fils et du Saint-Esprit, lâchez tout. » A ces mots, arbres, terres, rochers s'écroulent, et les Bavarois sont écrasés sous ces masses gigantesques. Trois mille d'entre eux fuient et se replient sur le corps d'armée de Lefèvre qui arrivait à marches forcées. Tous se dispersent et accourent vers Innsbruck, où ils rentrent en proclamant leur désastre.

Hofer combattait appuyé sur deux grandes puissances, la foi et le patriotisme.

VII

Le 13 août, vingt mille insurgés se sont rassemblés sous les murs de la capitale, et l'armée de Lefèvre s'y est ralliée. Le combat s'engage de nouveau, et Français et Bavarois sont encore une fois vaincus. L'armée ennemie se replie alors sur l'Inn inférieur.

Hofer, maître du Tyrol, est proclamé roi. Soldat heureux, il doit ce titre à son courage, c'est un ambitieux absous par la victoire. Il est roi pour un jour comme Rienzi, comme Masaniello. Il règne en soldat, il gouverne en moine, il dicte des lois, et en même temps qu'il ordonne l'armement des troupes, il défend aux femmes de tromper leurs maris!

En révolution, il faut marcher ou tomber. Les Tyroliens, au lieu de se tenir sur la défensive, se font envahisseurs. Sperbaker et Haspingher entrent dans le Salzbourg. L'armée marche en avant d'un mouvement rapide et passionné.

Mais l'Allemagne venait d'être le théâtre d'un drame sanglant, et les vainqueurs de Wagram s'avançaient triomphants vers le Tyrol. Les routes étaient couvertes de nos soldats, et les généraux de Wrède et Deroy n'avaient pas oublié qu'ils avaient de terribles représailles à exercer.

A cette nouvelle, les troupes d'Hofer abandonnent les rives de l'Inn pour se retrancher de nouveau dans la montagne. Andréas, le roi du Tyrol, après la paix de Vienne, reçoit un ordre de l'Autriche qui lui enjoint de se retirer paisiblement, ainsi que ses troupes, dans leurs foyers. C'est alors qu'Hobb le Tyrolien soutient qu'Hofer trahit, et que l'Autriche prêtera secours à ceux qui résisteront.

Andréas marche encore une fois à la tête des insurgés. La guerre se continue de défilé en défilé, de rocher en rocher; mais écrasé par le nombre, il succombe dans une lutte inégale, et les siens l'abandonnent. Hobb disparaît, Sperbaker fuit, Haspingher le capucin reprend le froc, se réfugie à Vienne et le soldat se fait curé.

Ils sont dispersés, les héros; mais la contrée garde le souvenir de leur gloire et la trace de leur sang!

VIII

Richelieu avait dit à la mort de Wallenstein : « Quand l'arbre est tombé, tous courent aux branches pour le détruire. L'affection des hommes ne regarde pas ce qui n'est plus. Au milieu de l'abandon général, Hofer dit au peu d'amis qui lui restait : « Adieu! ou plutôt au revoir, car un jour nous redeviendrons les maîtres. » Il disparaît, et sa tête est mise à prix.

Si Andréas a cédé au nombre, il a gardé le courage de l'intelligence, le plus noble de tous. Il se retire dans la montagne et s'est bientôt construit une hutte au fond d'une crevasse que l'hiver couvre de ses neiges. Cette retraite est encore aujourd'hui un but de pèlerinage pour les fervents patriotes.

La femme et les enfants d'Hofer l'avaient suivi dans cet asile. « Je verrai bien, leur dit-il, s'il y a un traître dans le Tyrol. » Et dans le Tyrol il y eut un traître!

Le 1er janvier 1810, le brave Hofer est dénoncé et bientôt découvert par les Français au moment même où il enlevait les neiges qui obstruaient l'entrée de sa retraite. Il en sort la tête haute, l'œil fier, et dit : « Je suis Andréas Hofer, Français, faites feu ; mais épargnez ma femme et mes enfants. »

On le charge de chaînes, on le conduit à Botzen, et sa famille l'accompagne. Dans cette marche, sa mâle énergie ne lui fait pas défaut, il se montre aussi résolu que sur le champ de bataille. « Il y a quelque chose d'antique dans cet homme! s'écrie le général Baraguay-d'Hilliers ; je me figure retrouver en lui un chevalier du temps de Pierre l'Ermite. »

Hofer est transféré dans les prisons de Mantoue. C'est avec douleur qu'il s'arrache aux embrassements des siens. Le général Bisson préside le conseil de guerre appelé à le juger. L'accusé échappera à la mort, car la majorité vient de se prononcer pour son acquittement; mais un ordre transmis de Milan ordonne son exécution, et Andréas devra subir la destinée promise aux grands cœurs qui se dévouent.

Hofer, en entendant prononcer sa sentence, s'écrie : « Je n'ai jamais tremblé devant la colère des hommes et mon cœur ne faiblit pas! Jusqu'ici j'ai pensé à mon pays et à ma femme, maintenant je n'ai plus qu'à penser à Dieu! »

Lorsqu'il entend battre la générale, il s'écrie encore : « Voilà ma dernière heure; marche, Israël, à tes tentes! »

Arrivé au lieu de l'exécution, il dit à quelques patriotes dont les regrets se trahissent en paroles de vengeance : « Silence! je vais mourir, mais le Tyrol ne mourra pas avec moi! »

Il avait raison, les martyrs meurent, les nations vivent!

Il se tourne vers ses chères montagnes et les salue pour la dernière fois! On veut qu'il s'agenouille pour recevoir la mort. « Jamais, dit-il; je me suis toujours tenu debout devant Dieu, et je lui rendrai debout l'âme qu'il m'a donnée. Ne me manquez pas, crie-t-il aux soldats; feu! » Les coups partent, il est tombé!...

Le corps du patriote tyrolien est porté par les grenadiers français jusqu'à sa dernière demeure.

Il y a des tombes qui ne se ferment jamais, la vengeance les laisse entr'ouvertes.

Le crime d'Andréas fut d'avoir remplacé dans le Tyrol la royauté absente. Il paya de son sang son règne d'un jour.

Un bataillon de chasseurs tyroliens enleva les restes mortels du héros et les porta à Innsbruck. L'Autriche, forcée par l'opinion publique de lui rendre un tardif hommage, lui éleva un monument dans l'église impériale de cette ville.

La statue de *monseigneur l'aubergiste de Sand* se dresse de toute sa hauteur à côté de celle de l'empereur Maximilien.

Une guerre nationale, l'héroïsme enfanté par les croyances, des villes prises, des batailles gagnées, telle est l'œuvre d'un brave patriote dont l'histoire se souviendra.

VIII

A Sterzing, le paysage perd de sa rude majesté. Quittant la vallée, nous voici au pied du Brenner; son aspect grandiose me rappelle les Alpes de la Savoie. Nous cheminons entre deux montagnes; je me sens prisonnière dans cette inextricable solitude. L'homme est moins qu'un nain au pied de ces géants terrestres.

Quelques jours avant notre passage au Brenner, une avalanche de terres et de rochers avait brisé les ponts et effondré les routes. Une bande de travailleurs était là pour réparer le désastre. Ce bouleversement subit me rappela les moyens de défense que la guerre nationale avait suggérés aux paysans tyroliens; cette œuvre de destruction leur avait été enseignée par la nature elle-même.

Le ciel est morne, le vent balaie de gros nuages, une pluie froide vient par raffales, les monts se coiffent de leur turban grisâtre, les feuilles volent dans l'air, la brise gémit. Tout le jour, quel vent, quelle pluie!... Je me mis à craindre sérieusement qu'il y eût quelque chose de dérangé dans les ressorts qui font mouvoir notre planète. Le mauvais temps m'invite aux pensées tristes, ma disposition morale s'harmonise avec la nature; je pourrais dire qu'il faisait sombre dans mon esprit, car l'air humide des soucis l'engourdissait de ses froides vapeurs.

Je ne sais en vérité tout ce que mon déplaisir m'inspirait de colère et de mauvaises paroles ; je disais de dures vérités à notre Automédon, mouillé, trempé, et de joyeuse humeur. Mais le gros Allemand, pur sang, ne lisait pas le mécontentement sur ma figure, et mon impatience excitait son rire hébété. Depuis quelques heures nous marchions, et nous n'avancions pas.

Je ne dis plus un mot, et je finis par m'abandonner *in petto* à mon accès d'humeur. Alors je songeai péniblement ; le passé me déroula ses tristes pages, et quant au présent, je ne m'avisai pas de le peupler de décevantes chimères. Hélas ! le temps, vieux missionnaire à front chauve, ne me trouve que trop attentive à recueillir les tristes vérités qu'il me débite. Enfin, l'avouerai-je, malgré mon goût pour le voyage, j'étais dans un de ces jours néfastes où la voix du torrent semble monotone, où l'on ne trouve pas les montagnes assez hautes, la neige assez blanche, les étoiles assez brillantes et la lune assez ronde !

Malheur quand notre trésor devient léger et qu'il ne se remplit plus de ces excellents billets hypothéqués sur nos châteaux en Espagne, car c'est alors seulement que nous rêvons fortune aux jours d'embarras !

Désirer avec ardeur, posséder sans jouir, regretter ce qu'on a perdu, voilà la vie !... On s'égare dans ses souvenirs, on tue ses espérances, et l'on marche vers sa fin en pleurant...

Quel ouragan, quelle bourrasque !... le vent fait sonner les cloches dans les hameaux et se précipite en hurlant sur nous, chétifs, qu'il va renverser. Les éclairs lézardent le ciel, et les troupeaux se font immobiles, l'atmosphère est froide comme l'haleine de la mort ; ces solitudes présentent les aspects les plus mornes. Çà et là j'aperçois des chèvres moins sauvages que les enfants qui les gardent ; les oiseaux de proie traversent l'air en criant pour chercher leur gîte nocturne, la nature se décolore par degré et semble passer de l'activité de la vie au silence du sommeil. A peine si quelques fleurs sauvages reluisent sous la pluie.

Plus loin les gazons inclinés se couvrent de rhododendrons, et le vent emmêle les branches des sapins échevelés. Rien de lugubre comme les pauvres chalets du Brenner avec leurs planches mal jointes et leurs toits écroulés. Où sont donc les bons gîtes du Montanvert, du Grindelwald, du col de Balme ?

Un petit lac noir (Dornsée), dont les eaux rongent le pied du rocher qui l'encadre, s'étend au sommet du mont Brenner. De ces hauteurs tout un monde se déroule à mes pieds, avec ses rocs aigus et ses ravins profonds. La Sill, qui sort ici de la montagne, porte ses eaux vers le nord de l'Allemagne et va se répandre dans l'Inn, tandis que l'Isack court vers l'Italie pour se perdre dans l'Adige.

IX

Arrivés à Steinack, je fais arrêter ma voiture, et, m'adressant à l'aubergiste qui fumait magistralement sur le pas de sa porte, tout aussi fier qu'un hidalgo, je lui demandai s'il serait possible d'avoir des chanteurs. « Ils sont tous dans la montagne, » me répondit-il sans se déranger de son occupation favorite. Mais, à mon insu, ma voix avait pris, sans doute, l'inflexion du commandement, car je vis arriver près de ma voiture deux Tyroliens qui entonnèrent spontanément leurs rudes ballades, et chantèrent à l'unisson d'un ton guttural des tyroliennes originales et gaies. Il me semble qu'ici le chant a sa contagion comme la danse à Naples, dont les enfants faciles à la joie vivent follement sous un volcan avec la mort pour oreiller!

Bientôt d'autres hommes accourent et je me vois entourée d'une population chantante. La voix des derniers venus était plus franche, elle sortait libre de leurs larges poitrines, et de jeunes filles jetaient au milieu de ces chants de petites notes grêles qui ressemblaient à la voix des échos.

Il me vint à l'idée de faire entrer ma voiture sous un hangar voisin de la route, car la pluie tombait à torrents. Après les chants vint la valse. En Tyrol, elle n'est pas sans grâce; il y a dans les danses nationales de ce pays une sorte de laisser-aller naïf qui peint le flegme allemand, de même que l'imagination passionnée des Napolitains se traduit dans leurs tarentelles. La danse est une des physionomies des peuples. Je donnai force pièces de monnaie à cette troupe musicienne et dansante, mais j'osais à peine payer des airs nationaux qui résonnent si librement sur les sommets des Alpes.

Le soir, nous sommes à Mettray; j'entre dans l'hôtel et je mets en déroute de jeunes Allemandes de service près de moi. Toutefois, je me dois cette justice, c'est qu'arrivée presqu'au terme de mon voyage en Tyrol, je fis restaurer mon brave *cocchiere*, qui se vantait, l'imposteur, de nous avoir conduits *crânement!*

Je n'ai pas pour principe de ne faire du bien aux gens que lorsqu'ils me sont utiles ; je fuis l'exemple des négriers qui vont chercher leur bétail humain à fond de cale pour sauver le navire, et qui, une fois le danger passé, le rendent à leurs chaînes.

Nous quittons Mettray avant le jour. L'air est froid, la nature glacée ; les rameaux des pins s'entrechoquent bruyamment sous le vent, l'oiseau matinal jette son cri dans l'air, la cloche de l'église de Mettray envoie ses notes mélancoliques aux échos de la vallée, et ses vibrations se mêlent au murmure des trembles qui croissent au pied des montagnes.

La Sill court au fond du gouffre comme un ruban argenté ; peu à peu quelques étoiles paresseuses, errantes dans les solitudes de l'air, se retirent. Le ciel prend une teinte blanchâtre, la voie lactée s'efface, et les sommets des monts se découpent nettement à l'horizon.

L'orient a rougi, les contours sont devenus distincts ; la végétation perd ses tons bleuâtres et arrive au vert éclatant. Le disque du soleil se lève sur la montagne ; ses rayons se dispersent comme des flammes errantes dont les teintes dorées jouent sur les rocs, dans les vallées... Enfin, les clairières se révèlent, le jour a chassé les doux mystères, et les rayons du soleil, qui ont grandi, flamboient dans le ciel et illuminent toute la nature. Les oiseaux chantent, le papillon secoue son aile baignée de rosée, la fleur livre son parfum aux brises du matin, chaque brin d'herbe devient un diamant ; tout est suavité, repos, lumière, c'est le jour ! ! !

Avant d'arriver à Innsbruck, la vallée de l'Inn se déploie dans toute sa magnificence ; c'est un site frais, enchanté, d'une verdure élyséenne. Partout des montagnes blondes dans la lumière, ou bleues dans l'ombre, et couronnées de leur blanc diadème sous l'azur du ciel.

X

Innsbruck, avec ses édifices peints, ses toits vernissés, ses dômes, ses clochers, ses maisons vertes et jaunes, offre un type allemand et italien tout à la fois.

Autour de cette capitale du Tyrol s'élève une chaîne très-rapprochée de montagnes au milieu desquelles se dresse le Solstein, dont le sommet neigeux se perd dans la nue.

L'architecture de quelques édifices qui bordent la grande rue d'Innsbruck pourrait mériter de fixer l'attention, mais le badigeonnage qui les couvre enlaidit ces monuments et leur enlève leur vénérable physionomie.

On ne sait plus aujourd'hui où retrouver les échantillons du passé sous la couche des badigeonneurs qui enlèvent aux édifices le type de nos vieilles sociétés. En France, nous sommes encore plus Vandales que dans les autres pays; nous faisons mieux que de badigeonner les monuments, nous les renversons.

Innsbruck est la patrie de l'intéressant Kleintrauss, vieillard aveugle qui avait plutôt deviné l'art qu'il ne l'avait appris. L'ameublement de l'humble artiste se composait d'un misérable lit, d'un vieux piano en forme d'épinette, de beaucoup de bois propres à être façonnés et de nombreux outils. Frappé de cécité depuis son enfance, Kleintrauss, à force de palper de petites statuettes de la Vierge et des saints, parvint, grâce à la rectitude de son toucher, à en savoir la forme. Il se mit à l'œuvre et finit par produire de vrais objets d'art. Ce vieillard était droit, robuste, plein de sérénité; pauvre et dénué pendant sa vie, on lui élevera des statues après sa mort; c'est ainsi que se traduit la gloire. Homère chantait ses vers pour un morceau de pain!

Après avoir visité Hall et ses salines, nous nous dirigeons vers Amras en traversant la luxuriante vallée de l'Inn, qui épanouissait sa corbeille sous les gerbes étincelantes du soleil.

Le château d'Amras, situé sur une pente rapide, domine la vallée; il appartint jadis à l'antique maison d'Habsbourg. Le musée de campagne est rempli d'armures et de lances d'une telle dimension qu'elles semblent faites pour des géants; un escadron de chevaux empaillés, et bien raides, harnachés de selles qui ont appartenu à divers souverains, paraissent attendre des chevaliers armés de pied en cap.

On raconte que c'est au château d'Amras que Walstein, n'étant encore que page du margrave de Burgau, se laissa tomber à dessein d'un toit très-élevé, pour mettre à l'épreuve un rêve que la fortune lui avait envoyé. Il se releva sain et sauf, et l'histoire ajoute que la circonstance miraculeuse imprima à son esprit cette tournure téméraire qui lui fit tenter tant de choses aventureuses.

XI

Revenue à Innsbruck, j'entre par faveur dans un couvent de femmes. Un beau rayon de soleil illumine l'église, des bouffées d'encens remplissent les voûtes, l'orgue pleure avec une ineffable tendresse, et sa voix protége ma prière et mon recueillement. Des religieuses défilent sur deux lignes; leurs robes longues et laineuses traînent à terre, et un voile noir couvre leurs tailles : il aurait fallu trouver ici la pieuse cérémonie dont quelque temps avant mon voyage j'avais été témoin en France. Par la pensée, je replaçai une scène touchante sous cette nef élégante et parée. Une sœur novice s'avance lentement au milieu du chœur, les pierres fines relèvent ses cheveux noirs, elle est belle comme la fiancée qui marche à l'autel; elle sort du temple le front rayonnant et y revient triste et dépouillée de sa parure; ses cheveux sont tombés sous l'implacable ciseau, on l'enveloppe du drap mortuaire, et le chant funèbre du *De Profundis* éclate sous les voûtes...

Mais la vision changea d'aspect, et tout à coup, en proie à une triste fascination, je me crus transportée au milieu d'un vieux couvent dévasté par le temps; je vois le préau ouvert à tous les vents; les cintres du cloître se remplissent du cri des corbeaux et de la voix pleureuse de la bise, la nuit descend dans les galeries humides, j'avance, la dalle est glacée sous mes pas; j'entre dans une cellule, j'aperçois la haire, le cilice, une couche en forme de bière, un sablier, un crâne humain!... Où est le moine? mais je suis en Tyrol, et je ne dois trouver ici que l'ange des ténèbres, le diable lui-même, non pas le Satan des romanciers français, ce gentilhomme de bonne maison, aux vices parfumés, à la parole éloquente, à la lèvre sarcastique, qui se mêle à tous les songes, préside à tous les pronostics, mais le diable des bonnes gens, avec le pied fourchu, les cornes en tête. Nous sommes ici dans son domaine; l'homme est sa chose, le pays son fief.

Le Tyrol est la patrie des visions, des joies célestes et des terreurs paniques; il n'y a pas de village qui n'ait sa légende, mieux que cela, son sorcier qui parle dans l'ombre aux puissances invisibles. Les prêtres et le pouvoir entretiennent le peuple dans sa crédulité; ils savent que les enfants sont plus faciles à dominer que les hommes : l'arbitraire recule devant la virilité des nations.

En me relisant je vois combien il est facile à l'imagination de passer des fantaisies riantes aux noires images. L'esprit se plie si bien aux deux extrêmes; il craint, il espère, il pleure, il rit tout à la fois; sur l'aile du caprice il erre dans les régions insaisissables de l'air, ou se perd dans les profondeurs des abîmes.

Après le rêve, la réalité. L'église des Récollets fut bâtie par Nicolas Dunoyer et Maria della Bella. Ici s'élève le tombeau de Maximilien. Le mausolée est porté par seize piliers de marbre noir; les bas-reliefs sont l'œuvre d'Arnold et de Bernard-Abel de Cologne. La vie de Maximilien est écrite avec le ciseau; il est représenté à genoux devant le cénotaphe, et vingt-huit statues, princes, rois et guerriers, composent sa cour.

J'ai à prémunir ceux de nos voyageurs qui seraient tentés de visiter le Tyrol contre deux écueils.

Premier danger!... Si l'un d'eux s'arrête dans une ville et que, ne sachant pas l'allemand, il demande à quelque habitant : Parlez-vous français? la réponse infaillible sera celle-ci : Ja mein Herr.

Encouragé par cette assurance, notre compatriote s'étendra complaisamment sur ce qu'il désire apprendre; puis après vingt minutes d'explications confuses pendant lesquelles il aura eu recours à tout ce que la voix et le geste ont de plus expressif, afin de se rendre intelligible, l'Allemand lui répondra :

« Que dites-fous, messier? moi pas combrandre. »

Braves Allemands! le Ja mein Herr est le fond de leur langue, comme *yes, sir,* est celui de la langue anglaise.

Second danger!... Pendant le cours de ses pérégrinations, le voyageur devra subir le change des thalers, des zwanzichs, des florins, des kreutzers, etc.

« Voici votre carte, 22 florins.

— Ce qui représente en monnaie de France?

— Une florin?... moi combrends pas.

— Un zwanzich vaut?...

— Bas davandage. »

De guerre lasse, le voyageur ouvre sa bourse et paye à tout hasard ce qu'on lui demande, car il n'a pas plutôt appris la valeur du zwanzich que, s'il poursuit sa route, il devra s'initier au cours d'une infinité d'autres monnaies. Aussi renonce-t-il à se remplir l'esprit de combinaisons compliquées qui varient pour lui à chaque tour de roue, et il rentre au logis dévalisé.

Chez tous ces braves gens qui vous volent sans pudeur, il y a une naïveté primitive qui vous fait sourire.

XII

Je pars le lendemain avec le jour pour visiter une partie de la vallée de l'Inn ; je traverse Wolders et je m'arrête à un petit village situé au fond d'une vallée bocagère, abritée par une verdoyante montagne qui lui verse l'eau des plus pures fontaines. Cette vallée fuit entre deux collines ; le hameau est groupé autour d'un clocher rustique, un ruisseau court nonchalant au milieu des prairies.

L'Inn bondit à quelques pas de là ; de vieux platanes ombragent l'église, tandis que le cimetière dort à ses pieds sous un lit d'herbes et de fleurs sauvages ; des vergers séparent les maisons, des haies de sureaux et d'épines les encadrent. Devant ces demeures règne un banc de pierre où la famille s'assied le soir pour deviser ; les chaumières sont cachées sous les jets capricieux des lierres et des vignes vierges ; aux fenêtres se cache le nid de l'hirondelle qu'on respecte comme un heureux présage.

Je m'approche d'une modeste cabane ; une guirlande de lianes et d'althéas en verdit la façade ; je m'arrête, car j'entends une jeune voix qui chante une tyrolienne que je pourrais traduire ainsi :

« Oh ! que vous êtes belles, mes fleurs !... mes fraîches giroflées !... voilà le soleil qui vient boire votre rosée, le coq chante, les oiseaux sont bercés dans leur nid par les brises du matin, et la mouche bat de l'aile contre le vitrage.

« Aimons Dieu et prions !

« Comme tout me plaît dans ma cabane solitaire ! le ruisseau court paisible sur l'herbe des prés, et dans nos montagnes le chamois se cache à l'ombre du rocher, là où le pèlerin vient s'agenouiller au pied de l'image de la Vierge. Mais le cor a sonné, c'est le signal du départ.

« Aimons Dieu et prions !

« Oui, prions pour Franck le chasseur, car il est dans la montagne ; après en avoir gravi les sommets, il poursuit le chamois, il l'a blessé, l'animal bondit de roc en roc; mais entre Franck et le chamois il y a l'abîme.

« Aimons Dieu et prions!

« Chasseur, attache-toi au buisson qui borde l'étroit sentier; prends garde, car la vie n'est qu'une paille allumée qu'un souffle peut éteindre.

« Aimons Dieu et prions!

» Pourquoi la crainte reste-t-elle dans les plis de mon cœur? Tout est calme autour de moi; les oiseaux chantent, le soleil luit, oui, mais à Franck j'ai fait mes adieux!...

« Oh! tu reviendras, Frank, car j'ai touché ta main, tu reviendras prier dans la chapelle, c'est là qu'est le Dieu des chasseurs!

« Aimons Dieu et prions! »

Cette voix enfantine, aussi douce que le soupir du vent dans les aunes, me jette une vive émotion au cœur. J'avance, et j'aperçois, accoudée auprès de la fenêtre, une belle jeune fille. Un bouquet de giroflées et un livre de prières reposent près d'elle; son col est blanc; les épis dorés de la plaine ne sont pas plus blonds que ses cheveux dont le vent soulève les flots onduleux, et ses longs cils noirs voilent sa prunelle lumineuse comme une étoile.

A l'abri, derrière la fenêtre du chalet, j'en puis distinguer l'intérieur; il est pavé de larges dalles, le plafond est coupé par des solives apparentes où l'araignée file à l'ombre. A droite, des bahuts de chêne, adroitement sculpés, un dressoir paré de faïences et de plats d'étain reluisants. Au fond de la pièce, un âtre où l'on peut se tenir debout, un fusil rouillé, attaché aux parois de la cheminée, et, près du lit caché sous des rideaux de serge verte, une image bénie de la Vierge.

Une bonne vieille filait, assise près de la croisée.

Un mouvement me trahit; la jeune fille s'avance à la fenêtre, m'aperçoit et me dit : « Entrez, entrez, madame, soyez la bien venue; » et, en me tendant la main, elle m'approche un siége tout près d'elle.

L'enfant qui venait de livrer au vent sa chanson matinale, et que je n'avais qu'entrevue, était grande, belle, svelte; ses mains étaient blanches et effilées, ses pieds aussi agiles que l'aile de l'oiseau, et, sur sa chevelure molle et soyeuse, elle avait pour toute parure la rose qu'elle venait de cueillir pour l'attacher à son front. Elle était charmante ainsi, la jeune et rieuse enfant, et je ne pouvais détacher mon regard de cette blonde Péri aux yeux de saphir.

« Comment se fait-il que vous parliez si bien français? demandai-je à la jeune Wilhelmine, qui, après m'avoir appris son nom, avait déjà répondu à plusieurs de mes questions.

— J'ai été élevée à Innsbruck par ma marraine, qui a passé la moitié de sa vie en France.

— Votre retraite me semble douce; vous fait-elle oublier la ville?

— Oh! oui; je suis si heureuse ici, sous les yeux de ma bonne grand'mère.

— Votre vie solitaire suffit donc à vos désirs?

— Que pourrais-je souhaiter au delà?... le matin, le bouvreuil m'éveille avec sa voix légère; le jour, je ris, je travaille ou je chante; le soir, je me promène sur un gazon semé de pâquerettes; le soleil ne se couche pas sans m'envoyer un sourire, et la nuit nos prairies sont baignées par les vapeurs argentées : n'est-ce pas assez pour le bonheur? »

Jeune fille, avec tes seize années toutes fraîches, toutes couronnées d'espérances, reste pure comme les neiges immaculées de tes montagnes; laisse flotter tes cheveux dénoués sur tes épaules, qu'ils inondent de leurs blonds anneaux ton col d'albâtre, et qu'ils te cachent comme deux ailes qui se referment sur toi!...

« Vous êtes seule ici, repris-je, toute seule avec votre vieille mère?

— Encore un an, me répondit Wilhelmine, et ma mère aura un fils, car alors je serai la femme de Franck le chasseur.

— Vous l'aimez bien?

— Oh! si je l'aime! pour moi il est toutes choses, et ce qui n'est pas lui, n'est rien.

— Vous êtes donc bien heureuse?

— Oui, bien heureuse!... Le paradis est pour moi le sentier où Franck a marché; l'enfer, c'est de l'attendre!

— Et pourtant tout est bonheur dans l'amour, même l'absence?

— Oh! non, pas l'absence avec le danger. »

En disant ces mots, les yeux de la jeune enfant se remplirent de larmes; je trouvais en elle la jeunesse avec ses joies et ses tristesses instantanées. Elle riait et pleurait à la fois; il semblait que la vie circulait à flots pressés dans ce jeune cœur plein de rêves et de joies indicibles.

« Mais vous allez revoir celui que vous aimez, et l'espérance est déjà un à-compte sur le bonheur?

— Oui, je l'attends; Franck va revenir; la Vierge, ce matin, me l'a dit. Quand il est là, tout est en fête, la maison, les arbres, les champs! »

En disant ces mots, les yeux de la jeune fille, d'une douceur tout allemande, s'illuminèrent d'un éclair espagnol.

« Franck vous aime donc bien aussi?

— Oui, autant que je l'aime.

— Et il vous aimera toujours?

— Toujours! »

Jeunesse, bel âge, belles erreurs!

Que ces enfants devaient être heureux dans le nid de mousse qu'ils s'étaient creusé! Quelle naïveté dans les aveux de la jeune Wilhelmine!... Il n'y a que le premier amour qui ne soit jamais oublié, ni par celui qui le ressent, ni par celle qui l'inspire.

« Voudriez-vous venir en France avec moi?

— Non, jamais. J'aurais pu être riche et fêtée dans une des premières villes de Bavière; mais quitter ma montagne, ma chaumière, mon pays, mieux vaudrait mourir!... Un jeune seigneur m'aimait et voulait m'épouser. Je m'agenouillai devant la statue d'Andréas Hofer, notre saint, notre patron; il me dit : « Reste dans ta montagne, vis à l'ombre de tes rochers, c'est là qu'habite le bonheur! — Franck ne vaut-il pas mieux que le roi de Bavière, qui a fait au pays des plaies qui saignent encore? »

L'amour et le patriotisme respiraient dans cette jeune âme; j'écoutais cette voix douce et fière à la fois; je ramassais ces paroles avec la vraie curiosité, celle du cœur!

Wilhelmine avait une de ces natures recueillies et expansives qui ne craignent pas de déflorer un sentiment en l'avouant. J'aurais voulu qu'elle traduisît son âme par le récit de ses impressions; il y aurait eu dans ses révélations des trésors de vérité qui jusqu'ici ne nous ont point été confiés. En l'écoutant, j'ai cru entendre une de ces voix d'ange qui font qu'on s'arrête le soir, et qu'on dit : Voici un écho du ciel.

Qu'elle est belle, cette matinée de la vie où l'on se livre à tous les vents printaniers qui entrent dans l'âme! L'amour, c'est l'opium, le haschich, le narguillé de la jeunesse! Songes riants, fugitives espérances, vibrez toujours dans ce jeune cœur; que l'haleine dévorante des passions ne fane jamais ces journées de printemps, ces journées de soleil!...

Dieu veuille qu'un jour je revoie Wilhelmine et le Tyrol!...

XII

Le soir j'étais au théâtre d'Innsbruck, où régnait le plus triste crépuscule. L'orchestre se composait d'instruments à cordes et à vent, au milieu desquels les hautbois et les clarinettes prenaient le dessus. Quelle exécution, quel ensemble!... Mais le chant ne répondait pas à la perfection de la partie instrumentale, et le ridicule des acteurs n'avait rien de comique. Je dois avouer que je n'entendais que fort imparfaitement les paroles liées au chant; mais n'y a-t-il pas une langue de l'esprit que les yeux comprennent?... langue qui ne manque ni d'expression ni d'énergie. La pantomime des Allemands ne m'est pas venue en aide et dès lors ne m'a rien appris.

Dans les loges à peu près vides se carraient à l'aise quelques notabilités de la ville, et le parterre était rempli de *dilettenti* qui applaudissaient sans le moindre à-propos.

On termina par une admirable symphonie de Beethoven, ce demi-dieu de l'harmonie qui vécut à l'ombre, dans son humilité toute germanique. N'était-ce pas lui qui écrivait à mademoiselle de Brunig : « Vénérable Éléonore, ma très-chère amie, je voudrais être assez heureux pour posséder une veste de poil de lapin, tricotée par vous. » Qu'est-ce que nos hommes de génie diraient d'une pareille simplicité, eux que l'or et la pourpre ne satisfont pas!...

Le lendemain nous quittons Innsbruck. Nous étions partis avant le jour. Le ciel à l'orient était d'un rouge vif qui s'effaçait à mesure que la clarté s'étendait. L'étoile du berger brillait encore dans ce foyer lumineux où le croissant de la lune pur et délié ne disparaissait qu'à demi. Ce tableau mobile s'effaça devant le soleil, qui, en s'épanouissant, confondit toutes ces teintes dans une lumière universelle.

L'Inn coule à notre gauche, tandis que des rochers à pic s'élèvent à droite de la route. Les nuées descendent dans les vallées comme des gazes épaisses; puis les brises les soulèvent, les promènent sur les flancs des montagnes, dont on entrevoit à peine les pics aériens à travers leurs lambeaux déchirés. Çà et là des chalets se lient aux rochers ou se reposent dans les vallées.

On se rappelle qu'en Tyrol la légende est une des fleurs du sol; elle y germe, elle y grandit. Près de Zierl, se dresse imposant le rocher de Martinsvand, et l'on nous raconte que l'empereur Maximilien gravit, dans une chasse au chamois, ses pentes escarpées. Arrivé jusqu'à la cime, l'animal aux abois se met à fuir sur une arête encore plus élevée; l'empereur, voulant l'atteindre, s'élance à sa poursuite. Lorsqu'il est parvenu au faîte du rocher, sa vue se trouble, ses jambes faiblissent, il tremble, car l'abîme est à ses pieds. Pour sauver sa vie, il appelle à son aide un ange protecteur, et l'ange invoqué ne se fait pas attendre. Son bras courageux enlève Maximilien et le pose quelques pieds plus bas dans un lieu sûr. A cette place même une croix fut élevée pour attester le miracle.

A la France, sa poésie chevaleresque; à l'Espagne, ses chants à la gloire du Cid; à l'Italie, l'Arioste et Boïardo, riches des chroniques du moyen âge; à l'Angleterre, Shakspeare, Byron; à l'Allemagne, ses vieilles légendes, ses croyances enfantines qui ont gardé un parfum de candeur.

Mais la France a perdu ses chevaliers, ses soldats de l'oriflamme; elle est dépouillée de ses anciennes mœurs, de ses vieilles croyances. Que l'on déplore ou que l'on applaudisse à ces transformations sociales, il faut les accepter, le temps en ayant fait d'impérieuses nécessités.

CHAPITRE SEPTIÈME

I

La petite ville d'Imst fait un assez singulier commerce en exportant les serins-canaries de par le monde. Ces petits chanteurs emplumés sortent avec des talents très-développés des mains de leurs graves instituteurs. Imst est le Cambridge des serins ; on est reçu là maître en serinette, comme en Angleterre maître en philosophie théologale. Chaque année un concours est ouvert ; l'état civil du serin ayant été au préalable vérifié, le candidat est admis à entrer en lice. Celui qui chante le plus longtemps et le plus fort, est déclaré vainqueur et grand prix. Toutefois, on ne l'envoie pas à Rome. Un honorable particulier d'Imst a fondé une récompense nationale à l'instar de notre prix Montyon, qui assure au serin passé à l'état valétudinaire une manière d'hospice des invalides. Le serin a, dans cette retraite, du mil et des égards à discrétion ; cette institution fait honneur aux mœurs philanthropiques de cette petite ville. Au moment où j'y passais, les habitants, assis sur leurs portes, fumaient avec un flegme admirable, bercés par le ramage de leurs pensionnaires.

Entre Imst et Landeck, encore des montagnes avec leurs pentes sauvages, des pins, toujours des pins! Nous avons dit adieu au mûrier, à l'olivier, à la vigne féconde.

Le petit village de Landeck est plein d'animation, c'est la vie prise sur le fait; le bruit des mécaniques qui fonctionnent dans les nombreuses scieries retentit de toutes parts; on y compose les pièces étiquetées et numérotées des maisons nomades qui s'acheminent plus tard vers le Woralberg, le Tyrol italien ou l'Allemagne.

En sortant de Landeck, un noir rocher domine le cours de l'Inn ; il porte sur sa crête un château à demi-ruiné, qui reste debout, flanqué de ses quatre tours. Comment décrire l'aspect de ce repaire formidable jeté au milieu d'un site plein de grandeur?... Les ruines remplissent le paysage de rêveries! Arrivée là, je regardais avec un plaisir triste des bandes d'hirondelles qui essayaient mille évolutions, comme si elles se préparaient à un long pèlerinage. A Landeck, on venait de me conter une assez curieuse légende que je prêtai tout naturellement à son poétique débris.

« Le sire de Flaverting aimait la belle Mathilde de Rosenack. Un jour, comme ce seigneur était en chasse, il la rencontre au fond d'un bois; il se jette à ses pieds, lui confie son amour en lui demandant sa main. La belle lui répond :
« — Non, pas encore, sire chevalier.

« Une autre fois, le hasard le ramène dans cette même forêt pour sauver Mathilde des mains de quatre brigands; il les pourfend, et, pour récompense de sa peine : Votre main aujourd'hui, belle dame, demande-t-il. — Non, pas encore, sire chevalier.

« Espérant triompher des retards opiniâtres que la dame lui opposait, le sire de Flaverting part pour la Terre-Sainte. Aussitôt qu'il est de retour, il court se jeter aux pieds de sa cruelle beauté. Est-ce enfin aujourd'hui ? dit-il. — Non, pas encore, sire chevalier.

« Cette réponse désespérante finit par éveiller la jalousie du poursuivant. Il se rend un soir sous les murs du castel habité par Mathilde, et se tient embusqué dans l'ombre. Quelques instants après, un jeune et beau page, aux traits enfantins, à la chevelure dorée, baise la main de Mathilde et traverse le pont. Flaverting se montre aussitôt et, le saisissant au passage, il le presse dans ses bras de fer, puis lui tranche la tête et jette son corps dans l'Inn, qui bondit à ses pieds. Il couvre cette tête sanglante de son manteau et se rend près de la châtelaine, qui était rentrée avant l'accomplissement du meurtre.

« Est-ce aujourd'hui ? dit-il encore une fois.

« — Pas encore, sire chevalier.

« — Mais, répond le seigneur, je vous ai pourtant sauvée cette nuit d'un grand péril : voyez cette tête !...

« Mathilde a reconnu les traits de son page adoré ; elle pousse un cri déchirant, s'élance jusqu'au donjon, et de cette hauteur se précipite dans le fleuve en criant : Quand tu voudras, beau chevalier ; ce qu'entendant Flaverting, il se perce d'un furieux coup de poignard en disant : Voici la noce ! »

Je retourne à Landeck et j'entre dans quelques demeures. Là, comme dans tout le Tyrol, l'habitant dispute son terrain au rocher, il fait produire des arbres à la pierre, des moissons à la neige; patient laboureur, soldat courageux, le Tyrolien se suffit à lui-même; son sang est vif, ses mœurs rudes. Si l'hiver son chalet devient une tannière, l'été, le soleil le dore de ses rayons hospitaliers. Que lui faut-il de plus pour être heureux? Là, chaque maison offre un touchant tableau de famille : la jeunesse rit sur le balcon, tandis qu'au seuil de la porte la vieille mère, bonne et grondeuse, se fâche doucement.

II

Je quitte Landeck, et après avoir longtemps cheminé, nous arrivons au pied de la montagne *des Aigles*, comme l'appelle le peuple.

Le précipice s'ouvre à notre gauche, j'en mesure la profondeur d'un œil surpris; à notre droite s'élèvent des rochers, obélisques naturels, qui touchent la nue; çà et là se dressent des monts arides à l'aspect mélancolique, et d'autres couverts de sapins qui se penchent sur le gouffre. Quoi de plus vaste que les profondeurs de ce désert? c'est le plus beau temple de Dieu. Qu'il est grand avec sa végétation et ses mousses, vierges de pas humains! Sur ses cimes altières comme la pensée se fait profonde et solennelle! J'entre dans un chalet : quelle misère!... Une pauvre mère gît sur un lit de paille; autour d'elle se pressent six enfants exténués de faim, mourant de froid; tous se recommandent au ciel, qui semble les oublier, et au voyageur, qui reste sourd à leur prière. Mon offrande ne suffira pas à une si grande infortune, hélas!

L'homme est né pour souffrir par le corps et par l'âme : oublions! n'usons pas nos forces à nous roidir contre l'impossible, prenons la vie telle qu'elle est; et si nous élevons vers le ciel notre cœur désolé, la nature, pour le consoler, n'ouvrira-t-elle pas un pan de sa robe?

Oui, Dieu nous protége : que de chagrins qui, dans les premiers temps, paraissent gros comme des montagnes, et dont le passé fait autant de grains de poussière! Disons donc comme les Italiens : *Spero meliore!*

Nous marchons; de gros nuages d'un gris de fer courent sous nos pieds, une pluie fine nous pénètre, puis les nuées crèvent de toutes parts; l'ouragan se lève, les feuilles volent, les pins se tordent en criant, des vapeurs lugubres courent sur les montagnes, les oiseaux fuient ou ploient leur aile humide, voici la lutte des sapins avec le vent qui les brise : le vent de la fatalité n'emporte-t-il pas l'homme comme la tempête emporte la feuille et l'arbre!

Nous parcourons avec la plus étonnante rapidité d'étroites corniches taillées au-dessus d'un précipice; nous étions à sept mille cinq cents pieds au-dessus du niveau de la mer. La nuit que nous passâmes dans la montagne ne fut pas sans péril.

Arrivés à Feldkirck, frontière du Tyrol, nous trouvons les ponts brisés, les torrents gonflés par les orages qui avaient envahi les terrains et les routes; nos chevaux avaient de l'eau jusqu'au poitrail, ils allongeaient le cou et avançaient avec répugnance. Des hommes apostés là vinrent à notre secours; l'obscurité était des plus épaisses, des flammes violacées couraient sur les terres inondées; nous sortons de ce bourbier en nous cramponnant aux épaules herculéennes de nos montagnards. Voilà Feldkirck, adieu le Tyrol!

Adieu, fils des montagnes, héroïques et fiers, libres sur vos rochers comme l'aigle dans les airs!

Adieu, terre simple et naïve, dont les échos répètent les refrains que les gais chanteurs confient aux soupirs des vents!

Adieu, francs montagnards, chasseurs intrépides; montez sur vos cimes imposantes, et là, respirez l'air libre, l'air qui n'est qu'à Dieu!

Adieu, verte vallée où vit la paquerette, perle qui argente les gazons, fleur des Alpes que les gouttes de rosée bordent de leurs paillettes!

Adieu, fleuves qui glissez sur des prés de velours ou bondissez sur vos lits rocailleux!

Adieu, hameaux, chalets épars; adieu, douce retraite de Wilhelmine, de celle qui n'échangerait pas sa couronne de bluets contre une couronne de reine!

Adieu, voix célestes, rêveuses harmonies de l'air, vibrez comme la harpe éolienne au vent du soir, voix amies qui nous jetez un frémissement à l'âme!

Adieu pour la dernière fois, terre vierge, peuple héroïque, neiges immaculées, torrents fougueux, sentiers perdus, rocs abrupts, adieu!

III

Nous voici en Suisse!

Je ne vois plus que des brouillards qui flottent dans l'espace; c'est un voile qui se pose entre nous et le paysage. On nous dit que du point culminant de la montagne nous devons embrasser d'un coup d'œil le canton d'Appenzell, qui s'étend devant nous, et nous ne voyons que des vapeurs grisâtres qui nous enveloppent de leur humide atmosphère.

L'impression que produit la vue des vallées de la Suisse est suave et mélancolique. Un peuple calme au milieu d'une nature calme, vous attriste, et si, par un beau soir d'été, vous l'entendez chanter *le ranz des vaches,* vous pleurez comme aux airs les plus touchants de Weber ou de Beethoven.

Je dois dire que cette partie de la Suisse me parut des plus monotones après les paysages accidentés du Tyrol; aussi cette journée de route me sembla-t-elle éternelle.

Le soir, nous étions à Zurich.

Entre onze heures et minuit, je voguais sur son lac; rien de poétique comme cette navigation au milieu de la solitude et de l'ombre. Notre barque, longue et étroite comme une gondole de Venise, semblait devoir chavirer au moindre mouvement; le vent s'était élevé, et le léger esquif dansait sur l'eau; il y avait dans ce danger un certain attrait que je ne m'expliquais pas, mais qui m'impressionnait fortement: les émotions font vivre.

Je suivais attentivement le sillage de la barque, dans lequel le reflet des étoiles faisait courir de minces filets d'argent; le vent me jetait de fraîches bouffées, et de loin en loin j'apercevais les lumières rougeâtres de Zurich, qui perçaient l'ombre.

Le ciel était pur, et les étoiles, ces sables d'or dont Dieu a semé le paradis, brillaient claires et radieuses. *Notte stellata!* mon regard montait dans la voûte d'azur, je comptais les astres errants, et une étrange anxiété me remuait le cœur. Quelle affinité y a-t-il entre les étoiles et nos destinées? Mon esprit s'abîmait dans des hypothèses sans fin; que dire de cet infini du ciel avec ses milliers d'astres, et de cet infini du cœur avec ses mille pensées de tristesse ou d'amour?

L'immensité du ciel nous écrase, l'immensité du cœur nous fait rêver l'impossible.

Le lendemain, vers le soir, nous avions atteint Bâle la puritaine. Cette ville garde religieusement ses mœurs austères et ses vieilles coutumes. Mollement assise sur son fleuve, vous pourriez croire que, se laissant aller à ses ondulations, elle se livre à une oisive rêverie... Détrompez-vous, il n'en est rien.

Cette ville est active, animée, remuante; elle fabrique, produit, vend et achète, et son commerce a trouvé des débouchés dans les quatre parties du monde; ce n'est qu'un vaste comptoir. Sa population est marchande, et chez elle l'industrie a tué la poésie : ville de spéculateurs, c'est bien là le monde positif. Bâle est remplie de banquiers qui dorment ou qui calculent.

Je chemine assez tristement dans des rues étroites et j'arrive à la cathédrale, dont les murs abritent le tombeau d'Érasme, qui eût été le Voltaire du seizième siècle si son esprit eût parlé français. Tout est sévère dans ce monument, la pierre est restée immobile.

Bâle est une ville sans grâce, mais peut-être moins pédante que sa sœur la Genevoise; car celle-ci est bien le sol classique des sentiments appris et des phrases toutes faites. Du reste, l'avouerai-je ici, après Paris, toutes les villes me paraissent sans physionomie, je dirais presque niaises, si je l'osais.

Mon idée de faire deux sœurs de Bâle et de Genève me rappelle le mot d'une personne qui connaissait particulièrement deux frères jumeaux, qu'elle voyait tour à tour. Lorsqu'on lui demandait lequel préférez-vous?

L'autre, répondait-elle.

Bâle jouit de son chemin de fer, ce maître hardi et puissant du monde matériel; ses locomotives, hydres aux ailes de feu, à la crinière de fumée, vont courant et arrivant au but d'un seul bond. Me voilà partie; je vole sur des plaines, sur des océans de verdure, j'entrevois des cités sans nombre, des horizons sans fin, je traverse une contrée jeune, fraîche, verdoyante; à chaque seconde, la scène varie, je laisse les villes pour les champs et les champs pour les villes.

L'industrie a percé les monts d'outre entre outre; elle enjambe les rivières, les fleuves; avec elle la plaine se fait montagne et la montagne redevient plaine!... Ce n'est point ici le triste chemin de Saint-Étienne à Lyon, qui tantôt se met à courir, et tantôt marche aussi pesamment avec sa machine asthmatique qu'un convoi funèbre. Ce chemin porte le charbon, le fer, le minerai; il est servi par des hommes tout noirs. Avec son train de charbonniers et de gros marchands, il se glisse sous terre, et avance dans l'ombre sa lumière rouge et ronde, comme l'œil d'un cyclope perce l'obscurité. Approchez-vous, vous entendez avec effroi le râlement du monstre qui grandit en marchant.

En Suisse, nous voyageons à ciel ouvert, nous courons en laissant sur nos pas une avalanche de fumée.

Nous sommes bientôt à notre destination; c'est à peine si je puis distinguer les flèches de la cathédrale de Strasbourg, qui se dessinent dans l'air bleu; un quart d'heure après mon arrivée, j'étais à bord du bateau qui se rend de cette ville à Cologne.

IV

Me voici naviguant encore une fois sur le Rhin. Quel rêve!... J'aime ce vieux fleuve, qui est sauvage sans fureur. Cette fois, je ne ferai qu'entrevoir les sites que naguère j'ai longtemps admirés. Le bateau à vapeur m'emporte, et le bruit de l'eau se perd avec le sillage que nous laissons derrière nous. Assise sur le pont, je vois en courant les vieilles villes se dresser sur les deux rives; tout fuit, tout disparaît. Que je voudrais m'arrêter au bord du Rhin, dans quelque vallée ombreuse, ou sur le seuil de ses ruines historiques; de ces points culminants je verrais le fleuve découper son large ruban d'argent dans d'admirables paysages. A ma première excursion, j'avais vu le Rhin transparent, azuré, je le trouvais limoneux, jaunâtre; les grandes pluies avaient altéré sa limpidité.

Les ruines reportent le caprice de ma pensée vers d'autres temps, vers des jours enfuis : comment, hélas! rendre l'état de l'âme qui se souvient? Pourquoi remuer les cendres du passé, lorsque, pour vous, le fleuve du temps ne roule plus que des ondes amères? pourquoi remonter jusqu'à sa source et interroger ses eaux profondes où le ciel ne se reflèchit plus? Non, non, le soir, ce n'est pas l'heure de s'arrêter dans le sentier et de contempler le chemin déjà parcouru... N'essayons pas de ressaisir, à travers les ombres, les douces réminiscences dont le temps a fait des regrets. Oh! ne déplions point les pages du souvenir!...

N'évoquons pas les sanglots de la vie passée... glissons comme l'eau qui s'enfuit, comme le nuage qui passe... laissons les jours qui ne sont plus sous ce triste linceul, que l'on ne soulève qu'avec un frisson au cœur!... Avec le souvenir que de fois il faudrait se rasseoir au chevet funèbre où l'on s'est vue seule avec Dieu et la mort!... Malheur à celui qui sent déjà en lui-même une morte... sa jeunesse : dormez, dormez, oh! souvenir, je n'ouvrirai plus votre livre scellé dans ma mémoire!

Ce fleuve mémorable évoque l'histoire, car son flot mugissant a traversé les ténèbres de quarante siècles. Le moyen âge y est encore debout riche de ses tableaux et de ses émouvantes catastrophes. La vue de ces ruines poétiques rappelle le souvenir des luttes violentes, elle évoque l'ombre des hommes de guerre et de rapine, au bras de fer, au cœur d'acier, qui vivaient puissants sur ces rives, et qui du faîte de leurs châteaux-forts s'élançaient dans la plaine pour écraser le faible qui leur résistait. Ici la féodalité était à cheval et en armes. En France, Louis XI en eut facilement raison, car déjà elle perdait de sa vigueur et de sa jeunesse. Elle avait été grande, cette époque sauvage et dévote, pieuse et cruelle, pleine de passions et de colères, et ils sont imposants encore, les drames qui se déroulent sous les gothiques arceaux des cloîtres chrétiens, ou derrière les tours des castels féodaux; drames de fleurs et de sang, de meurtres et d'amour, qui tour à tour épouvantent ou épanouissent la pensée.

Le moyen âge est le vrai domaine de la poésie. Qui n'aime les vieux chants d'autrefois? qui ne frémit au récit des visions nocturnes, où les tours démantelées dansaient de curieuses sarabandes avec les montagnes, alors que la foudre servait d'orchestre à ces plaisirs d'un autre monde?... Les héros des légendes couraient aussi vite que les morts dans les ballades; ils galopaient sur le sommet des monts, sur la croupe des nuages. Aujourd'hui les légendes et les fabliaux sont oubliés; les ondines, les gnomes, les chasseurs noirs, les vierges des marais, les spectres, les fantômes, le diable lui-même a disparu, tous se sont engloutis dans les ondes du fleuve symbolique.

Les forteresses romaines et les châteaux gothiques se sont aussi écroulés. Leurs tours sont rongées à leur base, c'est à peine si elles se tiennent debout sur le roc. Partout des ponts-levis sans eau, des chambres sans portes, des étages sans escaliers, des voûtes brisées et des arbres séculaires qui les protégent de leur ombre. Le houx, le chardon, l'aubépine, le saule aux longs bras, la ronce traînante, s'allongent, se glissent dans les cloîtres bénis, dans les pieux oratoires des châtelaines, et la clochette du liseron étoile les boudoirs jadis mystérieux, où le soir le page timide soupirait aux pieds de la dame de ses pensées. Les premiers peuples qui s'établirent sur le Rhin furent les Celtes. Plus tard, César passa le fleuve, et les Romains, ces maîtres du monde, y élevèrent cinquante citadelles.

Jules César, Charlemagne, Godefroy de Bouillon, saint Bernard, Frédéric Barberousse, Frédéric II, Eberhard, comte de Wurtemberg, Albert de Brandebourg, Charles le Téméraire, Charles Quint, Luther, Sikingen, Gustave-Adolphe, voilà les héros qui apparaissent derrière les antiques donjons, théâtres des drames exhumés de la poussière des siècles; et au-dessus de tout ce passé, de toute cette gloire, Napoléon!

V

Depuis Strasbourg jusqu'à Mayence, les rives du Rhin sont plates et monotones; des saules et des aunes leur servent de bordure; des embarcations à voiles latines, des bateaux à vapeur, courent rapides en fendant l'onde, tandis que les bateaux à voiles glissent nonchalants à leur suite. Des radeaux de bois venant de la Forêt-Noire, descendent gravement le fleuve; l'équipage, placé aux deux extrémités pour les diriger au moyen de longues rames, est souvent entraîné par la violence des courants.

Comme ma vue n'était pas distraite par la beauté des rives, je jetai tout naturellement un coup d'œil sur le personnel du bateau. Une femme, dont la tournure me semblait assez apprêtée, était accompagnée par un gros Alsacien à la face large et imberbe, aux joues pendantes, aux yeux éteints, au crâne étroit. Cet homme devait être paresseux avec délice, et sa vie se passait sans doute à cultiver soigneusement son obésité. La dame, qui était à ma droite, me dit quelques mots français.

« Madame est Allemande? » lui demandai-je.

Elle parut assez étonnée de ma pénétration, car je m'aperçus qu'elle croyait parler notre langue sans le moindre accent.

« Vous avez compris que j'étais Allemande, reprit-elle; à quoi l'avez-vous reconnu?

— A votre français, madame. »

La conversation finit là.

Quant au mari, sa physionomie dénonçait une sorte

d'atonie intellectuelle qui devait le rendre incapable de penser et d'agir; il ne parlait pas, peut-être, par l'excellente raison qu'il n'avait rien à dire. Chez les âmes expansives, les paroles sont l'écho du cœur; les pensées abondantes veulent une traduction prompte et chaleureuse. Le silence est de mauvaise augure chez les natures ordinaires; les bavards sont rarement méchants, le trop plein de leur âme déborde, et ils n'ont rien de caché, même pour leurs ennemis. J'ai observé que le silence est souvent la preuve d'une grande sécheresse de cœur et d'une grande disette d'idées.

J'ai pourtant rencontré des gens d'esprit qui parlaient peu, mais leur plume leur venait en aide, et leur intelligence, qui ne s'épanchait pas en causeries intimes, allait au loin et courait le monde; ceci n'était sans doute pas le fait de notre silencieux Allemand.

Toutefois, disons-le encore, la paresse de parler ne tient pas toujours de l'inertie de l'esprit. On contracte souvent l'habitude de s'isoler de la conversation des ennuyeux, et leur premier mot est pour l'intelligence le signal du départ; elle court, elle voyage par monts et par vaux; mais cet égoïsme de la pensée a l'inconvénient d'accroître, chez certains esprits, une disposition innée à la distraction.

Je confesse qu'à cette heure je cherchais un duel où l'on pût discuter et se battre à outrance sur un sujet donné. Je liai donc conversation avec un Allemand fort érudit, qui se rendait dans un des colléges de Coblentz pour y professer. Il me parut fort satisfait de son mérite; ce qui m'en imposa peu, car je sais qu'en fait d'esprit nul ne fait bien son compte, et que souvent le plus pauvre se croit le plus riche.

La vanité chez beaucoup de gens les fait arriver à l'état de ballons. On se plaît souvent à *ballonner* les sots de *ses amis* à force de louanges, et puis après on aime assez à enfoncer sa pointe d'aiguille dans leur bouffissure. Il y a peu de sots, si gonflés qu'ils soient, qui résistent à cette simple piqûre.

Je m'aperçus que mon interlocuteur avait une intelligence *inintelligible*, un esprit trouble qui parlait mal et devait écrire encore plus mal. Toutefois je me résignai à l'écouter, quelque sublime niaiserie qu'il me débitât; mais je me décourageai bientôt, car je m'aperçus que ses idées venaient au monde juste une heure après qu'il avait parlé. Il me rappelait ces gens qui se promènent avec un parapluie ouvert lorsque la pluie a cessé.

Je soutiens qu'avec les Allemands il faut s'en tenir à ébaucher une conversation. J'en ai rencontré plus d'un qui attendait au lendemain pour compléter l'idée née de la veille. Cette méthode est fâcheuse, surtout en voyage, où l'on doit se quitter au premier relai.

VI

Nous marchons toujours. Un large pont de bateaux s'ouvre pour nous laisser passer. Nous sommes en face de Coblentz la Prussienne, hérissée de ses tristes forteresses et riche de l'œuvre complète d'Albert Durer. La citadelle d'Ehrenbreitstein se mire dans la belle nappe d'eau qui s'étend à ses pieds. Le tambour bat au champ, une musique militaire éclate et remplit l'air de ses fanfares.

Cette forteresse se rendit aux Français en 1799. La ville,

avant de se soumettre, fut réduite aux plus horribles extrémités. Les assiégés avaient dû, pour se nourrir, disputer aux cimetières les ossements des morts.

Coblentz rappelle les souvenirs assez peu français de l'émigration.

Nous passons, et le soir nous sommes à Mayence. Cette ville, avec sa cathédrale antique et ses dômes byzantins qui semblent avoir été transportés par les fées des rives du Bosphore sur les bords du Rhin, étonne au premier abord. Sous le ciel nébuleux du Nord, rien de plus triste que ce temple oublié qui se meurt silencieux; ses voûtes abritent des évêques, des archevêques et des rois, couchés sur leurs lits de pierre, et ses murs épais portent encore la trace des boulets de nos armées. La statue de Guttemberg est sur le seuil du temple. Inclinons-nous devant cette grande figure qui a popularisé la pensée.

Le lendemain nous sommes à bord du bateau à vapeur, bien avant le jour. Le crêpe noir de la nuit s'étend encore sur la nature, et le ciel ressemble à un vaste suaire avec ses larmes d'argent. Le Rhin est assoupi, et roule paisiblement ses eaux sommeillantes. Les étoiles disparaissent une à une et quittent un ciel de plomb où plane la mélancolie. C'est le moment où l'esprit se promène à travers les ruines et les souvenirs, ces ruines du cœur!... Une ville, un bourg, un donjon brisé, se montrent à chaque tournant du fleuve. Un soleil blafard jette son pâle rayon sur ses eaux, si lisses à leur surface qu'on les dirait mortes. Les roseaux frissonnent à peine, on n'entend que le cri du vent et la plainte du fleuve dont la voix lente invite à rêver.

Partout des ruines!... La vie d'un ruisseau dure plus

que celle d'un peuple!... Le soleil se couche sur une cité et se relève sur ses débris!... Qu'est-ce qu'un monde pour celui qui a fait tous les mondes?... La dissolution de la terre ne serait rien devant lui, et nous, atomes, nous nous croyons quelque chose!... La gloire elle-même n'éclaire point la nuit des tombeaux et ne réchauffe pas la cendre des morts!... La gloire n'est que le plus sublime jouet de l'esprit humain et rien de plus!... Elle est pour les grands enfants ce que l'émulation est pour les petits. Pauvre, bien pauvre humanité, elle s'avance dans la vie comme la caravane dans le désert, et le vent du soir efface les pas laissés sur le sable par les voyageurs du matin.

Les ruines ne sont que les jalons plantés par le temps; symboles des croyances perdues, filles des époques de grandeur ou de décadence, elles ne s'effacent que lentement sous le souffle des siècles.

Voici Bingen, la vénérable, avec sa cathédrale du quinzième siècle, vieux repaire de bandits.

Rudesheim! fier de son castel de Charlemagne, aux noires oubliettes. Dans ces temps barbares, la cruauté était l'alliée naturelle de la force.

Plus loin, le Chat et la Souris, Katz et Maüs. Les voyez-vous se dresser comme deux ennemis à travers le paysage?

Voilà Rheinsfeld, noble ruine des landgraves de Hesse.

Et Baccarach la coquette, qui sourit au soleil avec ses contes merveilleux, ses naïves légendes et sa ceinture d'écueils.

Voici Oberwesel la guerrière, qui se lève à demi sous son armure brisée, avec ses murailles criblées des trous de balles ennemies.

C'est ici Lurley et son écho qui répète sept fois le mot qu'on lui jette, écoutons!... Voyez-vous une ombre plaintive qui court échevelée sur les ondes?... le sang tache son linceul blanc; fuyons...

Puis Lenz, attaquée par Charles le Téméraire; Boppart, fort de Drusus; Caub, la ville des palatins, avec ses clochetons aigus, vieille cité échouée sur le Rhin, comme un navire démâté.

Phalz, prison d'État où accouchaient les princesses palatines.

Braubach la geôlière, qui, après avoir tant de fois changé de maîtres, se livre aux ducs de Mantoue et se fait prison.

Arrêtons-nous à Rheinstein, miniature des manoirs féodaux du seizième siècle. Ce donjon reçoit le prince de Prusse et sa cour, tandis que ses caveaux souterrains donnent asile aux ondines.

Faisons une halte à Lorch. Dans sa vallée peuplée de gnomes, de sylphes, de fées, on a vu se dresser l'échelle du diable, que le vaillant Gazan escalada par amour.

Voilà ici le Drakensfels et les sept montagnes; la tour des Rats sur un rocher aride au milieu d'une flaque d'eau stagnante; et enfin le joyeux Johannisberg, avec son vin, nectar des rois.

Ces débris sont battus par les vents, et si un fragment s'en détache, il se couche dans la poussière, entraînant les plantes avec lui. La plante renaîtra demain, la pierre restera morte sous le sable... L'homme et les cités tomberont aussi à leur tour pour ne plus se relever; ils feront seulement un peu plus de bruit dans leur chute.

Le soir, je m'arrête au pied de la tour des Rats; l'orage grondait sur le fleuve; j'approche, je ne sais quelle plainte erre dans l'édifice abandonné. Il ouvre son flanc brisé aux vents du nord; l'ortie et le lierre le tapissent, le lézard se loge dans les trous des murailles, tandis que la limace laisse sa bave argentée sur le sol humide. L'air n'est troublé que par le râle des crapauds et le vol ténébreux des hibous; le vent secoue avec violence les portes d'une salle ouverte, aux ogives brisées. Une tête de mort gisait là, avec son crâne nu, ses dents ébréchées, ses orbites vides... Je recule à cette vue; les arbres frissonnent, leurs branches ploient jusqu'à terre, et d'étranges syllabes flottent dans l'air sous l'aile de l'ouragan; le son des cloches d'un village lointain se mêle à la tourmente et semble annoncer la funèbre cérémonie des morts. A cette voix lugubre, je crois voir un essaim de fantômes surgir de la terre. Passez, tourbillonnez en sifflant, jeunes Willis, au troupeau rapide... montez, montez, envolez-vous dans l'espace muet et vide... hibous, sortez de vos crevasses, envahissez la ruine; et vous, chasseurs des ballades, qui devez courir éternellement à travers les monts avec vos chiens et vos piqueurs, allez, allez; voici le coq qui chante, ne vous arrêtez pas...

Hideuses armées de vampires, de cadavres ailés, de squelettes vivants, sortez de ce débris, perdez-vous dans les airs; vents, secouez les vieilles murailles qui chancellent sous vos efforts; démons de la nuit et de la destruction, ombres en peine, larves, filles de la mort, qui vivez dans les ténèbres, pleurez avec la nuit et enfuyez-vous, car le jour va paraître!...

A la Suède, ses lacs qui couvrent les villes englouties; à la

Norwége, ses forêts qui donnent asile aux esprits de l'air; à l'Écosse, ses nuages qui portent l'ombre flottante de Fingal; au Rhin, les cris de Lurley la magicienne, que répètent les échos de la nuit.

Mais si les contes merveilleux sont morts sur ses rives, la nature y rayonne encore dans son éternelle royauté!...

VIII

Voici Stolzenfels, palais des rois de Prusse. Aujourd'hui il est veuf des royales féeries qui naguère y avaient salué la reine Victoria. Ses tourelles, vrais théâtres des visions nocturnes, retentissaient encore des mélodies de Weber, de Beethoven, de Meyerbeer, et les ondines venaient, sans doute, de rentrer dans le fleuve d'où elles étaient sorties pour les entendre; leurs accords ont réveillé le manoir, roi des mélancoliques paysages; les clochers de la vieille ville de Bonn se sont illuminés aux lueurs d'un feu d'artifice, qui, tiré sur les deux rives, embrasait les eaux du Rhin, dans lesquelles il se mirait.

Là s'est mêlée une noble cohue de majestés, d'altesses, de diplomates, d'excellences, et les barons surtout y affluaient; la Prusse, la Belgique, l'Angleterre avaient envoyé leurs plus nobles représentants; il était difficile de percer la foule des héritiers présomptifs, tous avaient voulu être initiés au *sanctus sanctorum*, vrai pandémonium musical.

Au milieu de cette foule parée de titres et de quartiers, le talent obtint ses grandes entrées; notre France fut aussi dignement représentée : ne pouvons-nous pas encore revendiquer une royauté, celle de l'esprit?

En France, 89 a vu sonner l'heure de l'émancipation. Maintenant, une révolution intellectuelle travaille sourdement l'Allemagne et en mine les vieux fondements. Il y a ici un phénomène étrange, une influence mystérieuse qu'on constate et qu'on n'explique pas : les révolutions des deux contrées se manifestent par deux phases égales, même rupture avec le passé, même regard confiant dans l'avenir.

Les prévisions que nous exprimions en 1847 sur les résultats de cette fermentation intérieure qui agitait l'Allemagne, ne nous trompaient pas; mais les événements ont laissé fort en arrière les craintes que la disposition hostile des esprits pouvait faire naître à cette époque. Au fait, qui eût pu croire alors que l'Allemagne scientifique, contemplative, et livrée exclusivement au travail de la pensée, passerait aussi subitement des théories à l'action? Les révolutions dont elle a été le théâtre, développées par le contre-coup des événements de Paris en 1848, ne pouvaient avoir qu'une durée éphémère; aussi, malgré la vaste complication qu'avait apportée en Autriche, en Pologne, en Hongrie, la question des races, nous y avons vu triompher le vieux respect pour l'autorité, la soumission à des souverains dont le sceptre avait toujours été paternel, et là aussi la démagogie, dont le secours est fatal à toutes les causes, a été vaincue.

Heureuse l'Allemagne si elle peut reprendre, instruite par l'expérience du passé, sa marche pacifique vers un avenir de civilisation et de progrès pour lequel nulle autre nation n'a travaillé plus patriotiquement depuis plusieurs siècles.

Deux États se lèvent menaçants en Europe : l'Angleterre

et la Russie, colosses difficiles à ébranler sur leurs larges bases. Si la France et l'Allemagne s'alliaient, elles pourraient mettre une digue à leurs ambitions envahissantes; ces deux nations devraient se donner la main, car elles sont faites pour s'entendre : si l'Allemagne pense, la France agit; l'une est la tête, l'autre le bras.

Je ne me rappelle pas que l'histoire ait offert une si longue période d'amitié entre la France et l'Angleterre, ces deux éternelles rivales. Frédéric II disait : « L'Angleterre, c'est le chat, la France, c'est le chien. » Les deux nations sont restées les mêmes.

IX

Voici Cologne, assise sur le fleuve qui traverse la Suisse, inonde la Hollande, reçoit des milliers de cours d'eau, et baigne plus de cent villes suspendues sur ses bords. La vieille cité se dresse avec sa masse formidable de dômes, de clochers et de tours, avec ses clochetons de pierre brodés par la main des fées, avec sa cathédrale, montagne de marbre taillée à jour, que les siècles avaient à peine ébauchée, chef-d'œuvre incomplet, temple à demi bâti, cantique de pierre inachevé; les saintes murailles montent et puis s'arrêtent, la main qui les a commencées est restée au milieu de son œuvre; les hommes et les millions ont manqué à l'appel que l'art leur avait fait.

Le dix-neuvième siècle, qui a tant détruit, aura-t-il la gloire d'achever la cathédrale de Cologne?

L'unité est la vie des monuments, et je préfère le dôme de Cologne, avec ses travées à ciel ouvert, à celui de Milan, qui est un composé de tous les ordres d'architecture, et le résumé de la pensée de tous les siècles.

Pauvres saints de la légende qui priez sous le portail du temple, vous grelottez sous votre manteau humide et verdâtre! et vous, saints de pierre qui sous les nefs reposez dans les piliers évidés par la main des anges, vous égrenez depuis des siècles un chapelet qui jamais ne finit! Dans votre sanctuaire quel froid me saisit! un manteau de plomb tombe sur mes épaules, et je trouve aussi que l'admiration est un fardeau lourd à porter.

Ce colossal édifice, dont les proportions ont dû être imaginées par les habitants d'un autre monde, fut le rêve de l'archevêque Conrad de Hochenstein; il fut commencé en 1248. Une forêt de colonnes de marbre, couronnées de chapiteaux d'ordres divers, s'y dresse de toutes parts; des rois, des empereurs, des princes de l'Église, dorment sous ses dalles humides; mais avançons lentement, n'appuyons pas sur celle qui recouvre la dépouille d'une femme malheureuse, d'une reine de France : Marie de Médicis est là; Cologne lui offrit un asile pendant sa vie et une tombe à sa mort.

J'étais écrasée sous l'immensité du chef-d'œuvre de la pensée humaine, et c'est alors que je priai Dieu d'éclairer la profonde nuit qui se faisait dans mon esprit : ce temple rapetisse l'homme et grandit Dieu.

Si du dôme je rentre dans la ville, je vois une nuée de jeunes étudiants sortir de dessous ses pavés; ils me font passer sans transition des rêves de la vie écoulée aux réalités de la vie présente, pleine et animée. Les uns portent les cheveux flottants, la barbe taillée en triangle et la moustache effilée ; ils rappellent les portraits de la cour d'Henri VIII ; les autres ont le front découvert à la Byron, ou les cheveux taillés à la Périnet Leclerc : ces derniers ressemblent aux jeunes hommes du siècle de Marguerite de Bourgogne; celui-ci a l'œil cave et le maintien hardi de *dòn Juan*, celui-là le front rêveur du héros de Goëthe. On a bien vite composé sur leurs traits divers un roman fertile en aventures, ou plein de *sentimentalité*.

Cette ardente et belle jeunesse perd ses rêves d'indépendance du jour où elle s'assied dans la vie privée.

Je connaissais depuis longues années une excellente famille qui vivait à Cologne. Elle n'apprit pas plutôt mon arrivée, qu'elle accourut vers moi, s'empara de ma personne, et en voulant tout me montrer, elle m'empêcha de rien voir! La tendresse la plus affectueuse a souvent sa persécution.

Mes amis me firent connaître une jeune fille, leur proche parente, Jeanne de V***. Sa tristesse me frappa, tant elle était profonde. Ses cheveux noirs, abondants et lourds, retombaient sur ses épaules, de longs cils soyeux s'abaissaient sur ses joues pâlies, son âme se traduisait dans un regard; ses yeux étaient gonflés de larmes, et un triste sourire effleurait ses lèvres. Il y avait chez elle de la jeunesse et de la douleur; ce constraste me rappelait les jours d'orage en été, où le ciel est plein de soleil et de pluie.

Il semble que lorsqu'on a souffert, on trouve en soi une pénétration presque divinatrice, et on lit dans les âmes comme par intuition. On dirait aussi que nous avons autour de nous une atmosphère magnétique qui répand ses douces ou ses mauvaises influences; de là la répulsion ou l'attrait.

J'écoute ces avertissements, car ils viennent d'en haut. C'est le cœur qui donne aux traits leur physionomie; n'ai-je pas parfois rencontré certaines personnes qu'après deux heures de conversation je croyais avoir connues toute ma vie, et avec lesquelles je mettais plus d'abandon qu'avec des amis de longue date, qui se disaient éprouvés.

Jeanne venait d'éveiller toutes mes sympathies. A peine a-t-elle vingt ans, et sa jeunesse est flétrie; elle est pâle comme le lis qui se penche pour mourir; son regard languissant ou passionné a une puissance qui m'attire, et j'ai la force de lui demander la cause de ses larmes. Je veux sonder ce cœur brisé, hélas! et sans avoir d'espoir à lui rendre!

« Je ne puis, madame, vous confier mes chagrins, me dit Jeanne; je ne trouverais pas de mots pour vous les dire, et mes sanglots étoufferaient ma voix. »

Elle me fit même donner ma parole de ne point chercher à la revoir le lendemain, et au moment même où je montais en voiture, on me remit une enveloppe qui contenait le récit suivant, qu'elle avait écrit pour moi pendant la nuit.

X

J'avais quitté Cologne, et je m'étais arrêtée dans un village distant de quelques milles; là, seule, je voulais lire avec recueillement le triste aveu qui m'était confié. J'avais pris un gîte pour la nuit dans une assez triste hôtellerie. Dix heures du soir sonnaient, le ciel était sombre, pas une étoile n'en perçait l'obscurité; la pluie fouettait mes vitres, le vent soufflait par raffales et se glissait à travers les fentes de mes volets. Ma chambre était presque nue; des rideaux en serge verte fermaient une alcôve profonde, et quelques meubles vermoulus étaient rangés symétriquement le long des murs. Un grand feu de sarment de vigne rougissait le foyer, éclairait les murailles blanchies à la chaux et les grosses poutres noircies par la fumée.

Je pris le manuscrit et je lus ce qui suit...

HISTOIRE DE JEANNE.

« Vous voulez, madame, que je vous ouvre mon cœur, vous voulez que je vous montre à nu des blessures saignantes encore; mais ne savez-vous pas qu'il est des maux dont on souffre, dont on meurt et dont on ne parle pas? Oh! madame, pourquoi confier des plaintes sans échos, des douleurs sans espoir? Non, non, il faut les cacher à jamais dans les derniers replis de son âme... Et pourtant, comme malgré moi, j'ai tracé cette nuit, à la hâte, des lignes où mon cœur se verse dans le vôtre; pardon, pardon, madame, vous me condamnerez, mais vous me plaindrez. J'ai pressenti que votre âme était ouverte à tous les sentiments vrais et profonds.

« Je suis née en Bretagne; mon père, bon gentilhomme qui n'avait jamais quitté ses grèves, mourut jeune encore, et me laissa, enfant, aux soins de ma mère. J'ai été élevée dans un manoir isolé, berceau de ma famille, jeté à la cime d'un roc et dominant une mer sans bornes. Les vagues, tantôt douces et paresseuses, me berçaient en mêlant leur voix au chant de ma nourrice; tantôt, se levant furieuses, elles venaient se briser contre la base de notre vieux castel, comme si elles eussent voulu le déraciner. Une longue suite de falaises à pic s'étendait sur la grève, et l'œil ne savait où se reposer dans ce lointain horizon. Quand venaient les vents de l'équinoxe, la grande voix de l'Océan pleurait, et je pleurais avec elle, puis je souriais dans ses jours de calme, et je me reposais dans son repos.

« Chaque matin, je descendais l'escalier taillé en spirale dans les arêtes granitiques du rocher; je chantais comme chante l'alouette au milieu des airs, tout en suivant de l'œil le vol des lourds oiseaux qui rasaient le rivage. Un jour, le soleil se couchait dans une immense fournaise; le lendemain, le languissant crépuscule couvrait la mer de ses ombres douteuses. Quelles belles nuits quand l'Océan, plein et silencieux, dormait sous un semis d'étoiles, comme alors je rêvais doucement!

« Pendant les heures d'orage, le vent s'engouffrait dans les rochers, et jetait ses cris lugubres; les vagues, soulevées par la bourrasque, accouraient à moi et déferlaient à mes pieds. Je croyais voir les esprits des eaux courir sur la crête des lames, et souvent ces visions imaginaires n'étaient que les tristes avant-coureurs de sinistres affreux, car c'était alors que nos navires se brisaient contre les récifs.

« Les contes de la veillée, la lecture des livres saints et le récit de nos légendes étaient mes seuls plaisirs. Ma mère et moi aimions à vivre là où mon père avait vécu, où il était mort! Pardon, madame, de m'étendre ainsi sur les seuls moments heureux de ma vie!

« Ma mère, ange béni, m'instruisait par son regard et ses paroles; que de fois je me recueillais pour écouter les premières symphonies de mon âme, car alors j'étais heureuse de tout mon cœur, de toutes mes forces!...

« Ma vie était si douce que je ne demandais pas à Dieu autre chose que de la continuer. Souvenir de mon premier âge, radieux Éden peuplé par l'amour d'une mère, que vous êtes loin, hélas!

« Un jour, ma mère reçut une lettre d'un neveu de mon père, jeune officier de marine qui nous avait quittées pour naviguer dans les mers atlantiques. Il venait d'être blessé en duel et nous demandait l'hospitalité. J'avais seize ans alors. Maurice m'avait laissée enfant, il allait me retrouver jeune fille. Dès qu'il fut avec nous, il plut à ma mère, bien pourtant, disait-elle, qu'elle ne se sentît pas attirée vers lui par une entière sympathie.

« Je passais mes journées près de Maurice. Je me souviens qu'une amie plus âgée que moi me disait un jour : « Maurice est souffrant, tu le soignes avec zèle, il sera bien ingrat s'il n'est pas trop reconnaissant. » Et moi, je répondais : « Maurice, mais c'est mon frère! »

« Que j'étais heureuse! Mon Dieu! mon âme s'était épanouie dans un rêve délicieux!... Ma mère me faisait bien quelques tendres reproches, elle se croyait moins aimée... Dieu sait pourtant qu'elle avait encore la première place dans mon cœur.

« Cependant, je dois le dire, dans certains moments, j'étais agitée par des émotions étranges, inconnues; l'image de Maurice s'attachait à mes pas, elle me poursuivait nuit et jour; à mon réveil, mon front brûlait, mes idées étaient confuses; je pleurais malgré moi, et pourtant j'avais plus, bien plus que je ne pouvais désirer!...

« Je vois encore notre petit port habité par quelques pêcheurs; je vois nos longues grèves, nos dunes désertes, le sable revêtu de varech; nous étions là, tous deux, aspirant la rude poésie de la mer, poésie si grande, si grande, qu'il n'y en a plus d'autre pour ceux qui l'ont goûtée.

« Nos longues promenades étaient entremêlées de causeries divines. Oh! il n'y a qu'une atmosphère où l'amour n'étouffe pas, c'est celle de la solitude!...

« Un ordre de ses chefs rappela Maurice à Paris. Ce fut l'absence qui vint m'apprendre à quel point il m'était cher. Je le regrettais, je le désirais surtout!... Il m'eût été aussi difficile de suspendre les élans de mon cœur qui m'entraînaient vers lui que d'arrêter le nuage que le vent chasse. Hélas! c'est que j'avais en moi un de ces amours ardents, impétueux, qui s'emparent de la vie dans laquelle ils sont entrés.

« La femme qu'on aime est donc sainte, car jusqu'ici Maurice m'aimait sans me l'avoir dit. Pendant son absence, pour moi plus de désir; j'éprouvais un secret ennui, et j'avais trop de paresse pour essayer d'être heureuse... Je ne retrouvais plus ma joie des premiers jours, mes moments d'extase tranquille, mes heures d'un bien-être enivrant.

« Maurice s'annonçait à chaque courrier, mais il différait toujours son retour. Il s'était créé à Paris les mille nécessités qui font la misère du riche. Et moi, je ne vivais plus, je le voyais avec les yeux du cœur toujours aveugles, et je ne songeais à ses torts que pour avoir l'occasion de penser à lui. Je l'attendais... attendre, c'est encore espérer!!

« Enfin, Maurice revint; il était le même, nous nous étions compris. En le voyant, ma main frémit dans la sienne, et mon cœur battit à se rompre.

« Oh! celle dont le sentiment n'atteint pas la folie n'a jamais aimé comme j'aimais...

« L'amour est une passion entraînante, fougueuse, qui domine tout, même le sentiment du devoir; l'amour, c'est l'oubli et le sacrifice de soi-même. Que je fus faible devant les larmes de celui que j'adorais!

« Maurice fut bientôt forcé de se rendre à Nantes sur un nouvel appel de ses chefs; je reçus de lui les lignes suivantes :

« A peine quelques heures nous ont séparés, ma Jeanne, qu'il faut que je me rappelle à toi, à toi mon âme, à toi ma vie. Qu'est-ce donc que ce souvenir qui me possède tout entier?... Ton nom revient à toute heure sur mes lèvres; je me souviens et je pleure... oui, je pleure comme un enfant!... Il y a si peu de moments que j'étais à tes genoux; ta voix arrivait à mon oreille, je tressaillais quand tu pressais ma main... je rêvais tout éveillé!... Encore quelques jours, et je te reviendrai, ma Jeanne, et je demanderai à notre bonne mère de me donner pour femme l'ange que je presse sur mon cœur! »

« Je répondis :

« Pourquoi m'as-tu quittée, Maurice?... Je souffre et je t'appelle... Ton souvenir vit en moi... tu m'aimes, et toute ma vie est dans ce mot... Quelle est la femme qui ne préférerait à toutes les grandeurs de ce monde d'être aimée de toi?... De grâce, Maurice, n'aime jamais une autre que ta pauvre Jeanne! Où trouverais-tu une âme qui t'appartînt plus entière que la sienne?... Ne l'as-tu pas rendue indifférente à tout ce qui n'est pas toi?

« Cette nuit, j'ai dormi d'un sommeil troublé, au fond duquel veillait la souffrance. J'ai voulu me rappeler à Dieu, mais mon amour m'a fait oublier ma prière. Hélas! le bonheur que tu m'as donné a si longtemps rempli dans mon âme la place qu'elle y devait à Dieu!!

« Dans deux jours tu reviens; tu parleras à ma mère, mon bon Maurice; je serai à toi, à toi à jamais!... Oh! oui, je te donnerai tout le bonheur que tu mérites, et je garderai intact l'honneur du nom que tu m'auras confié. Adieu! »

« Vous le dirai-je, madame? un mois entier s'écoula, et Maurice ne revint pas; il n'écrivait plus. Nous apprîmes enfin qu'il avait quitté Nantes.

« Et je ne doutais pas de lui! Absolue comme on l'est quand on est jeune et fière, vive et passionnée, le soupçon ne m'avait pas encore mordu le cœur.

« Je passais des jours entiers sur la grève, rien... toujours rien... Maurice ne revenait point... Il me semblait que les pierres des rochers grondaient en roulant, que l'écho pleurait... J'entendais un nom, un même nom... que chaque vague secouée par le vent répétait en gémissant; la mer hurlait à mes pieds, et des voix inconnues me criaient : Maudite!...

« Rentrée au manoir, je m'agenouillais dans la chapelle; je croyais voir Maurice appuyé contre un des piliers, pâle comme un fantôme... Je pleurais, et je ne priais pas.

« Un jour, un mot me parvint; il disait : « Foule-moi « aux pieds, Jeanne, je ne suis plus digne de toi, je suis « marié! »

« Le papier s'échappa de mes mains, j'étais folle!...

« La paix était sortie de notre demeure, pleine de cris, de sanglots; pour nous, plus de soleil, l'ombre était partout..... qu'avait-on à se dire?..... on se regardait et on pleurait.

« Il arrive donc ce terme de la vie où le jour n'a plus ni aurore ni couchant, où la nuit renaît de la nuit sans aube et sans crépuscule.

« Je restai pendant plusieurs mois insensée, folle. Ma mère était nuit et jour à mon chevet; elle s'écriait : Mon enfant, ma Jeanne, reviens à toi!... Pauvre ange! elle ne résista pas à tant de douleurs, elle s'éteignit, et le dernier regard qu'elle attacha sur moi se perdit dans le ciel avec son âme!... C'est moi, madame, c'est moi qui l'ai tuée!... et Dieu, dans sa juste vengeance, m'a rendu la raison devant son lit de mort!...

« L'amour maternel est le plus généreux de tous les amours : on aime son enfant quel qu'il soit, quoi qu'il fasse. Oh! l'indulgence a enfoui ses trésors dans le cœur des mères! Elle, ma mère adorée, qui avait pardonné ma faute, ne résista pas à mon malheur. . . . .

« Je fuis la solitude et je la trouve partout.... Que fais-je dans cette vie?... Seule, toujours seule... Je suis comme ce grain de sable enlevé au rocher et chassé par les brises : où ira-t-il tomber?...

« Avec Maurice je pensais de moitié, je savais sa première idée, son dernier rêve, j'approchais de son cœur, j'avais marié mon âme à son âme... Ah! madame, on peut mourir de douleur à vingt ans, si Dieu le veut... mais où retrouver le chemin du ciel? »

Là se terminait cette douloureuse confidence. J'adressai ces mots à Jeanne :

« Mon enfant, il y a deux portes au ciel, celle de l'innocence et celle du repentir... Croyez, espérez!... Après les grandes secousses vient la mélancolie, qui est la convalescence du cœur ; Dieu l'a voulu ainsi. Je vous offre une amitié loyale, fervente, acceptez-la. J'ai respecté hier votre désir de ne point me revoir ; mais, Jeanne, nous nous retrouverons un jour ; Dieu le permettra. Adieu!... »

Quelle différence entre cette pauvre enfant séduite et abandonnée et la radieuse fille d'Innsbruck ! Pour Wilhelmine, l'aube de la vie se levait pleine de soleil ; pour Jeanne, le jour avait commencé par un orage.

L'amour qui nous quitte est comme le nuage qui passe sur l'étoile qui brillait ; c'est le jour qui se fait nuit, l'écho qui répète le son en s'affaiblissant, la fleur qui se meurt, la lyre qui ne résonne plus ; hélas ! c'est plus que tout cela, c'est la terre qui nous manque sous les pieds !...

La défiance, le doute n'entrent dans une belle âme qu'avec la triste expérience. Ne sondons pas nos mystérieuses destinées ; remercions Dieu de ne tenir ouvert le livre de nos jours qu'à la page du présent, car si nous pouvons tout craindre, ne pouvons-nous pas aussi tout espérer ?

Malheur à celui qui a trompé un cœur confiant ! il vivra et mourra dans la tempête : point de trêve avec le remords !

CHAPITRE HUITIÈME

I

Nous quittons Cologne et, le soir même, nous sommes à Aix-la-Chapelle. J'y arrive avec des dispositions assez tristes; dans ce monde, je déteste tout ce qui finit, et je croyais que mon voyage touchait à son terme.

Aix-la-Chapelle est la ville de Charlemagne; il y est né, il y est mort. L'église de Notre-Dame fut bâtie par lui en 796. Aujourd'hui elle se dresse encore majestueusement avec ses clochetons de pierre fouillés par la foi. Les chroniqueurs nous racontent que le jour même de sa dédicace par le pape Léon III, en l'an 804, trois cent soixante-cinq évêques devaient y assister pour représenter les trois cent soixante-cinq jours de l'année. Deux prélats manquant à ce pieux appel, aussitôt deux évêques de Tongres sortirent de leurs tombeaux et vinrent participer à la consécration de l'église, puis ils disparurent avec la cérémonie.

Je m'arrêtai devant le cercueil qui a reçu les restes du grand Empereur. On voit près du tombeau un fauteuil de pierre bien large, bien usé et sans sculpture; la couronne en tête, le sceptre à la main, la Bible sur ses genoux, son épée à son côté, les pieds dans son cercueil, l'ombre de Charlemagne est restée assise pendant trois siècles sur ce siége de marbre. Ce fut après ce laps de temps qu'on déposa ses os dans un sarcophage antique qui, dit-on, avait contenu jadis la dépouille mortelle de l'empereur Auguste.

En 1266, Frédéric Barberousse voulut se faire couronner dans ce fauteuil de pierre, et le cadavre royal dut céder la place au prince hardi qui osait venir le troubler dans la nuit éternelle. Durant quatre siècles, alors que Charlemagne était rentré dans le néant de la tombe, son siége mortuaire servit de trône aux empereurs; trente-six monarques, dont Charles-Quint fut le dernier, furent sacrés sur ce siége historique.

En visitant l'église de Notre-Dame, Napoléon, le vrai successeur de Charlemagne, resta debout et pensif devant la chaise impériale. Ce fut un instant mémorable que celui où le front couronné se trouva en face du cadavre couronné; l'un dans toute la majesté de sa gloire, l'autre dans toute la majesté de la mort... l'un géant dans le présent, l'autre géant dans le passé!...

Le tombeau de Charlemagne est au centre de la coupole avec cette grande épitaphe :

CAROLO MAGNO.

II

Le soir, nous étions en Belgique.

J'aime l'aspect de cette contrée avec ses marais verts et

plats, ses champs de colzas aux tranches blondes et panachées; des lignes de peupliers bordent les routes unies, et un ciel gris couronne d'humbles paysages; à chaque pas, on rencontre des villages populeux, avec leurs vertes prairies, leurs riches vergers, et leurs maisons de briques rouges sortant du feuillage. Si l'on s'arrête devant une hôtellerie, on entend les sages du pays devisant sur le passé, en présence de la jeune génération qui les écoute; tous boivent à longs traits et fument dans des pipes allongées; puis vient la danse, et les fraîches jeunes filles, qui semblent être descendues tout exprès des toiles de Téniers, s'y livrent avec entrain.

Depuis la révolution de 1830, la séparation de corps entre la Belgique et la Hollande a fait de la première une nation qui n'a plus de type, plus de caractère, plus d'individualité.

A la Flandre ses beaux souvenirs du passé; au Brabant les grandes ombres des ducs de Bourgogne et de Charles-Quint, et tandis que le Hainaut s'enorgueillit de ses demeures féodales, Liége est fière de ses antiquités romaines. Le savant et l'artiste viennent y étudier les vieilles métropoles avec leurs vitraux coloriés, leurs tombes gigantesques et leurs dentelles de pierre.

Les guerres de religion soulevèrent de grands troubles dans la Belgique et dans les Flandres. Bruxelles a été longtemps le théâtre de ces sanglantes tragédies. C'est là qu'abdiqua Charles-Quint. Les États de Brabant appelèrent ensuite le prince d'Orange, et Philippe II donna les Pays-Bas à sa fille Isabelle en la mariant à l'archiduc Albert.

En 1695, Bruxelles fut bombardée par les ordres de

Louis XIV, et le maréchal de Saxe en fit le siége en 1746; avec le règne de l'impératrice Marie-Thérèse, Bruxelles reparaît sur la scène du monde, parée d'un nouvel éclat. Plus tard, la révolution brabançonne met le pouvoir aux mains des États de provinces, et deux fois les Autrichiens l'abandonnent à la république française. Bruxelles devient alors le chef-lieu d'une de nos préfectures, et le traité de Paris la rend aux Provinces-Unies, dont elle était séparée depuis près de deux siècles.

Amsterdam fut la capitale des Pays-Bas, et Bruxelles et La Haye devinrent des résidences royales. Réinstallé dans cette ville après la bataille de Waterloo, Guillaume régna quinze années. Les journées de septembre 1830 ont placé cette ville à la tête d'un État indépendant.

Pour nous résumer, nous dirons que les Pays-Bas ont passé successivement sous la domination des ducs de Bourgogne, de l'Allemagne, de l'Espagne, de l'Autriche, de la France; ils furent tour à tour à Charles-Quint, à Philippe II, au duc d'Anjou, à Maximilien, à Christiern, à Léopold, à Louis XIV, à Joseph, à Napoléon.

Chaque puissance, en y gravant son nom, y a imprimé son caractère, dont le burin de l'histoire a gardé la curieuse empreinte.

Pendant le repos factice qui devance les révolutions, le peuple ressemble à l'esclave qui se courbe sous tous les jougs et accepte toutes les tyrannies; mais un jour il sort de sa torpeur, son réveil est brusque, son action furieuse; sa voix, c'est le canon... Tant de bruit étonne après tant de silence, tant de violence surprend après tant d'inertie; puis le colosse ébranlé retombe peu à peu dans son assoupissement, le lion rentre dans son antre, et son sommeil peut durer des siècles.

III

Bruxelles est une ville élégante et coquette qu'on dirait née d'hier sous le blanc vêtement de ses maisons et de ses édifices; elle est assise sur son coteau verdoyant, et dès son enfance elle fut condamnée à être la reproduction de tous les genres d'architecture. On y rencontre un curieux mélange d'échantillons d'ordres tudesques, espagnols, flamands, français; elle a tout à la fois quelque chose d'oriental et d'européen.

Cette ville se divise en deux parties bien distinctes : la partie haute, tout aristocratique avec ses demeures princières, et la ville basse, composée de tanières où le peuple est parqué et vit à l'étroit.

La ville haute est le séjour d'adoption de la double aristocratie de nom et d'argent; là trônent quelques seigneurs de vieille souche, de concert avec les banquiers, ces rois du coffre-fort; au midi, c'est la colonie espagnole avec ses yeux de velours, ses fronts bronzés et ses passions haineuses, qui se sont étiolées sous le pâle soleil des Pays-Bas.

La ville moyenne, tout au commerce, est le domaine de la haute industrie, et la ville basse, toute flamande, a conservé son vieil idiome; la civilisation n'en a pas forcé les portes, et le peuple vit là comme vivaient ses pères. Les anciennes coutumes y ont résisté aux révolutions et à la destruction continue du temps; nul contraste n'est plus fortement exprimé que celui qui sépare l'habitant des deux quartiers : au sud, ce sont les Wallons, à l'esprit rusé, à l'air narquois; ce sont les gascons ou les normands de la Belgique; ils ont la finesse des premiers et l'astuce des seconds. C'est une colonie des provinces de Liége et du Limbourg qui est venue s'abriter sous les murs de Bruxelles.

La tribu d'Israël y est aussi représentée par une population pauvre, déguenillée, mendiante, qui croupit dans les murs étroits de ses antres infects. Cette singulière agglomération d'éléments hétérogènes donne à la capitale du Brabant la physionomie d'une mosaïque humaine.

J'ajouterai que le Belge énonce rarement sa pensée d'une manière certaine; son opinion, comme ses idées, comme son langage, comme ses écrits, ne sont que la contrefaçon de ce qui se passe chez ses voisins, et si le Belge ne se laisse pas pénétrer, il cache encore plus soigneusement ses actions que sa pensée; son flegme est parfait et sa prudence extrême. Si jamais on élève une statue à l'égoïsme et à la dissimulation, la Belgique devra lui servir de piédestal.

Nos ouvrages philosophiques, nos romans, notre poésie, notre théâtre, tout cela, pour ce peuple cosmopolite, n'est pas de la pensée au point de vue de l'art, mais de la copie pour le prote au point de vue de l'industrialisme. Ici l'in-18 et l'in-32 gouvernent les têtes mercantiles : un livre remarquable n'a pas pris chez nous son extrait de baptême, que chez le Belge il jouit des droits de cité en se publiant en quatrième édition.

Ce qui se passe dans ce pays en matière d'imprimerie donne la mesure des habitudes sociales. Ainsi, dans plusieurs maisons opulentes, on trouve une imitation en raccourci de notre luxe parisien et du comfort anglais.

Mais la parcimonie habite en Belgique et elle y a élu domicile; ce n'est pas là comme chez nous, où pour le riche il n'y a de nécessaire que le superflu ; ce mot-là n'est point belge. Ici le luxe a ses livres en partie double; tout se compte, tout s'additionne; on dirait que certains négociants et banquiers ne se montrent généreux que la veille du jour où ils déposent leur bilan. La faillite s'est annoncée plus d'une fois au son de l'orchestre, de sorte que le premier coup d'archet, si vous étiez partie intéressée dans les affaires de votre amphytrion, aurait pu être le tocsin qui proclamait votre ruine.

Du reste, Paris, aussi, a pu offrir de ces exemples, et il ne serait pas juste de les attribuer exclusivement à nos voisins. Certaines maisons riches ont dans leurs galeries à Bruxelles des copies réduites de Delaroche, de Decamp, d'Horace Vernet, de Scheffer, et, pour meubles, des échantillons de nos laques et des bronzes florentins. Les mœurs sont à l'unisson de cet amoindrissement servile; et qui sait si les passions elles-mêmes ne sont pas devenues *infinitésimales?* Réduites aux prescriptions de l'homœopathie, on les prend à petites doses. Ici la conversation a toute l'innocuité de la plus simple indication, et c'est parfois quelque chose de clair comme l'eau la plus limpide.

Dans ce gouffre mouvant de spéculateurs et de marchands, l'amour du gain étouffe la souffreteuse poésie; elle n'a plus pour se réfugier, la pauvre inconnue, que les arceaux gothiques des vénérables cathédrales que le moyen âge a laissées debout. Je le répète, c'est ici le sol classique de l'industrie :

le marbre, le plomb, le zinc, le fer se trouvent à profusion sur les bords merveilleux de la Meuse, et ils se livrent avec largesse aux mains des cupides spéculateurs.

Ce territoire est devenu la propriété de la machine à vapeur et du chemin de fer. De tous côtés, canaux, rivières, usines, fabriques couvrent le sol ; le travail est là qui partout s'agite et remue ses mille bras ; c'est un spectacle fait pour impressionner le voyageur qui observe, et si son cœur n'est point ému, son esprit du moins peut être étonné.

IV

Les tours jumelles de Sainte-Gudule dominent la ville; ses admirables vitraux ont été exécutés sur les dessins de Rubens. J'ai trouvé une certaine similitude entre la cathédrale de Bruxelles et Notre-Dame de Paris ; de chacun de ces deux monuments se dressent deux tours rondes qui s'élancent hardiment de leur lourde masse.

Arrêtons-nous devant la place du Marché. Là s'élève l'hôtel de ville dont le style est à la fois gothique et lombard. Le vieil édifice, fier encore à bon droit de ses tourelles, de son beffroi, de ses riches colonnettes, de ses balustres à jour, l'est surtout de la statue de saint Michel, patron de la cité. La salle de la Régence, brodée de lambris dorés et de fines ciselures, fut témoin de l'abdication de Charles-Quint. C'est là qu'il céda sa couronne et ses droits à Philippe II[1]. Ce fut ce dernier qui plus tard ensanglanta la place où le sceptre avait été remis à ses mains tyranniques. — Charles-Quint

[1] A ce prince auquel, ainsi que l'a dit l'histoire, « il ne fallait qu'un prie-Dieu et une femme. »

dit à Philippe en lui confiant le pouvoir : « Que le ciel vous accorde aussi un fils auquel il vous sera permis de transmettre votre puissance, mais qu'il ne vous y force point. »

Les mémoires secrets de Charles-Quint nous révèlent sa pensée intime ; ils nous apprennent que Philippe II avait fait avec le clergé le pacte de rétablir l'inquisition dans ses États, et cette parole donnée avait dû hâter son avénement au trône.

C'est ici l'antique forum d'une commune remuante. Les églises qui bordent la place sont d'architecture espagnole, flamande et gothique ; en face l'hôtel de ville, on voit le *Brod hein,* appelé jadis la maison *au pain,* et aujourd'hui maison *du Roi*. C'est dans cette demeure qu'un pape, chassé d'Italie par les schismatiques, il y a environ sept cents ans, fut hébergé durant dix jours, avec toute sa cour, moyennant *trente-deux livres tournois,* le vin compris. Aujourd'hui, je doute que l'humilité ecclésiastique s'accommodât d'un pareil régime, même en temps de carême.

C'est sur cette place que se font les ventes publiques, se composant de portraits, de tableaux de prix, de vieilles armes, d'instruments de physique, etc., etc. J'entre. Quel pêle-mêle !... là s'agite tout un monde d'acheteurs, en présence d'objets vieux de plusieurs siècles ou fanés d'hier. Ici des armes de chevalier, des toques à la Henri III, des perruques à la Louis XIV, des prie-Dieu du quinzième siècle, des fauteuils de chêne gothiques, du vieux Saxe, des meubles de Boule, des vidrecomes, des bahuts, des dressoirs, et des échiquiers du temps de François Ier : on se croirait dans notre hôtel Cluny ; tout respire ici ce parfum d'ancienneté qui monte au cerveau des véritables antiquaires.

Plus loin, ce sont des écharpes de toutes couleurs, des malines d'un grand prix, quelques vertugadins de nos grand'mères, tout près des oripeaux flétris de nos modes du jour. En regard d'un Rembrandt, une marine de Poitevin; à côté d'une belle copie de Rubens, un grotesque croquis de quelque peintre d'enseignes; en face du buste de Jean-Jacques, un perroquet empaillé, et, qui le croirait? au-dessus d'un marbre représentant Voltaire, un magot de la Chine, ou bien même un singe en terre cuite.

Serait-ce un spécimen de l'esprit de nos voisins belges?

Ce bazar n'est-il pas la représentation parfaite de la Babel de l'industrie et de la Bohême mercantile?

La place de l'Hôtel de Ville est le marché et la grève de Bruxelles; deux illustres patriotes l'ont consacrée de leur sang. C'est ici que, le 25 juin 1568, le comte d'Egmont monta sur l'échafaud et mourut avec l'héroïsme des grands cœurs; ce fut son propre valet de chambre qui lui servit de bourreau. Le comte de Horn, après avoir pleuré sur le corps sanglant de son ami, fut frappé du même coup. L'histoire a laissé debout cet échafaud tendu de noir; elle nous le montre entouré des archers espagnols, l'arme au bras, et du peuple consterné; elle nous fait voir aussi le duc d'Albe placé derrière la fenêtre du palais, regardant d'un œil farouche cette exécution de sanglante mémoire.

V

L'*Amigo*, situé près de la place de l'Hôtel de Ville, pourrait faire concurrence à notre prison de la rue de Clichy. On y retient les personnes suspectes, les tapageurs et les gens endettés. Cette demeure est toujours fort peuplée; les comédiens de profession et les héros de septembre en sont les hôtes habituels.

J'arrive à la place des Martyrs, dont les carrés de verdure sont remplis d'arbrisseaux et de fleurs. Là dorment les cendres des combattants des journées de septembre : la cité reconnaissante leur a fait une sépulture digne de leur mort.

L'*Allée verte* est une espèce de cours resserré entre le canal et une grasse prairie. Elle sert de Champs-Élysées, ou de Prado à Bruxelles. Napoléon et Guillaume, à douze années de distance, ont cheminé sous ces ombrages pour faire leur entrée solennelle dans la capitale du Brabant. Une double file de voitures de toutes formes passent et repassent dans cette sorte de Longchamp quotidien, où les équipages sont attelés de deux, de quatre ou de six chevaux; c'est un pêle-mêle inextricable, un vrai tohu-bohu qui n'a rien des majestueuses allures du *corso* italien.

Le banqueroutier ressaisit à Bruxelles les droits qu'il a perdus chez nous. La foule des gens ruinés, échappés des quatre parties du monde, accourent les poches pleines pour étaler, sur un terrain neutre, leur luxe d'assez mauvais aloi. L'agent de change, exécuté la veille à la Bourse de Paris, vient faire ici une exhibition de l'élégance vulgaire du boulevard des Italiens. La capitale de la Belgique a joui pendant de longues années d'un privilége accordé jadis aux parvis sacrés, et, comme l'enceinte d'Holyrood, elle servait de palladium au débiteur insolvable.

A Bruxelles, les femmes ne m'ont point paru jolies. Elles sont en général d'une stature forte et musculeuse;

leurs longs bras pendent nonchalamment sur des hanches développées; leur taille est dépourvue de souplesse; leurs pieds sont plats et larges, leur démarche lente et sans grâce. Une seule chose qui, chez elles, pourrait remplacer la beauté, je veux dire la santé, fait circuler un sang vermeil sous leur peau transparente, et donne à leur visage le même coloris que celui qui a inspiré le pinceau de Rubens.

Mais j'ai vu luire çà et là dans les rues de Bruxelles quelques yeux de velours lançant leur jet lumineux sous l'ombre d'une cape de taffetas noir qui a toute la poétique fantaisie de la mantille espagnole. Jeunes filles au teint bruni, au regard andalous, êtes-vous venues de Tolède ou de Grenade? Vous devez grelotter sous ce faux soleil, pâle reflet du soleil des Espagnes, qui le matin dore l'Escurial, et le soir se couche derrière les arceaux dentelés de l'Alhambra!

VI

Je visitai le palais d'Aremberg, qui fut jadis la demeure du comte d'Egmont; sa collection de tableaux est des plus riches, j'ai vu dans sa vaste bibliothèque une tête antique du Laocoon, dont le masque a une expression *effroyablement* vraie de douleur et d'angoisse.

N'oublions pas que nous devons à la Belgique plusieurs de nos virtuoses, Bériot, Vieuxtemps, Servais, Humann et Godefroy, le *Paganini* de la harpe.

Je visitai à Bruxelles un homme de talent touchant déjà à son déclin. Il me semble que la vieillesse de l'artiste est aussi dénuée que celle de la coquette, qui le soir descend péniblement la colline que le matin elle a montée en souriant. L'artiste doit sentir profondément l'amertume du *survivre!*... Il faut de la jeunesse à l'âme qui vibre à toutes les impressions, car avant tout il lui faut de l'avenir. Le peintre qui nous a montré tous les horizons est comme l'écrivain qui nous a confié sa dernière pensée, comme l'orateur qui nous a dit son dernier mot. Oter l'avenir au talent, c'est lui ôter la vie, et, pour l'artiste, perdre à la fois la jeunesse et l'espoir, c'est vivre entre deux tombes.

Quand la meilleure partie de la vie est écoulée, que faire de l'autre?... Dans la vieillesse, ne la voit-on pas sous un jour livide, pareil à ces feux de Bengale qui donnent une teinte cadavéreuse aux vivants? On est en défiance, on craint tout, et l'on finit par avoir peur de sa peur!... Encore une fois, que faire de la vieillesse, cet Érèbe aux flots amers sur lesquels plane la mort?...

Mais quelle réflexion désolante se presse sous ma plume! J'en demande pardon au lecteur, et avec lui je rentre à Bruxelles.

VII

Je fus visiter Laken, vallée ennoblie par une demeure royale. Le brasseur, le banqueroutier anglais ou français, le ministre étranger, s'y abritent sous les mêmes ombrages.

Ce fut Napoléon qui arracha le château de Laken des mains des spéculateurs avides; l'ayant acquis après le traité de Lunéville, il en fit don à l'impératrice Joséphine. C'est à Laken qu'il décida la guerre de Russie, dont il avait conçu la première pensée à Saint-Cloud. Par une triste coïncidence, c'est dans ce pays même qui devait voir la dernière journée de son règne, que Napoléon se détermina à faire cette fatale campagne de 1812, source de ses revers.

A côté de cette grande figure, quel est aujourd'hui l'hôte royal de ce palais? C'est le premier roi Cobourg! Il avait quitté ses grasses prairies de Richemond pour les modestes ombrages de Laken. L'Angleterre l'avait envoyé dans cette position comme une sentinelle avancée surveillant nos frontières, et la France en avait fait un dieu Terme.

Mais comme il faut toujours, lorsqu'on a eu la témérité de ramasser la plume de l'historien, dire avant tout la vérité, après avoir fait ressortir le goût d'imitation servile qui caractérise la Belgique et l'avoir accusée de ne savoir reproduire que l'effigie effacée des types européens, je m'empresserai de dire qu'à son tour elle a donné au monde depuis 1848 un noble exemple en étouffant chez elle le germe révolutionnaire. Il semble qu'elle ait opposé une digue infranchissable à l'esprit démagogique, et que, plaçant le drapeau de l'ordre à sa frontière, l'anarchie se soit arrêtée devant sa limite sans pouvoir la franchir.

Léopold a fait preuve d'une grande connaissance des hommes en offrant à ses sujets de descendre d'un trône qu'il semblait occuper à regret, pour rentrer dans la vie privée. L'esprit humain est ainsi fait, il ne veut que de ce qu'on ne lui offre point, et il se courbe volontiers sous un sceptre qu'une main royale veut déposer. La politique de désintéressement vraie ou jouée est de toutes la plus habile, et je la conseille amicalement à nos gouvernants du jour.

Les murs du cimetière de Laken abritent les restes de

madame Malibran. C'est donc là qu'est venue se briser cette vie si riche d'avenir?... N'y avait-il point chez l'inimitable virtuose cette seconde beauté qui se traduit par l'ensemble et l'harmonie des traits, par le rayonnement de l'intelligence, par l'élévation du talent, beauté sublime dont l'action illumine le visage et qui se manifeste au dehors par la voix, le geste, le regard? N'avait-elle pas des accents pour toutes les tristesses, pour toutes les passions, pour tous les enivrements?

J'ai vu, j'ai observé et j'ai compris que l'art était la même langue différemment parlée, soit avec la voix, le pinceau ou la plume. Tout peut servir d'organe à ce que l'âme contient de poésie et de sentiments; mais ces langues diverses, voix de la pensée, ont leur mécanisme, et la vie humaine est trop courte pour que l'on puisse parler couramment ces différents dialectes de l'art; on les bégaie, et rien de plus.

Je traversai le champ du repos, et derrière les vitraux d'une chapelle baignée des dernières lueurs du soleil couchant, je crus voir une ombre pâle et plaintive; il me sembla entendre quelques notes, vagues échos du ciel, avec ces mots : « *Assisa al pie d'un salice, imersa nel dolor.* » C'était la voix déchirante de Desdemona, c'était Malibran morte la couronne au front; car elle fut reine aussi, celle dont la voix dominait les âmes et faisait vibrer les cœurs.

VIII

Quel bruit! quelle fumée! quel tonnerre!... C'est Waterloo!... Ici a succombé celui qui, à son déclin, s'est couché dans la tombe, comme le soleil s'abîme dans l'Océan!

Un million de soldats tiendrait dans ce vaste champ, ondulé, sillonné de ravins et coupé de collines.

L'homme qui sait qu'il peut trop est tenté d'oser plus qu'il ne peut : aussi, là est tombé celui qui se tenait debout sur la limite de deux mondes : la vieille et la jeune société.

Les combattants des nations étrangères ont tous ici leur épitaphe; dans ce vaste ossuaire, chacune de leur armée a son monument, la France seule n'y est point représentée.

Sur l'un des nombreux cénotaphes, on lit ces mots : « En ce lieu est enterrée la jambe de l'illustre, brave, patient et vaillant comte d'Exbridge, aujourd'hui marquis d'Anglesey. » Jambe morte pour les intérêts de l'humanité!

Plus loin, la colossale pyramide de terre, surmontée d'un lion gigantesque, s'élève comme pour menacer la France; mais nos conscrits, en courant au siége d'Anvers, ont vengé leurs devanciers et laissé à cet insolent trophée un souvenir de leur passage.

A la Haie-Sainte, où se réunirent Wellington et Blücher, se dresse la Pyramide de Fer, monument prussien, et là, toujours rien pour la France! Malgré ce déni de justice, la bataille des vaincus est gagnée par eux dans la postérité. Permis aux Anglais d'élever à leur Achille Wellington quatorze statues sur les places de Londres... il n'en a fallu qu'une à Napoléon pour dominer Paris et le monde!

Si le héros pouvait, en se levant de sa tombe, s'élancer encore une fois sur son cheval de bataille[1], qui à Waterloo

[1] Le Tauris fut offert à l'Empereur par le schah de Perse; Napoléon le montait habituellement. Après l'avoir emmené à l'île d'Elbe, il le ramena en France, et le Tauris fut blessé sous lui à Waterloo. En quittant la Malmaison, l'illustre vaincu le donna à M. le baron de Montaran, son écuyer, comme témoignage d'estime, et en souvenir de sa fidélité.

fut percé d'une balle en affrontant, sous lui, le feu de l'ennemi ; s'il reparaissait tout à coup dans cette plaine aride, sombre, dévastée, il ferait rentrer en terre tous ces monuments élevés par les vainqueurs à leur propre gloire... Mais si le cercueil avare garde le géant étendu et renversé à terre, au moins a-t-il repris sa taille dans l'histoire!

IX

Un fait assez curieux se passa à Bruxelles en 1722. Voltaire et J.-B. Rousseau, qui plus tard devaient se haïr (comme cela se pratique pour certaines ententes cordiales), s'y rencontrèrent et furent presque inséparables.

Rousseau présenta le jeune Arouet dans les salons de la noblesse, chez la marquise de Prie, chez le prince La Tour et Taxis; mais son protégé se conduisit d'une façon si bizarre, qu'on fut presque tenté de le congédier sans plus de forme. C'est ce qui fit dire à Voltaire, lorsqu'il quitta Bruxelles, ce mot assez juste pour une boutade : « L'esprit, à Paris, consiste à être soi, à valoir ce qu'on vaut et à ne point se grimer ; l'esprit, à Bruxelles, je l'ai cherché en vain, je n'y ai vu que des singes habillés en marquis, et des marmottes avec des jupes de femmes. »

J'ai lu dans les vieilles chroniques de Bruxelles la relation d'une fête assez singulière, fort en honneur autrefois parmi la bourgeoisie, et dont je ne me fais pas, pour l'instant, l'éditeur responsable. Cette fête s'appelait *la veille des dames*. Voici ce qui y donna lieu. En 1096, Godefroi de Bouillon, accompagné d'une foule de chevaliers étrangers et de vassaux, partit pour la Terre-Sainte. Bon nombre d'habitants de Bruxelles se joignirent à cette expédition et ne reparurent plus ; leurs femmes, les croyant trépassés, firent dire des messes pour le repos de leurs âmes, et, ayant porté leur deuil, finirent par se remarier. Or les braves défunts étaient restés dix ans esclaves chez les Sarrasins ; rendus à la liberté, ils se hâtèrent de regagner le foyer domestique. Qu'on s'imagine leur saisissement lorsqu'ils se trouvèrent éconduits et remplacés. La chronique ajoute que leurs femmes, très-consolées, ne perdirent pas la tête, qu'elles s'écrièrent, en parodiant ce verset de la parabole de l'enfant prodigue : « Mon mari était perdu, et je l'ai retrouvé ; béni soit le Seigneur, qui a voulu me donner deux époux. » Et sur-le-champ les braves croisés virent leur chef illustré d'un bonnet de coton d'honneur (cette parure eut fait fureur en basse Normandie) ; ils s'installèrent gravement dans leur ménage et y jouirent de toutes leurs prérogatives, sans pour cela que la bonne harmonie fût troublée dans le gouvernement du bon plaisir, qui comptait deux têtes couronnées.

Cette cérémonie de *la veille des dames*, dont l'observance commence à tomber en désuétude, avait pour objet, à son retour annuel, de donner occasion au peuple de se livrer à de fréquentes et copieuses libations. Les maris débonnaires étaient coiffés d'interminables bonnets de coton, de fantastiques robes de chambre ; puis après le repas, qui se prolongeait fort avant dans la nuit, leurs femmes les prenaient par la main, les conduisaient dans toutes les chambres de la maison, en faisant force salamalecs et génuflexions. De nos jours, un mari qui reviendrait de Terre-Sainte après dix ans d'absence, risquerait fort d'être frappé par la prescription et de se voir renvoyer aux Sarrasins.

Décidément, il était assez bon de naître dans un temps où les dames châtelaines filaient au coin de leur foyer, où leurs chevaliers s'agenouillaient devant elles pour recevoir leurs couleurs et leurs devises, dans un temps surtout où les maris étaient de si bonne composition !...

X

A douze lieues de Bruxelles, l'Athènes du Nord, on rencontre Gheel, la Sibérie de la Belgique. Voyageurs, n'approchez pas, détournez-vous de cette contrée sauvage, de ces champs incultes de bruyères, de ces bois sombres, fuyez ces lieux maudits, le vent du malheur souffle dans cette campagne désolée. Ici, jamais de soleil, des nuages gris pèsent sur la nature en pleurs. Si vous vous agenouillez dans l'église solitaire, priez, priez tout de suite sainte Dumphle, à l'œil hagard, pour qu'elle vous protége contre tout maléfice, et saluez vite, en passant, les blanches statues des comtes de Horn et de Mérode qui dorment couchées sur leurs tombeaux.

Mais n'avez-vous pas entendu un cri, un cri qui n'a rien d'humain? Pressez le pas, et ne vous retournez point, car vous frémiriez... c'est le cri de la folie désordonnée qui se rue, qui se pousse, qui se mêle sur les places, dans les rues, dans les bois, dans les bruyères... Le matin, le soir, le jour, la nuit, des figures hideuses, à la démarche saccadée, au geste menaçant, au rire de damnés, se cherchent, se regardent, se maudissent et se fuient... Des voix stridentes glapissent ou hurlent des paroles incohérentes ou des chants obscènes ; des danses aux poses hideuses se groupent au fond du tableau, plus sombre que la danse des morts.

Ici les péchés capitaux se donnent la main et forment une ronde infernale; l'ambition a sa couronne de papier doré et son sceptre de roseau; l'orgueil, son manteau taillé dans un lambeau flétri; l'avarice compte des cailloux qu'elle prend pour des louis d'or; la colère se tourne sur elle-même et se déchire le flanc... Silence!... voici l'Ophélia de Gheel avec ses bluets, sa folle avoine jetés dans ses cheveux en désordre et son bouquet de chaume, fleurs écloses de sa folie, qu'elle destine à l'objet de ses rêves!... Passez, elle dort, pourquoi la réveiller? le sommeil, c'est la raison des fous!

De temps immémorial, de malheureux aliénés, au nombre de douze cents, sont abandonnés à l'incurie, ou plutôt à la rapacité des habitants de Gheel; ils endurent toutes les misères, le froid, la faim... Ils crient, ils pleurent; personne pour répondre à leurs plaintes, personne pour réchauffer leurs membres glacés. Qui sait si des familles cupides n'auraient jeté là des malheureux doués de toute leur raison, que la contagion de la folie aurait atteints, et qui seraient devenus fous rien que par imitation! Les plus pauvres d'entre eux sont attelés à des charrettes pesamment chargées, on les fustige comme des bêtes de somme; le fouet est la voix dont on se sert pour leur parler. Ces malheureux fuient et se cachent comme s'ils se sentaient abrutis et hideux.

Au milieu de ce peuple sans lois, sans frein, l'immoralité

est flagrante : exposées seules sur la grande route, dans les forêts, de jeunes folles deviennent mères, pauvres créatures que Dieu semble avoir maudites et que les hommes ont abandonnées!... Le nouveau-né ne rencontrera pas le sourire sous lequel il doit s'épanouir, le sourire d'une mère! Penchée sur son berceau, celle qui vient de lui donner le jour le regarde sans le voir, et le premier cri de l'homme sur cette terre ne trouve pas d'écho, comme son premier pas ne trouvera pas de mains qui le soutienne.

Oublié, le pauvre fou de Gheel n'a pas de place à table, pas d'abri au foyer; il est repoussé des hôtes auxquels il a été confié, et ses demandes comme ses prières n'excitent que le rire et l'ironie. Si le mal l'accable, nul ne vient à son aide, le fou s'éteint dans l'isolement. Celui qui n'a rien meurt seul; s'il succombe, la religion ne cherchera pas même à le suivre dans le chemin où a erré sa pensée flottante, et son cadavre, à peine recouvert d'une toile grossière, sera jeté à la hâte sous la terre...

Entrez-vous dans une chambre commune, là ce sont des enfants qui sucent une mamelle épuisée, c'est un fiévreux entortillé dans un pauvre lambeau, aussi décharné qu'un mort dans sa tombe... On sort épouvanté.

Entrez-vous dans l'église, si l'orgue résonne, c'est un fou qui se plaint sur son clavier; dans les moments les plus solennels, son rire fauve et sauvage remplit le chœur et la nef. Dans les ateliers, de pauvres jeunes filles brodent des tissus légers avec une main de fée : ce sont des folles et pour ce précieux travail, nul salaire, nul repos!

Si vous fuyez ce lieu maudit, et que vous alliez chercher l'ombre dans le bois, vous voyez à travers le feuillage des yeux fixes dont le regard vous brûle, des hommes à la barbe hérissée, qui vous poursuivent l'injure à la lèvre... Passez, passez, voyageurs... mais avant de quitter pour jamais cette terre déshéritée, dites une prière à sainte Dumphle, patronne des fous!

Que l'homme est petit! pauvre atome qui se meut au milieu de l'immensité, et se sent écrasé sous son poids!...

L'homme qui, dans son intelligence, mesure le ciel, l'homme qui vit une heure et qui vous dira quand doit reparaître une comète après des milliers d'années, l'homme qui, dans une maison ailée que le vent dirige, franchira les mers, l'homme peut voir, en un instant, sa raison fléchir, et tomber, en la perdant, au-dessous de la brute!

Mais, au fait, qu'est-ce que l'homme ici-bas, même dans la plénitude de toutes ses facultés? qu'est-ce autre chose qu'un condamné à mort qui ne sait pas l'heure de son exécution?

J'ai trouvé dans mes notes les détails que l'on vient de lire; ils m'ont été racontés par un témoin oculaire, et pourtant j'ose à peine les garantir, parce qu'en narrateur fidèle, je me plais à ne raconter que ce que j'ai vu et bien vu.

XI

J'aime les vieilles villes du Brabant; je leur trouve un parfum d'ancienneté qui vous reporte tout d'un vol vers les temps qui ne sont plus. Le génie a jeté à pleines mains sur leurs murailles, dans leurs musées, dans leurs demeures, des œuvres en pierre, en marbre, en bronze, qui sont encore les vrais miracles de l'art. On les rencontre à tout propos, au coin des rues et des ruelles, dans toute la fleur de leur nouveauté, quoique vieilles de plusieurs siècles, sans que la main des hommes, ni celle du temps, ait rien enlevé à la fantaisie qui les créa. Oui, j'aime ces antiques cités roides et guindées comme la femme d'un bourgmestre, allant au prêche avec sa coiffe noire, sa fraise empesée, son justaucorps en manière de gaîne, et cheminant d'un pas régulier avec sa grosse Bible sous son bras.

Toutes les maisons sont fleuronnées de trèfles de pierre, de rinceaux, de serpentines, d'ornementations délicates et élégantes; des écussons de chaque famille, des blasons féodaux et des serrures damasquinées comme des armures de Louvain, que se seraient disputées les chevaliers dans leurs nobles carrousels. L'œil étonné ne peut se détacher de ces demeures d'un autre siècle. Au milieu de ces vieilles villes, je me rappelle surtout Bruges et ses monuments qui gardent le cachet artistique des temps écoulés. Entrez dans le palais de justice, et vous admirerez un chef-d'œuvre de sculpture, l'antique cheminée de la chambre du conseil. La statue de Charles-Quint s'y dresse de toute sa hauteur; son attitude hautaine est bien celle de ce roi froid et puissant qui domina son siècle.

Revenons à Anvers. Napoléon voulut faire de cette ville un des plus beaux ports d'Europe. L'Escaut lui doit ses bassins, ses quais, et la cité son vénérable aspect. L'Empereur dit à Sainte-Hélène : « La place d'Anvers est une des plus grandes causes de ma chute; la demande de la cession de ce port fut un des motifs qui me détermina à ne pas signer la paix de Châtillon. »

Après nous être inclinés devant cette grande ombre,

saluons celle de Rubens. On trouve dans la cathédrale deux chefs-d'œuvre de ce maître, et, à Saint-Jacques, on s'agenouille devant sa tombe. Le tableau qui orne sa chapelle mortuaire, représente une Sainte Famille. Rubens s'y est peint sous les traits de saint Georges, et il a fait entrer dans sa large composition les portraits de sa première et de sa seconde femme; il a voulu aussi que sa maîtresse y reçût, sous les traits de la Vierge, les hommages des fidèles. Il y a dans l'exécution de cette pensée une bonhomie naïve qui a son côté irréligieux.

Les tableaux de Rubens sont ses reliques; sous son pinceau moelleux, souple, coloré, habile, les traits respirent, le geste se meut, le muscle tressaille, la fibre palpite, tout vit enfin!... En face des œuvres de cette main puissante, on reçoit une impression douce et sereine, ou bien l'effroi vous gagne, et l'exclamation monte à vos lèvres!... On s'agenouille et l'on prie. L'art aussi est une religion!

Rubens, Van Dick, quels noms!... Anvers est riche de leurs œuvres; mais il faut convenir que le temps est un grand coloriste : il a fait la moitié des tableaux de Van Dick, de Rubens et de Rembrandt.

J'aime mieux Anvers que Bruxelles; celle-ci n'est qu'une contrefaçon de Paris, tandis que je retrouve dans l'autre la vieille Flandre avec ses mœurs, ses demeures, ses coutumes. Les toits avancés se découpent en saillie, les balcons ornent les édifices, chaque coin de rue a sa Vierge révérée, les églises sont parées et orgueilleuses, le peuple a conservé sa démarche grave et mesurée et les jeunes filles ont aussi gardé la pruderie avec la jupe brune de leurs grands'mères.

Quand la prière du soir est dite, les cloches s'endorment pour se réveiller avec l'aube en bruyants carillons.

Après le couvre-feu les *casinos* ouvrent leurs portes, et ce peuple qui avait l'air, avant la fin du jour, de descendre d'un vieux tableau espagnol, se fait alors jeune et fou ; les danses tourbillonnent, la bière de Louvain coule à flots, les longues pipes s'allument, ce n'est plus le peuple de Murillo, c'est celui de Téniers.

Bruxelles a pour moi le tort de n'être qu'une copie effacée de Paris ; quoi de plus accidenté que nos rues, nos places, nos boulevards ? Un flot vivant s'y presse, s'y entasse et s'y succède en tout sens. Vous vous sentez perdue au milieu de cette fourmilière humaine ; population fière, mais besogneuse, et surtout insouciante, qui vit au jour le jour, et qui meurt le sarcasme aux lèvres. Partout, à Paris, on fronde, on critique, on dispute, et la foule y court du même pas à l'enterrement ou à la noce, au théâtre ou à l'émeute et à la révolution.

Pour l'étranger, Paris est l'*Eldorado ;* pour nous, ses habitués, nous l'aimons parce qu'il mure la vie privée, et que nous pouvons y suivre à notre guise la science ou le plaisir, le luxe ou la plus étroite simplicité.

Au reste, l'ennui ne coûte-t-il pas presque aussi cher en province que le plaisir à Paris ?...

Qu'est-ce que la capitale du Brabant pourrait offrir à côté de ce mouvant tableau ?... des plaisirs appris, des phrases toutes faites, point d'imprévu, une vie où tout sonne à la même heure, des faux semblants en toutes choses, et des esprits qui empruntent partout...

XII

Avant de quitter la Belgique, n'oublions pas qu'elle est affligée comme l'Italie, comme l'Allemagne, du pourboire français, *della buona mano* italien, du *trinfgeld* allemand.

A chaque relai, le postillon altéré vous tend la main : — Trinkgeld.

En descendant de voiture, un homme prend votre bagage et le garde ; pour le ravoir : — Trinkgeld.

Des gens apostés prennent ce même bagage et le portent au bateau ; d'autres le chargent et le suivent à l'hôtel : — Trinkgeld.

Vous courez à l'entour d'une église ou d'un musée (l'église et le musée sont habituellement fermés), on vous les ouvre : — Trinkgeld.

Si l'on tire un rideau qui voile un chef-d'œuvre, si on ouvre une armoire aux reliques, si vous escaladez la tour : — Trinkgeld.

Vous avez à payer le custode, le bedeau, le sacristain, le sonneur.... En vérité, ces pourboires en voyage sous toutes les formes et sous toutes les dénominations, vous appréhendent au corps et équivalent à une attaque de voleurs.

CHAPITRE NEUVIÈME

I

Je n'étais pas revenue à Bruxelles que déjà j'en repartais par les chemins de fer. En voyage, la pensée vole comme le wagon qu'emporte la vapeur : la fumée aujourd'hui mène le monde ; avec elle plus de frontières, et bientôt plus de nationalités.

Les chemins de fer en Belgique m'ont toujours amusée ; au départ, ils courent à s'essouffler, ils flânent en route, et se font paresseux à l'arrivée, après avoir fait çà et là des haltes d'une heure.

Il me restait encore quelques jours à dépenser sur le temps consacré à mon voyage ; qu'on juge si j'étais d'humeur à les perdre. « Partons pour Londres, me dis-je, allons. Bah ! quelle folie, de Venise à Londres, en passant par le Tyrol, la Suisse, les bords du Rhin, la Belgique, etc. ! diront les esprits bourgeois, quel goût de locomotion ! ne vaut-il pas mieux rester chez soi que de courir ainsi les grands chemins ? »

S'il faut m'en rapporter au suffrage d'autrui, je choisirai

de préférence celui des gens d'intelligence ; il est cependant vrai que les sots se retirent sur le nombre et font plus de bruit.

Pourtant laissons les dire et partons pour Londres... Je prends le chemin de fer qui doit me conduire d'abord à Arras et ensuite à Calais. A deux heures du matin, on nous descend à la station la plus proche d'Arras. J'avais quitté la Belgique avec un serrement de cœur, car tout ce qui ressemble à une séparation m'attriste.

L'hôtel de ville de la capitale de l'Artois, dont l'architecture a emprunté quelque chose au style espagnol et mauresque, est surmonté d'une tour qui penche comme celle de Pise : on m'assura qu'elle s'ébranle sous les efforts du vent. Du clocher incliné l'œil peut courir sur un vaste panorama.

En 93, la place de la Comédie de cette ville a été le théâtre de sanglantes exécutions. On voit encore le balcon du haut duquel J. Lebon présidait à des massacres en prenant sa tasse de café.

La maison de Robespierre est située dans une rue voisine de la place. Chaque jour, on l'en voyait sortir avec son dossier sous le bras pour se rendre au palais. Cet homme de rien, ce modeste avocat, fera plus tard décréter la mise en jugement d'un roi martyr ; il ordonnera la sanglante journée de janvier, il mettra le pied sur la royauté et la brisera ; puis il montera lui-même sur l'échafaud qu'il vient de dresser au milieu des débris sanglants d'une monarchie vieille de tant de siècles ! Ce tigre à face humaine avait l'étoffe des grands crimes et des petites actions.

Ces souvenirs de sanglante mémoire me firent jeter un regard rétrospectif sur l'état politique et moral de l'Europe au moment de la révolution française. Qui ne serait effrayé de la disposition générale des esprits à cette époque de destruction ?

La Russie, pauvre de ses steppes inhabités, mais riche de ses quarante millions d'hommes, grandissait sous le sceptre de Catherine, la Sémiramis du Nord, qui avait assis sur le trône ses passions et son génie.

L'Angleterre, représentée par un seul homme, par Pitt, fils de lord Chatam, luttait contre le libéralisme de nos idées, et craignait d'être vaincu par elles. Et tandis que Pitt soutenait d'une main forte le vieil ordre de choses, Fox combattait en tribun pour les droits que la révolution française allait proclamer.

L'Espagne, gouvernée par des rois fanatiques, vrais moines couronnés, frémissait devant les sbires de l'inquisition. Le sceptre de Charles IV passait de ses mains débiles dans celles de son favori.

L'Italie languissait énervée sous la tiare de ses pontifes. La terreur et la volupté s'étaient proclamées les reines de Venise, qui passait des saturnales de l'orgie aux tortures des cachots.

Le Piémont armé veillait derrière les Alpes comme dans un camp retranché.

Gênes, ainsi qu'une flotte démâtée, pleurait sa décadence.

L'Autriche avait forcé les palais de Florence, artiste et guerrière, où jadis régnaient les Médicis comme Périclès régnait dans Athènes.

La Suède, sous son roi chevaleresque Gustave III, eût voulu soutenir le trône monarchique et héréditaire qui s'ébranlait en France.

L'Allemagne, patiente et résignée, marchait d'un pas assez libre dans le sentier à peine frayé des théories nouvelles. Elle conspirait en pensée, et l'ombre du grand Frédéric régnait encore à Berlin, où l'idée philosophique germait dans le sillon qu'il lui avait ouvert.

Goëthe, Schiller, Klopstock jetaient alors leur éloquente parole au monde qui la recueillait.

La Hollande, vaste atelier des novateurs, était le champ d'asile de la tolérance et l'arsenal des idées nouvelles.

Si l'on tourne les yeux vers l'Amérique, on voit Washington et Francklin apparaître sur l'horizon politique comme les deux phares de la liberté.

Ce coup d'œil jeté sur le passé nous conduit à dire que, si l'insurrection choisit la France pour son foyer, l'Europe et le nouveau monde étaient sourdement volcanisés par elle.

De 89 à 92, la révolution française était un fait accompli. La noblesse ayant abdiqué, le peuple avait acquis des droits difficiles à reconquérir. Avec 93, l'échafaud se dresse, des flots de sang rougissent le sol français. Préconiser cette époque de meurtres arbitraires, c'est, comme l'a dit un homme de génie, « dorer la guillotine. » Depuis ces derniers temps, que de plumes se sont salies en faisant l'apologie de cette époque désastreuse, et l'ovation de ces hommes dont l'histoire n'écrira les noms qu'avec des caractères de boue et de sang! Le cri des victimes parle encore trop haut pour être étouffé par les clameurs des hommes de parti, qui, s'ils ressaisissaient le pouvoir, n'auraient peut-être pas oublié les traditions sanglantes de leurs devanciers.

II

A peine arrivée à Arras, je voulus repartir. Mais par la plus fâcheuse de toutes les inspirations, j'imaginai qu'il était utile, pour me rendre en Angleterre, que mon passeport reçût un *visa* de M. le préfet du Pas-de-Calais. Je me rends chez lui, une fois, deux fois... rien. Je ne connais pas de satrape mieux gardé que ce fonctionnaire public, au fond de sa citadelle préfectorale. J'appris, par l'entremise assez discourtoise de ses commis, que mon passeport étant trop vieux de quinze jours, l'autorité locale ne pouvait ni le viser ni m'en donner un nouveau, sans qu'au préalable elle en référât au préfet de police à Paris. On me proposa donc tout simplement de dresser ma tente à Arras pour quelque vingt-quatre heures, ajoutant obligeamment qu'on ne doutait pas que la réponse ne me fût favorable.

Mon orgueil se mit en colère à cette proposition. Et pourtant je trouvais à ces employés de préfecture un maintien de protocoles, un air de capacité bureaucratique qui m'eussent fait sourire en tout autre temps. J'essayai, en désespoir de cause, de viser droit à leur amour-propre : c'était sans doute le seul moyen d'en tirer parti, j'échouai!... Je dus subir la nécessité, cette reine du monde, sans frein, sans règle, sous le sceptre de laquelle tout front doit se courber, et je me tus : trop parler, n'est-ce pas ouvrir sa pensée à tout le monde?

Toutefois mon découragement ne fut pas de longue durée;

je me dis : au lieu d'aller visiter une ville, allons voir un pays ; renonçons à Londres, et partons pour la Hollande.

Une heure après j'atteignais le chemin de fer, et je courais vers Malines.

Revenue à Anvers, je m'embarque sur le bateau à vapeur de Rotterdam. L'Escaut est éclairé des premières lueurs du jour ; un voile mystérieux flotte sur ses ondes transparentes ; à peine si une légère brise en ride la surface, tout est calme et silencieux. A ces heures matinales, les rives sortent verdoyantes du fleuve, et les barques de pêcheurs se balancent comme des mouettes à fleur d'eau. Les poissons argentés sautent à la crête des vagues, la mauve baigne son aile agile dans le flot qui s'enfuit. Peu à peu le soleil dessine son globe de feu ; la lumière jaillit de tous les points de l'horizon, elle illumine le fleuve, et ses rives commencent à se dorer.

De l'Escaut, nous passons dans la Meuse, puis nous rentrons dans l'Escaut pour traverser plusieurs bras de mer. Des chasse-marées passent et repassent ; on eût dit de loin un voilier d'oiseaux, aux ailes blanches.

Les terres bâties sont protégées par des digues, car l'eau ayant son niveau beaucoup au-dessus du sol, le menace de toutes parts.

Le trajet devait être long ; j'entrai en conversation avec quelques passagers. Je rencontrai là un des hommes les plus spirituels de la Hollande ; la tournure satirique de son esprit trouvait à s'exercer ; il parlait comme dessinait Callot. Voltaire disait de Marivaux : « Cet homme sait tous les sentiers du cœur humain, mais il n'en sait pas la grande route. » Il n'en aurait pas dit autant de mon interlocuteur.

il en connaissait toutes les avenues, grandes et petites; seulement il calomniait un peu trop l'amitié. « Combien de temps peut-elle durer? » lui demandai-je. — « Jusqu'à ce qu'on veuille s'en servir, » me répondit-il. — « Mais au fait, repris-je, celui qui prête de l'argent à son ami, n'est-il pas toujours sûr de perdre son ami et son argent? »

Nous avions aussi à bord un autre voyageur né aux Antilles, mais qui depuis dix ans habitait l'Europe; sa taille était svelte et souple, ses cheveux noirs et ondulés, son teint olivâtre et son regard profond ; il accompagnait en Hollande une jeune Indienne, sa parente. La figure pâle et élégiaque de cette enfant, ses regards languissants et paresseux, son sourire rêveur et poétique me frappèrent; ils formaient à eux deux une apparition saisissante, une révélation d'un autre monde.

Tout à coup une forte secousse se fait sentir, le bateau touche le fond et s'engrave dans les sables; on nous assure que nous pouvons rester ainsi un jour et une nuit. Chacun arrive avec son histoire menaçante; mais une autre secousse dans un sens inverse nous permet d'avancer... Que de fois il en est ainsi dans la vie! souvent un accident nous dérange et un autre nous replace. Je plains celui qui attend en vain l'impulsion qui doit le mettre à flots.

Nous marchons!... Que ne suis-je à bord de quelque beau navire en partance pour les Antilles! nous cheminerions vite avec la misaine et les huniers, nous ferions quatre milles à l'heure!... Courage, matelots, le vent nous chasse et nous courons... mais je m'aperçois que le navire qui m'emporte est tout simplement un paquebot hollandais, c'est-à-dire le plus lourdement apathique des bâtiments de cette famille.

III

Debout sur le pont, je voyais des rives nues, et çà et là quelques moulins à vent tournant leurs longs bras qu'un souffle de vent faisait mouvoir. Voici Dorth avec ses maisons de Lilliputiens, de la dimension des jouets d'enfants qui ont l'air de sortir de la boutique d'un tabletier. Ici le fleuve est grand : il semble que cette ville si petite se repose en tremblant sur ses bords.

La Meuse était couverte d'une multitude de barques de pêcheurs ; le vent balançait leurs voiles enflées, la rame fendait le flot, et des myriades de perles se coloraient en retombant sous les rayons irisés du soleil.

IV

Voici Rotterdam !

Quoi de plus pittoresque que les rives de la Meuse, où se dresse une ville et où s'ouvre un large canal encombré de bâtiments aux pavillons de toutes couleurs, naviguant dans le cœur de la cité.

A l'instant où nous touchons terre, le soleil s'abaisse vers le fleuve, dans toute la pompe de son coucher. Je m'arrête à l'hôtel des Pays-Bas ; les murs de ma chambre sont vêtus d'une vieille tapisserie représentant les amours de Roland. Des meubles de Chine sculptés, de forme gothique, ont conservé leur caractère ; je passe à ma fenêtre une partie de la nuit ; les derniers échos du jour s'étaient effacés pour faire place à l'obscurité la plus noire. Comme le fleuve solitaire était triste!... Tout à coup de grands coups de tonnerre éclatent dans la nue, et l'éclair trace au ciel son sillage de feu ; c'est la bombe du feu d'artifice qui luit, disparaît et vous rend la nuit plus épaisse. Soudain l'orage grossit et se rapproche, les arbres de la rive ploient jusqu'à terre, les mâts des vaisseaux dansent sous le vent, et la foudre gronde aux quatre coins du ciel!... Quelle nuit!

Le matin, avec le jour, je parcourais la ville. Le Hollandais vit retranché derrière ses digues, comme l'habitant d'une cité fortifiée vit derrière ses remparts; c'est le castor industrieux qui s'est bâti une maison au milieu des ondes.

Je suis frappée de la physionomie de Rotterdam ; partout des quais, des canaux, des ponts suspendus et de gros navires marchands accourus de toutes les contrées du monde et dormant sur les bassins. Des rangées de tilleuls séculaires ombragent des maisons faites de briques, qui semblent bâties d'hier, tant elles sont propres et neuves.

Je chemine à travers une forêt de mâts et une immensité de canaux; les quais sont encombrés de ballots venus de tous les coins de la terre, car la Hollande échange ses produits avec la Baltique, l'Angleterre, la France, l'Italie, la Turquie et le Levant. Un beau rayon de soleil vient amicalement dorer les quais et les navires; mais quel silence dans les demeures closes à tous les yeux! La vie s'y serait-elle arrêtée?

Voici l'armée des petites laitières portant suspendus à leurs épaules des sceaux remplis de lait; leur physionomie est douce. On dit que ces jeunes filles, un peu trop tôt émancipées, attendent le mariage pour redevenir sages; soit.

Une des vertus nationales est l'irréprochable propreté. C'est aujourd'hui samedi, jour du lavage général des maisons. Qu'on se représente de chaque côté de la rue un bataillon de servantes, faisant jouer de petites pompes dont l'eau jaillit jusqu'au sommet des toits; vous serez trempé par cette averse si vous n'avez pas retenu le proverbe hollandais qui dit : « Le samedi, ne vous engagez pas dans les rues sans un fouet et sans un parapluie. » Le fouet sert à châtier les chiens, qui, ce jour-là, arrivent de tous côtés pour se rendre au marché; le parapluie vous défend contre le déluge des naïades néerlandaises.

J'étais assez tentée de m'attendrir sur le sort des pauvres chiens transformés en bêtes de somme, car en suivant l'échelle canine, je venais de les comparer à nos *kings-Charles*, gâtés comme des enfants de bonne maison; mais je finis par m'apercevoir que si les charrettes étaient attelées d'un chien, elles étaient traînées par des hommes.

Un instant après, je m'arrêtai en vrai badaud devant une troupe de chiens savants et baladins qui paradait sur la place du marché, et je gardai pour ces derniers toutes mes sympathies. Pauvres acteurs que l'on torture sous leur habit de procureur, de marquis ou de Colombine!... On leur fait faire leur tour d'Europe pour leur apprendre peut-être à connaître les hommes. Ils en diraient long si on les questionnait au retour.

En observant de près la race humaine, on pourrait trouver que la race canine a du bon!

A Rotterdam, les coqs et les poules ont le droit de cité. Je viens d'être réveillée par le cri matinal du roi de nos fermes. Tous se promènent dans les rues au milieu de leur harem. En voyant passer les gens affairés, les poules se dressent sur une patte, et picorent à leurs pieds.

V

J'arrivais en Hollande avec une assez singulière idée, c'est qu'il me faudrait entrer dans les maisons avec des babouches aux pieds, ni plus ni moins qu'un mandarin chinois, et me priver même d'éternuer si le besoin s'en faisait sentir, et cela, tant j'étais imbue que l'excessive propreté était le trait le plus saillant des mœurs indigènes.

Je m'étais exagérée cette propreté, je dois en convenir. Par une double bizarrerie, dans ce pays, où l'on s'escrime à frotter les meubles et les murailles, les habitants m'ont semblé, pour eux-mêmes, fort avares d'ablution. Exemple : Je demandai en arrivant l'adresse d'un établissement de bains le plus voisin de mon hôtel. J'appris qu'il n'y en avait qu'un dans la ville, qui fermerait si les étrangers ne le visitaient pas. Ceci mérite réflexion.

J'entre dans le temple protestant; ses voûtes abritent plusieurs tombes de généraux et d'officiers hollandais, morts en combattant. Je m'arrête devant les cénotaphes des amiraux Witt et Brakel. Les honneurs du temple me sont faits par un sacristain petit, bossu, rachitique, dont les jambes étaient taillées en vis de pressoir. Tout en marchant devant nous, il psalmodiait le *De profundis* d'un air assez agréable. C'est sans doute, me disais-je, une fort belle âme dans un pauvre étui; qui sait? et soudain je regardai le Quasimodo hollandais avec intérêt et compassion. Je lis sur une maison l'inscription suivante : « *Hæc est parva domus magnus quæ natus Erasmus.* » La Hollande a élevé à Érasme une statue placée aujourd'hui au milieu de la halle aux poissons. Érasme osa penser, et qui plus est, penser haut au beau milieu du quinzième siècle : quel anachronisme!

Bayle, exilé de France, vint terminer sa vie à Rotterdam. Dans ses murs ont vécu ce roi du doute et Érasme, Voltaire Ier, qui a fait avec une si haute raison l'éloge de la folie.

Mais en réunissant toutes les découvertes faites par l'esprit humain, on dit encore : Pauvre science, qui constate les faits, tandis que les causes lui échappent. Si elle vous dit le comment, ne lui demandez jamais le pourquoi.

La Hollande était depuis des siècles le sol classique des idées indépendantes, et tandis que ses digues la défendaient contre l'Océan, elle opposait d'une main ferme une vive résistance aux abus de l'ignorance et du pouvoir. Chez elle la presse émettait les principes les plus avancés. Voltaire, J.-J. Rousseau, Helvétius, Diderot et Mirabeau lui-même, étaient venus s'abriter sur le terrain neutre où germait la pensée et où les hardiesses de la science jouissaient d'une précieuse inviolabilité.

VI

Je vois ces mots tracés sur le mur en lettres majuscules : *Musée de Modes*, seule enseigne écrite en français. Au milieu de nos désastres, nous gardons toujours une royauté, celle du goût. J'entre dans un navire transformé en boutique, je lis sur l'avant : *Magasins de poteries, faïences, etc.;* les acheteurs ont le droit de monter à bord. Ici les canaux profonds peuvent porter les plus lourds vaisseaux, les eaux de la Meuse y circulent librement, et sont renouvelées deux fois dans les vingt-quatre heures par le flux et le reflux.

Les rues sont solitaires, les maisons muettes. Les femmes de ce pays ont un avantage bien rare par le temps qui court, et qui leur assure une supériorité incontestée sur celles des autres nations, c'est qu'elles ne jouent d'aucun instrument. Je voudrais que chez nous cette sobriété devînt à la mode : le *pianotage* est une des calamités de l'époque.

Les maisons sont fermées et les fenêtres closes par des rideaux ou des stores ; l'*espion* qui, suspendu en dehors de la croisée, regarde et reproduit chaque côté de la rue, me rappelle que derrière lui veille, attentive, la maîtresse de céans. Sentinelle avancée, l'*espion* nous serait d'un grand secours à Paris si nous avions le temps de le consulter ; on y éviterait les importuns, et notre porte ne s'ouvrirait qu'à l'amitié ou à l'esprit. Grâce à cette invention toute féminine, les Hollandaises ne voient pas s'ouvrir brusquement la porte de leurs parloirs, et leurs maris mêmes ne risquent jamais d'arriver d'une manière inopportune.

Aussi don Juan et Othello, Figaro et Almaviva, Gil Blas et Werther, tous ces types de l'amour et de la ruse, de la jalousie et du désespoir, ne seraient jamais bien compris par un peuple qui a arrangé sa vie pour que la surprise n'y trouvât pas de place ; à Rotterdam, Werther serait devenu un bourgmestre honorable, et Othello eût été élu président du club de l'amitié.

Les enfants de ces femmes, dont la vie semble n'être traversée par aucune fièvre passionnée, ont presque tous le teint blafard, les traits aplatis, la taille ramassée ; à huit ans, on les voit s'armer de longues pipes et fumer à l'instar de leurs pères. En général, ils ne donnent pas l'espoir d'une régénération prochaine dans la manière d'être physique de la race hollandaise.

A Rotterdam, point de curieux; mais des gens affairés qui marchent et ne parlent pas. Une chaîne de fer défend chaque maison de l'approche des passants; c'est presque un cordon sanitaire tendu contre l'invasion des étrangers.

Je rentre à l'hôtel : c'est l'heure de déjeuner, déjà l'eau bouillante siffle dans la théière flanquée de tartines et de bœuf fumé. Trois personnages ont pris place à la table où je vais m'asseoir; ils mangent sans rien dire, et leur silence obstiné vient confirmer mes observations sur le mutisme hollandais. Ils parlent enfin, et ce sont trois Français! Que de remarques sont faites et écrites avec la même sagacité par ceux qui nous racontent leurs voyages! L'un vous dira que les bossus abondent dans une ville, parce que le premier homme qu'il aura rencontré était taillé à la manière d'Ésope; l'autre, que dans telle contrée toutes les femmes sont rousses, parce que la fille d'auberge qui l'aura servi avait les cheveux de cette couleur. Honneur à celui qui ne décrit qu'après avoir vu et bien vu!...

VII

Si les siècles ont altéré les types des nations diverses, convenons que la Hollande a conservé sa physionomie originelle; c'est toujours la même race d'hommes sages et réfléchis, qui opposent aux éléments leur patience et leur force, et qui ont hérité des vertus graves et des qualités sérieuses de leurs pères. Je défie que l'on puisse confondre un Hollandais avec un Français, un Anglais, un Espagnol : ce peuple n'emprunte qu'à lui-même. Il se croit une supériorité incontestable sur les autres peuples, et de là, peut-être, son défaut de sociabilité. Il est sage dans son épaisse et humide athmosphère, et il y a entre cette nation et les autres une barrière qui ne s'abaissera jamais.

Sa lutte contre la mer est incessante; ses remparts sont solides, ses sentinelles toujours à leur poste. Au moindre danger qui s'annonce, n'importe dans quel coin du territoire, le tocsin sonne, les populations accourent armées de fascines et de pioches ; le rempart qui faiblit est calfaté comme un navire, ou bien encore on construit derrière lui une nouvelle digue.

Dans l'intérieur des terres, le Hollandais façonne, creuse, dessèche, et refait ce que Dieu lui a donné informe; son labeur est opiniâtre, sa volonté immuable.

On raconte que Napoléon, entrant en maître dans une place de la Hollande, dit : « Vous avez bien fait de vous rendre; j'aurais mis là une batterie et je vous aurais foudroyés. » Le général auquel il s'adressait, le pria de venir avec lui sur le lieu même où il aurait placé cette batterie meurtrière. Il enfonça devant lui une perche dans le sol et lui dit : « Sire, voilà le terrain auquel Votre Majesté voulait faire porter le canon. » Et c'est à ce sol mouvant que le génie hollandais a fait porter des palais et des villes!...

Le Hollandais loue tout ce qu'il trouve chez lui, et blâme tout ce qu'il rencontre ailleurs. Nous autres Français, peuple essentiellement cosmopolite, nous imitons volontiers nos voisins. Depuis 89, les usages anglais règnent chez nous ; on a vu revivre leurs institutions dans l'assemblée constituante comme dans la charte de 1814. Le Hollandais, tout au contraire, est resté le même ; on dirait presque que chez lui la loi du progrès n'est pas destinée à recevoir son application.

Pour compléter ma pensée, je dirai que le Hollandais est le Chinois d'Europe. L'immobilité de ses idées est pour lui comme la grande muraille qui le sépare du reste du monde. Patient et industrieux, il a le génie des affaires ; dans la vie intime, ses distractions sont souvent peu intellectuelles : fumer, boire, manger, dormir, cultiver ses fleurs et négliger sa femme, tel est, du moins pour la généralité, l'emploi de la vie.

Si le Chinois a l'opium pour s'enivrer, le Hollandais a le café noir dont il fait un usage immodéré. Je ne pousserai pas la comparaison plus loin, ne voulant pas ajouter que la personnification vivante du magot de la Chine, que je n'avais vu jusqu'ici que sur les cheminées, peut se rencontrer, m'a-t-on dit, chez plus d'un bourgeois de Bréda ou de Rotterdam, qui, de temps immémorial, après avoir additionné son gain de la journée, ne sait rentrer chez lui que pour boire, fumer et quereller sa paisible moitié.

VIII

La Hollande semble avoir été destinée à la dépendance ; on dirait que le sort l'a faite pour être soumise. Elle fut longtemps le théâtre de l'invasion étrangère. Des dissensions politiques et religieuses y ont éclaté dans tous les siècles, et la guerre a longtemps remué ses entrailles de fond en comble. La Hollande a tour à tour recueilli dans son sein : catholiques, juifs et protestants, et pourtant, disons-le, elle est restée ferme dans ses mœurs comme dans ses croyances.

Envahie par les Germains, les Romains et les Francs, elle ploie sous le sceptre de Charlemagne, et, plus tard, déchirée par des divisions intestines, la Frise et la Gueldre subissent les effets des longs désordres entretenus par leurs propres enfants. Les comtes de Flandre profitent de ces conflits, et les ducs de Bourgogne finissent par se déclarer maîtres des Pays-Bas. La guerre civile ouvre la porte à l'étranger en 1548; ce pays devient alors un des plus riches fleurons de la couronne de Charles-Quint. Trente ans après, Guillaume le Taciturne brise le joug espagnol, et la Hollande s'érige en république.

Alors se lève pour cette contrée une ère de grandeur et de puissance; ses armateurs, ses marchands sont les rois de la terre. Plus tard, Louis XIV lui donna des lois, et finit par en recevoir d'elle. Pendant la révolution française, Pichegru montre à l'Europe étonnée le spectacle d'une flotte capturée par des régiments de cavalerie. Ces gros vaisseaux semblaient défier toute attaque sur les glaces où ils reposaient; mais que ne peut l'audace de nos soldats? Les hussards de Pichegru s'élancent sur cet abîme à peine fermé; ils arrivent à fond de train, tout près des navires, qui leur envoient des bordées de mitraille, puis, quand ils touchent aux bastingages : « Debout sur les selles, crie le commandant; escaladez les échelles, » et tous sont bientôt à bord et sabrent les canonniers sur leurs pièces.

Si la Hollande a passé sous le sceptre de bien des nations, disons qu'elle est restée reine derrière ses digues.

Elle lutte contre la nature, et elle a le dessus. Le Hollandais habite une terre située au-dessous du niveau de l'Océan; le sol mouvant dont il a fait la terre ferme est une œuvre de patience et d'industrie. Constamment en guerre avec les fleuves et la mer, ses milliers de canaux lui servent à opposer une résistance incessante aux eaux qui le menacent. Posé en sentinelle vigilante derrière ses remparts artificiels, si l'inondation apparaît, c'est un ennemi qu'il combat, pied à pied, et qu'il repousse de ses grasses prairies.

Dans les campagnes quelques maisons portent sur leur seuil des inscriptions qui font honneur à l'imagination de leurs hôtes. Souvent Horace, Martial et Juvénal sont pris à partie par les négociants hollandais, qui peut-être voudraient nous faire croire qu'il sont les héritiers en droite ligne de leur compatriote Érasme, mais ces programmes sont comme tant d'autres assez menteurs. Que trouve-t-on derrière des annonces comme celle-ci : « Entre, voyageur, viens te reposer à l'abri de mon foyer, nous boirons le nectar, et nous composerons des vers en l'honneur de l'amitié. » Qui donc voudrait être forcé de goûter à l'ambroisie offerte et d'entendre les poésies promises?

IX

Un soir, par un beau clair de lune, je cheminais lentement dans une barque paresseuse tout le long du canal d'Under-Straat. Un mot latin *scelus* (crime) que j'aperçus inscrit en gros caractères au-dessus de la principale croisée d'une haute maison blanche, appela mon attention. Le propriétaire de cette demeure ne nous faisait pas comme ses collègues des offres de service. *Crime!* c'est-à-dire n'entrez pas, fuyez... Ici on dévalise, ici on tue!... L'appel était peu engageant...

La batelière qui me conduisait s'aperçut de la direction que mes yeux avaient prise, et, d'une voix lente et gutturale, elle s'écria : « Cette maison est la maison du crime; blanche en dehors, mais bien rouge en dedans. » Et elle se tut après avoir fait le signe de la croix. Puis la barque, glissant dans le chemin que lui ouvrait la rame, laissa après elle un large sillon d'argent. Je questionnai la batelière; elle prétendit que le maître de la maison avait empoisonné les trois femmes qu'il avait successivement épousées, et que toutes ces victimes avaient péri à l'heure de minuit. Cette Barbe-Bleue hollandaise, que je m'imaginais voir sous un rayon de la lune à l'une des croisées de sa demeure maudite, me fit trembler!... Et, par une singulière coïncidence, à l'instant même où nous passions devant la maison mortuaire, minuit sonna lentement à toutes les horloges de la ville. Tout à coup la barque s'arrête : saisie d'épouvante, la vieille batelière laisse tomber sa rame, et, s'agenouillant, elle dit : « Priez avec moi pour les trépassées. » *De profundis clamavi ad te, Domine!* Un frisson involontaire me courut de la tête aux pieds. Le mot *scelus,* écrit sur la façade blanche de cette maison fatale, apparut à mes yeux tracé en lettres de sang! J'eus peur, et je ne respirai librement que lorsque ma barque m'eut ramenée au logis.

X

Le lendemain je quitte Rotterdam pour me rendre à La Haye. Dans le trajet, point de collines, une plaine nue, humide, interminable. Les cavales paissent dans les prairies, les grenouilles coassent dans les marais, et les vaches ruminent doucement à l'ombre. Nous marchons sur des routes faites de briques posées en champ. Çà et là, au bord du chemin, des maisons, véritables *cottages*, portent en grosses lettres ces mots : « Mon repos, mon plaisir. » C'est là que la famille hollandaise vient jouir de la vie rustique. Quelques passants cheminent à pas comptés sur la route. Le Hollandais est aussi économe de ses gestes et de ses paroles qu'il l'est de son argent.

Partout des horizons aplanis, des océans de verdure, des marécages bleuâtres qui se déploient dans leur indigente nudité. Qui ne serait triste dans cette profonde vallée que la Meuse et le Rhin enserrent de leurs longs bras humides et que la mer presse dans sa vaste ceinture? Où est le Tyrol et ses hautes montagnes? ses fleuves bondissants, ses rochers qui percent la nue, ses vallées ombreuses et son peuple héroïque?... Ici une plaine d'une teinte uniforme, un ciel brumeux, des éternels canaux, une population taciturne.

Pourtant nous apercevons de loin en loin des métairies coquettes et parées, avec leurs charmilles taillées, qui plaisent à l'œil, et çà et là quelques clochers épars qui sortent des massifs de verdure. Puis bientôt on retrouve encore des troupeaux qui paissent d'un air méditatif, des pacages humides, de l'eau, de l'eau, toujours de l'eau. Elle divise les habitations, croupit dans les fossés et s'écoule partout du sol bourbeux.

Les chevaux s'arrêtent, je descends dans une jolie métairie. Un rosier grimpant court le long de la façade et en couronne le porche. Le gracieux *cottage* est jeté au milieu d'un verger symétriquement planté où le noyer mêle son noir feuillage aux bourgeons argentés des saules qui longent le canal; le liseron jette sa clochette azurée dans les roses pâles des haies, et le lierre et la pervenche tapissent la terre humide. Dans la maison peinte et reluisante de propreté, les jeunes filles font un peu de bruit sans gaieté; les enfants marchent d'un air doctoral comme de vrais sénateurs de l'ancienne Rome; puis, sur un tapis vert d'une herbe courte et fine, des vaches, de grasses génisses ruminent gravement : c'est un tableau d'Hobéma ou de Paul Potter; c'est la Hollande fraîche, émaillée, plantureuse!...

Nous suivons toujours la grande route élevée en chaussée qui se déroule devant nous comme un long ruban gris entre deux plaines basses et marécageuses.

CHAPITRE DIXIÈME

I

Nous voici à La Haye.

Je descends à l'hôtel Bellevue, et de ma fenêtre je vois le parc où les cerfs et les daims prennent leurs ébats. Mon hôte m'apprend que j'ai l'honneur de succéder à la reine douairière d'Angleterre, qui venait de quitter la chambre dans laquelle j'entrais fort modestement.

La Haye est la ville la plus française de la Hollande. C'est la seule qui subisse un peu notre influence; elle se vante de posséder un théâtre, un journal et des salons français.

En attendant que notre esprit ait pénétré en Hollande et qu'on lui ait ouvert les deux battants des salons indigènes, ils ont pris d'avance quelque chose à notre élégance; mais la causerie, ce fil brisé qui chez nous se relie par tous les bouts, n'est pas encore tissé en Hollande. Toutefois, je dois le dire, je me suis plutôt attachée à peindre les usages et les mœurs du peuple qu'à décrire les habitudes de la classe élevée que j'ai à peine vue, justement à cause de la rapidité de mon voyage.

La Haye cache ses édifices sous l'ombre des arbres séculaires; c'est un jardin vert et souriant. Le palais du roi, qui fut habité par Louis Bonaparte pendant son règne de courte durée, n'a rien de remarquable à l'extérieur. C'est un parallélogramme irrégulier donnant sur la rue de Norvinde.

Dans l'enceinte de l'ancien palais des comtes de Hollande, nommé aujourd'hui Reinenhof, se trouve une vieille église. Ce fut devant ses murs que le sage et vénérable Oldin Barneveldt eut la tête tranchée en 1619. Et le prince Maurice de Saxe, comme son devancier le duc d'Albe, était là, caché derrière une fenêtre de la place et assistant à la sanglante exécution.

Barneveldt avait été emprisonné avec le célèbre Grotius dans les cachots de Gewanzeport, où furent également détenus les deux frères de Witt, qui n'en sortirent que pour marcher à l'échafaud. Chaque histoire a ses pages tachées de sang, qui sont restées les annales du patriotisme.

C'est bien ici le sol classique de la tolérance : à côté du temple bâti par les chrétiens de toutes les communions, le juif a construit sa synagogue. Il y a tant de sectes diverses dans ce pays, qu'on pourrait presque dire que la foi y est individuelle.

Les rues de La Haye, comme celle de Rotterdam, sont entrecoupées de canaux et bordées de tilleuls. Les maisons, quoique plus élégantes, sont aussi prisonnières dans leurs chaînes de fer. Partout, à l'extérieur, un ordre parfait, une propreté rigoureuse ; mais toujours le même mutisme. Je cherche en vain chez les marchands de gravures : la caricature, cette satire en plein vent qui se rit de l'humanité, ici est absente. Cette nation prend la vie au sérieux, et dès lors son côté plaisant lui échappe.

Les Hollandais, à la campagne comme à la ville, aiment à vivre en famille et avec un petit nombre d'amis. Leur existence est close et se mure pour les indifférents. On se donne annuellement quelques grandes fêtes où les riches étalent des magnificences entassées depuis plusieurs siècles. Ainsi que je l'ai dit, je ne parlerai point des mœurs de la haute société, parce qu'elles sont les mêmes dans toutes les capitales de l'Europe. La mode et l'usage les règlent, et si vous allez de Vienne à Pétersbourg, de La Haye à Madrid, vous trouverez parmi les gens d'élite le même esprit et les mêmes habitudes à peu de nuances près. Dans tous les pays, la bourgeoisie conserve des coutumes plus tranchées et le peuple garde son originalité.

Ici, dans les classes riches et bourgeoises, on retrouve encore les repas classiques et les estomacs capables de les digérer. Bonne et facile vie qui chemine doucement dans l'ornière de la tradition entre les parties de dominos et les offices du dimanche ; à l'heure du couvre-feu, les lumières s'éteignent, les yeux se ferment, mais il n'est pas constaté que les esprits attendent ce signal pour s'endormir.

Le Hollandais n'aime ni à rire ni à parler, et la visite d'un étranger le dérange ; froid et taciturne lorsqu'il ne connaît pas, il met la même réserve dans les relations sociales que dans les affaires, et chez lui la classe bourgeoise fume, boit, engraisse et s'en trouve bien.

II

Je me rends au palais du roi; la statue équestre de Guillaume le Taciturne nous reçoit à la porte. Ici, que de chefs-d'œuvre!... Raphaël, Titien, Tintoret, Miéris, Holbein, P. Potter, Ruisdaël, Van Dick, Rubens, Claude Lorrain, Murillo, se disputent l'admiration! C'est à peine si l'on peut citer les noms; n'énumérons pas les œuvres.

Nous ne nous attendions pas, en visitant ce musée, que le vent de la destruction soufflerait si tôt sur le sanctuaire. Plaignons les rois qui se croient obligés de battre monnaie en vendant leurs chefs-d'œuvre... Ici que dirait l'ombre de Louis XIV?

On rencontrait dans le musée de La Haye quelques tableaux signés par des artistes contemporains, indigènes et étrangers, et nous les voyions placés sous les toiles des grands maîtres. N'est-il pas permis de penser que ceux-là faisaient preuve d'un grand orgueil ou d'une rare humilité?

Près de La Haye, au bout d'une belle allée resserrée entre deux collines, j'aperçois le Zorgeht, c'est-à-dire Sans-Souci, joli *cottage* construit par Katz, l'Horace des Hollandais.

Le Palais-au-Bois, maison de plaisance du roi, fut aussi la résidence de L. Bonaparte; la salle de bal est un chef-d'œuvre de peinture. Notre *cicerone*, beau parleur, nous conta qu'il y a longues années madame de Genlis joua ici, devant une noble assemblée, le rôle de Zaïre, alors que le stathouder remplissait celui d'Orosmane.

Le bel esprit, à cette époque, était fort de mode, et la nièce de madame de Montesson se crut le droit d'ambitionner tous les genres de célébrité et de se mesurer avec toutes les gloires. Elle combattit Voltaire et Rousseau, et une fois descendue dans l'arène, elle rompit en visière avec tout le parti philosophique; elle frappa rude, mais rarement à coup sûr. Son bagage littéraire a un triste mérite, celui d'être des plus volumineux; elle puise à pleine écritoire, jase au lieu de parler, compile au lieu de créer, et ses *rabâcheries* composent la moitié de ses volumes.

N'a-t-elle pas aussi devancé les compositions ambitieuses de Berlioz, et essayé de faire des poëmes avec des notes?... Elle tenta, dit on, de mettre en musique sur la harpe la *découverte du quinquina!...* L'idée a son côté plaisant.

Dans ce temps-là, une autre femme se révélait, madame de Staël; sous sa plume, la pensée, vaste et profonde, empruntait à la passion toute son énergie. Tour à tour sublime et pathétique, avec elle la langue grandit, et elle justifie parfois le néologisme. Esprit créateur et plein d'observation, il n'y a pas d'homme qui ne dût tenir à honneur de signer la plupart de ses œuvres.

Si madame de La Fayette a fait preuve d'une étude sérieuse de l'humanité, si l'esprit de madame de Sévigné a passé par son cœur, si de la plume de madame Deshoulières sont tombées de gracieuses bucoliques, si madame Dacier, dans ses pages, nous révèle une science profonde, toutes ont été distancées par madame de Staël, par la femme qui n'écrivait que sous la dictée de son génie; car, elle seule, sait le cœur humain comme le savaient Richardson et Rousseau.

III

Je rentrai à l'hôtel ; ce jour-là j'avais deux convives étrangers à dîner.

L'un d'eux me confia deux traits caractéristiques de ce pays qui méritent d'être rapportés.

« Un brave Hollandais, me dit-il, me convie à dîner ; au premier service, tout se passe dans l'ordre, mais on n'a pas plutôt apporté le second, que le domestique accourt essoufflé et dit : « Monsieur, voici l'inondation !... » Celui-ci répond : « Remets les bouchons aux bouteilles et porte la table au premier étage. » Ce qui fut dit fut fait ; la table est enlevée, le dîner monte l'escalier et reprend ses franches allures. Au moment où l'on servait le dessert, cinq pieds d'eau s'étaient amassés dans la pièce qu'on venait de quitter. »

L'inondation est une des visiteuses les plus assidues de ce pays.

« Une autre fois, reprit le conteur, je me trouve dans la diligence qui conduit de Bréda à Utrecht ; elle se compose de dix Hollandais et d'un Français. Les chevaux ne sont pas plutôt partis que les voyageurs se mettent à fumer, en tenant les glaces hermétiquement fermées. Le malheureux Français veut en baisser une, elle est aussitôt relevée ; après avoir répété cette manœuvre conservatrice deux fois de suite, le pauvre enfumé ne trouve rien de mieux, pour obtenir un peu d'air pur, que de briser une glace avec son coude comme par accident. Cette scène se passe sans que le silence soit interrompu ; le premier voyageur qui descend de voiture salue ses compagnons de route et leur dit : « Messieurs, je vous remercie de m'avoir fait jouir de votre agréable société. »

Mon second convive appartenait à l'une des académies indigènes; il se présentait comme un grave penseur, un savant universel, mais son esprit sentait le pillage. Chaque mot arrivait sur ses lèvres, escorté d'une sentence que quelque auteur mort ou vivant aurait toujours eu le droit de réclamer. Si je n'eusse pas été dans un de mes quarts d'heure d'excessive courtoisie, j'eusse pu faire comme Piron écoutant la *Sémiramis* de Voltaire : le satirique s'inclinait chaque fois qu'il trouvait au milieu d'une tirade des vers de Corneille ou de Racine. Voltaire, impatienté, lui demanda raison de ses révérences : « Allez toujours, monsieur, lui dit Piron; ne faites pas attention, j'ai l'habitude de saluer les gens de ma connaissance. »

IV

Une délicieuse allée de vieux ormes conduit de La Haye à Scheveningen, hameau plus ancien que cette ville. Les Stuarts l'ont visité victorieux ou fugitifs; c'est en 1673 que l'amiral Ruyter battit trois fois, en vue de ce petit port, les flottes combinées de France et d'Angleterre.

Ici la mer! cette grande mer du Nord, mélancolique et sombre; à cette heure elle étincelait de lumière; ses lames dorées se brisaient sur le sable chatoyant, et je suivais du regard les rides de l'eau dont l'écume argentait le galet; le goëland cendré traversait la vague, et le soleil se balançait à l'horizon sur un nuage empourpré.

Près de la plage une petite flotte est à l'ancre; les reflets d'or du soleil se jouent le long des mâts et à travers les voiles, c'est à peine si un vent tiède caresse la crête des vagues et berce les navires.

La mer est faite pour l'homme libre : « *Made for the free.* »

Je cause volontiers avec les matelots; il semble que l'habitude de la mer agrandit les idées de ces hommes incultes, et imprime une mâle énergie à leur caractère. Le pêcheur qui court à travers les dangers pour saisir une proie incertaine ne compte la vie que pour ce qu'elle vaut. Pour lui, la lutte est incessante, et il y a bataille tous les jours d'hiver. Quelle leçon pour l'humanité que son suprême dédain de la vie et surtout de la mort!

Assise sur la grève, les heures courent, et je ne peux m'arracher à ce grand spectacle; la mer entasse les vagues qui se perdent dans son immensité; elle cache au fond de son lit les perles orientées, les racines de l'algue, les coquilles de pourpre et les restes humains; elle, l'avare, ne rend pas ce qu'on lui a laissé prendre!

Le clocher de Scheveningen se dresse au-dessus des maisons de pêcheurs comme une vigie de sauvetage.

Après ce petit port, une longue suite de dunes plates, arides, avec leurs frêles cabanes; ici des pêcheurs courageux et dénués s'entourent d'une nichée d'enfants, et l'on n'entend que le cri de la vague et la plainte de l'homme!

V

Il y a deux siècles, une flotte part de la côte du Helder; un négociant hollandais, Cornélius Hautmann, longtemps prisonnier à Lisbonne, apprend des Portugais le chemin de l'Inde. Des négociants d'Amsterdam achètent à prix d'or sa liberté; Hautmann revoit la terre natale, et, aidé de ses compatriotes, il fait équiper quatre navires. Dès que le vent enfle les voiles, il lève l'ancre et part.

C'est le 2 avril 1595 qu'il quitte le port; il a bientôt doublé le cap de Bonne-Espérance, relâché à Madagascar, et il arrive enfin à Java. Il s'y présente avec le titre d'amiral, et signe un traité d'alliance entre les deux pays. Hautmann lutte contre le climat, surmonte tous les obstacles suscités par les Portugais, et, le 14 août 1597, ramène en triomphe ses quatre navires sur la côte hollandaise. Une seconde expédition est bientôt résolue; Hautmann partira avec une flotte plus nombreuse; cette fois il ira à Madagascar et à Sumatra. Il aborde sur ces deux points, et il est fait prisonnier. La flotte met à la voile, retourne sans lui en Hollande; mais lorsqu'il ressaisira la liberté, ce sera pour l'échanger contre la mort.

Poursuivre le brillant exemple que Hautmann laisse après lui, tous les armateurs hollandais tiennent à honneur de faire leur croisade aux Indes; des comptoirs s'ouvrent à Amsterdam, et, en 1602, une seule et même société s'organise sous le nom de Compagnie des Indes orientales. Elle établit à Java son premier comptoir. L'amiral Warwick prend le commandement d'une flotte imposante. Cette fois, les Hollandais ont à combattre les Anglais, les Portugais, les Espagnols. Après les avoir successivement vaincus, ils poursuivent les navires de ces trois puissances jusque dans la rade de Batavia.

La société grandit et se fonde, malgré les luttes acharnées

qui ont ensanglanté ses débuts; le nouveau monde est pour la Hollande le Pactole qui lui verse des flots d'or. Les flottes de Philippe II tremblent devant celles des Hollandais, toujours victorieux; ils s'emparent des îles Moluques et de Ceylan, et marchent vers la Chine. En peu d'années, Batavia devient une belle et puissante cité. Les princes de Java accourent vers cette ville, à la tête de leur armée; ils en font le siége et sont violemment repoussés.

Bien que la société hollandaise ait fondé un comptoir à Java, elle n'y possédait point de terres. Plus tard, elle parvient à bâtir des magasins et des forteresses; puis, quelques années après, investie de la souveraineté du pays, elle forme des troupes aguerries, attire dans ses rangs les princes de Java, naguère ses ennemis, et s'en sert comme d'intermédiaires entre elle et le peuple.

Cette société, jadis si florissante, dont la fortune et les immenses produits avaient atteint leur apogée, dut subir une décadence; pourtant elle subsista jusqu'en 1808, époque à laquelle elle fut dissoute. C'est alors que le gouvernement hollandais prit la direction de ses colonies et rendit aux habitants de Java la liberté du commerce. Batavia devint le siége du gouvernement ; le général Dundel opéra de grandes réformes, et après lui, sous le général James, les Anglais s'emparèrent de ces colonies. Les traités de 1814 restituèrent à la Hollande ses possessions dans l'Inde. Aujourd'hui Java est un immense jardin, riche, plantureux, et Batavia réunit les habitudes européennes au luxe de l'Orient.

La politique de la Hollande est toute commerciale ; il semble qu'au milieu des événements qui révolutionnent l'Europe depuis plus d'un demi-siècle, elle est appelée à rester neutre, et que les questions qui s'agitent de toutes parts doivent se décider sans son concours. Sa grande plaie, c'est sa dette publique, qui s'élève à près de deux milliards.

VI

Est-il prouvé que l'étendue des possessions coloniales fait la prospérité de la mère-patrie ? Voyons l'Angleterre. Avec les siècles, elle s'empare de Surinam, de Ceylan, de Tabago, de Malte, de Corfou, etc.; elle s'établit à Lisbonne, et fonde dans l'Inde sa tyrannie commerciale à côté de la domination hollandaise. A force de menées, elle détruit les établissements espagnols dans l'Amérique méridionale. Depuis le seizième siècle, cette puissance soutient des guerres meurtrières et ruineuses sur tout le globe, et ses conquêtes de géants franchissent toutes les barrières ; c'est un torrent qui n'a pas rencontré de digues. Aujourd'hui ses comptoirs s'ouvrent dans tous les climats, son drapeau est planté sur toutes les grèves et au cœur des hordes les plus sauvages. Porte-t-elle la civilisation au sein des contrées qu'elle soumet ? Non. Elle ne songe qu'à se créer des débouchés pour ses produits : que lui faut-il ? des matières premières à manufacturer et des consommateurs à servir. Mais elle est inquiétée par le développement même de ses colonies ; deux plaies encore la rongent au cœur : l'Irlande et sa dette flottante.

VII

Si nous jetons encore un regard rétrospectif sur l'histoire maritime de la Hollande, nous verrons que son peuple s'est aussi frayé un passage dans les mers du Nord. Barenz traverse la mer Blanche ; il franchit les glaces qui s'étaient entr'ouvertes pour le laisser passer avec sa flotte, et qui bientôt se refermaient derrière lui. D'autres navires abordent au cap Nord et tentent dans ces parages des expéditions qui sont restées infructueuses. Il faut lire les récits dramatiques de Gérard de Ver : on frémit devant les angoisses morales et les douleurs physiques qu'il eut à supporter ; nul drame n'est plus saisissant. Sa petite flotte est prise entre des forteresses de glaces, elle reste là, immobile, sans eau, sans vivres ; puis elle peut enfin toucher terre, et l'équipage se construit de misérables cabanes dans les contrées boréales de la Nouvelle-Zemble. La terre, la mer gèlent tout à la fois; l'un des mousses vient à expirer et le sol ne peut pas s'entr'ouvrir pour recevoir sa dépouille mortelle.

Bientôt les neiges qui s'amoncèlent ferment l'entrée de la hutte, seul abri de la petite colonie; le soleil se voile, une nuit profonde enveloppe la nature; on n'entend plus que le craquement du navire, le cri du vent et le rugissement des ours et des panthères. Les malheureux avaient essuyé les tempêtes, ils avaient vu leurs voiles flotter au vent, leurs mâts se rompre, leur navire faire eau de toutes parts; eh bien, cette lutte surhumaine, cette suprême agonie n'étaient rien devant le silence terrible au milieu des ténèbres d'une nuit qui semblait devoir se faire éternelle!...

Au milieu des horreurs de cet exil, les pauvres naufragés célébraient la fête naïve des Rois, et ils portaient un toast à leur pays qu'ils espéraient revoir. Enfin la clarté reparaît; ils radoubent leur navire, et si le ciel le permet, ils mettront bientôt à la voile. Le vent se lève; ils partent et passent le détroit de Davis et le Groënland. C'est au moment où Barenz espère revoir sa terre natale qu'il succombe; il meurt, et pas une plainte ne trouble sa dernière heure; il rend son âme à Dieu, forte comme il l'a reçue de Dieu!...

Enfin, après deux mois de périls et de fatigues inouïs, l'équipage touche Kildoin; les marins se rendent à Kolo, où les Lapons les reçoivent, et la première pêche à la baleine faite par les Hollandais date de 1612. Tous les périls, toutes les angoisses ne sont plus que de vagues souvenirs; le marin n'a pas de mémoire, il oublie ses souffrances comme il oublie Dieu lui-même dans les jours de calme. Pour lui, les grandes clameurs de la prière ne vibrent que lorsque la foudre éclate; la dévotion du matelot est aussi inconstante que les vents.

Mais ces héroïques expéditions n'ont laissé aucun vestige. Qui sait si l'on rencontrerait aujourd'hui sur ces rives abandonnées un pauvre cercueil brisé par les ours blancs et une croix sans nom et sans date? Le temps efface toutes les épitaphes. Que recueillerait-on sur ces mers inconnues?... le mugissement des vents, le cri de l'oiseau solitaire; on trouverait des glaces flottantes, quelques phoques dormant sur leurs débris, et l'abîme sans fond qui n'appartient qu'à Dieu!...

VIII

Je me reconnais bien un peu entachée de poésie, et je m'en vais, maraudant dans les haies et les bruyères, ou sur le sable des grèves, pour en ramasser quelques bribes aux facettes chatoyantes : donc après l'histoire, recueillons la fable.

Nous dirons que le matelot hollandais est rêveur et crédule par nature; dans le Helder surtout, il croit aux puissances mystérieuses d'un autre monde. Qui ne connaît, parmi les légendes naïves, celle du *Voltigeur hollandais*, monté par le patron Luzern? Ce vaisseau de guerre, sans mâts, sans gouvernail, forme une masse si imposante que les jeunes matelots la prennent de loin pour un écueil. Il navigue sans boussole contre vent et marée; la vague intimidée se ploie sous son poids avec crainte et le porte en tremblant. A bord, des hommes cadavéreux, vrais squelettes humains, courent dans les hunes, glissent le long des mâts, et se dressent sur les bastingages; si près de lui passe un navire, des voix lugubres, qui s'élèvent de son bord, lui demandent des nouvelles des marins qui naviguaient dans les temps les plus reculés, et l'équipage cherche à lui jeter des dépêches pour les morts. Malheur, malheur au navire qui recevrait de pareilles missives!... une seule de ces lettres deviendrait un poids énorme qui le ferait couler, et cela s'est vu, dit-on. A en croire les matelots, ce sont les cadavres des hommes coupables de quelques grands crimes qui composent l'équipage du vaisseau monstre, lequel doit errer ainsi dans les parages inconnus jusqu'à la fin des siècles ; c'est le Juif errant, l'Ashavérus des mers.

Son étendue est telle, qu'il met un mois à virer de bord, et que personne jusqu'ici n'a pu le mesurer. Du haut de la dunette, les ordres pour les diverses manœuvres sont donnés par le capitaine lui-même, et ils sont transmis dans toutes les parties de l'équipage par des hommes à cheval. Le pont et l'arrière du vaisseau sont occupés par des auberges où le matelot est hébergé et se repose. On en a vu qui, partis de l'entre-pont jeunes et dispos, après avoir monté seulement jusqu'au petit hunier, étaient revenus vieillards. A part cela, quelle douce vie ! le matelot se berce dans son hamac suspendu à des arbres qui ploient sous le fruit. L'entre-pont est un vaste jardin riche comme celui des Hespérides ; dans la cale coule une eau fraîche et limpide. La solde des matelots se paye en pièces d'or, les voiles sont faites d'une soie légère ; c'est le paradis flottant sur la mer.

Ici l'on voit que la légende varie, et qu'il y a peu d'unité dans le tableau qu'elle présente.

Retournons sur la plage de Sheveningen ; le crépuscule la voile dans ses plis, les vagues murmurent d'un ton plus sérieux ; il semble que le souffle de Dieu se répand dans un calme universel, la mer bat le plein, les barques de pêcheurs courent sur sa lame mouvante ; bientôt le soleil se couche dans son manteau de pourpre et s'endort sur les flots.

IX

Le lendemain matin, je quittais La Haye. En vérité, je crois que je payai mon séjour à l'hôtel de Bellevue à l'instar de celui de la reine douairière d'Angleterre ; mes hôtes exigeaient ce salaire, qui me parut inusité, avec leur flegme hollandais : l'homme est toujours fils de son climat.

De La Haye à Leyde, nous traversons de beaux pays qui n'ont pas l'air trop marécageux ; mais toujours le même aspect... des troupeaux de vaches qui paissent à l'ombre et qui semblent avoir pris la physionomie insignifiante de leurs possesseurs ; elles se promènent la tête basse, l'œil attentif, et se couchent pour ruminer d'un air réfléchi. Je retrouve encore ici l'interminable famille des moulins, dont les bras allongés attendent le vent ; partout les mêmes plaines, les mêmes canaux, les maisons taillées sur le même patron, les femmes jetées dans le même moule.

Leyde est la ville de l'érudition : Grotius, Descartes, Scaliger, Boerhaave y vécurent ; l'esprit de l'école y est le même depuis des siècles ; il est encore plein de la littérature grecque et romaine.

Leyde a la même physionomie que La Haye, sauf l'animation. Encore des maisons de tabletterie, des arbres séculaires, des canaux fangeux, des ponts suspendus, et partout le silence !

Jadis un tailleur de pierres se fit roi de Leyde ; cruel comme Néron, il finit par être décapité. Ouvrons l'histoire, et nous verrons que plus d'une tête s'est écrasée sous le poids d'une couronne d'un jour !

Leyde possède trois musées que j'ai visités en détail. Celui d'histoire naturelle, qui appartient au stathouder de Hollande, est un des plus riches de l'Europe ; le cabinet contenant la collection des oiseaux de tous les pays, est d'une beauté incontestable. Notre célèbre Cuvier a fait de nombreuses visites à ce musée, et son nom y est resté illustre.

Le musée d'antiquités se compose d'objets qui ont appartenu aux Romains, aux Celtes, aux Bataves; il est des plus curieux. Beaucoup de manuscrits arabes et une collection de monnaies et de médailles complètent ses richesses.

Je rencontrai là une intéressante famille de momies égyptiennes; malgré leurs masques rembrunis, j'étais tentée de leur donner la préférence sur le *bourgmestre sec,* hôte séculaire des vallées du Rhin, vraie caricature de la mort que j'avais vue avec un certain étonnement. En Égypte, les tombeaux étaient bâtis plus solidement que les maisons; au fait, n'est-ce pas de toutes les habitations humaines celle qui doit le plus durer?

L'université de Leyde est encore remarquable à plus d'un titre : le professorat y garde le dépôt des vieilles sciences et des jeunes lumières. Il semble qu'aujourd'hui il n'y a de vraiment libre que les six pieds carrés de la chaire scientifique.

C'est à Leyde que les Elzévirs ont imprimé leurs belles éditions en petit format. La netteté de l'impression et le choix du papier les ont immortalisés.

En 1574, cette ville, attaquée par les Espagnols, se défendit vaillamment. Van der Werf, son bourgmestre, cerné dans sa demeure par des hommes qui lui demandaient du pain, leur répondit : « Je n'ai pas de pain à vous donner; mais prenez mon corps et partagez-le entre vous. » Ces mots relevèrent le courage des habitants de Leyde, et les Espagnols furent forcés de lever le siége.

J'entre dans un temple sans autel ni sanctuaire; les vitraux sont blancs, les murailles nues, les bancs symétriquement rangés, et tout dans l'intérieur de l'édifice me paraît à la fois digne et triste. C'est bien là le temple, l'abri d'une religion sévère et sans extase!... Où sont donc les pompes du catholicisme? A la place de nos chants grégoriens, j'entends des psaumes lentement récités; au lieu de la foi absolue, je trouve ici le doute glacial. Les Chimères et les Gorgones sont encore aux chapiteaux des colonnes d'ordre corinthien; mais où sont les figures dévotes des vieux vitraux? que sont devenues les images de nos saints, de cette famille des dieux pénates de la catholicité? Il semble que Dieu soit détrôné dans ces temples vides.

X

Nous nous rendons au chemin de fer qui conduit de Leyde à Harlem. Ici je me plais à constater un fait. Voyant la longue file des wagons glisser lentement dans le plus morne silence, je les crus vides, et ils étaient remplis. A l'arrivée, pas une voix ne se fit entendre; le dieu du silence est décidément le dieu des Hollandais.

La route qu'on traverse pour se rendre de Leyde à Harlem est des plus monotones; on court à travers un pays plat qui s'élève à peine au-dessus du niveau de l'eau.

A Harlem, encore des maisons peintes, vernissées et reluisantes. Cette ville a aussi ses souvenirs glorieux. Ses habitants se distinguèrent dans les croisades commandées par saint Louis; la proue d'un des navires de leur petite flotte était armée d'une scie; ce fut avec son secours qu'on rompit la chaîne qui ferme le port de Damiette, et qu'on facilita l'entrée de cette place aux chrétiens.

Harlem soutint encore un siége contre les Espagnols,

en 1572. Une femme, nommée Kenau Haulaur, marcha avec trois autres de ses compagnes à la tête de la garnison. Frédéric de Tolède, fils du cruel duc d'Albe, se montra digne de son père, en ordonnant le massacre des vaincues. Cette perte ébranla le courage des confédérés, et le prince d'Orange fut le seul qui ne désespéra point du sort de la patrie. Il écrivait au commandant de la *Nord-Hollande* : « Avant d'entreprendre la défense des Pays-Bas, j'ai conclu avec le prince des princes une alliance si solide, que je suis fermement persuadé que son bras tout-puissant confirmera un jour l'œuvre de notre délivrance. » En 1579, le prince d'Orange fondait dans ce pays une république florissante.

Harlem est la ville des fleurs, ces belles filles de la terre, fraîches et passagères. Mon *cicerone,* sourd et bègue, violait à chaque mot le français avec la prétention de le respecter. J'étais pressée, et il marchait au pas de sa vieillesse. Chemin faisant, je lui faisais quelques mauvaises plaisanteries auxquelles, faute de les entendre, il répondait par un sourire bienveillant. Il voulut à toute force nous conduire dans le premier jardin fleuriste de la ville. J'y trouvai quelques dalhias en fleur, et un vaste champ de carottes et de pommes de terre, estimables légumes qu'on aimerait à rencontrer ailleurs que dans le domaine privilégié de l'horticulture. « Voilà des roses, me disait l'artiste propriétaire. —Pour être plus exact, lui répondis-je, dites des rosiers avec leurs fruits d'hiver. »

Du jardin défleuri, notre conducteur me mena à l'ancien palais du roi Louis Bonaparte. Je vis là une mauvaise page de peinture moderne représentant la bataille de Waterloo. Je revins à Harlem en suivant une longue allée bordée d'une rangée de maisons soigneusement fermées, qui ont quelque chose de mystérieux et de recueilli. C'est ici l'empire des jardiniers, c'est le pensionnat des jacinthes et des tulipes. Cette dernière fleur est la souveraine du parterre hollandais; l'horticulteur cache sa pensionnaire à tous les yeux, la préserve du soleil et du vent avec une affection toute paternelle; c'est une pupille dont il a soin comme l'avare de son trésor, comme la mère de sa fille à marier; il ne la produit au grand jour que lorsqu'elle a atteint assez de beauté pour trouver un amateur passionné. Mais, comme il est écrit qu'ici-bas rien ne dure, que toutes les royautés s'éclipsent, le *semper augustus*, superbe ognon dont le prix fut de 13,000 florins, aujourd'hui n'en vaut plus que 50.

Les fleurs s'en iraient-elles comme les rois?

En cheminant dans les rues de Harlem, je remarquai à quelques portes ce qu'on nomme dans ce pays *klopper* ou marteau; ce signe signifie que dans la maison qui en est décorée, il vient de naître un enfant. Cette coutume date du moyen âge. Jadis la rosace brodée protégeait le débiteur comme le juge et le sbire; si de nos jours le *klopper* eût gardé son privilége, combien de personnes du meilleur monde émigreraient de suite pour Harlem!... Que de fois l'on rencontre la richesse et les dettes habitant le même toit! Que de gens pourraient dire comme le marquis d'Effiat : « J'ai trouvé ma recette dépensée et ma dépense à faire. » La fortune et le désordre forment une alliance peu durable. Je ne connais rien de plus triste que la détresse du riche; il doit mettre une couche d'or sur la misère qui le ronge pour la voiler à tous les yeux, car, pour lui, la pauvreté, c'est la honte.

Harlem dispute à Mayence l'invention de l'imprimerie.

Laurent Coster, bourgeois de cette ville, se promenant dans le bois qui l'avoisine, s'amusait à détacher des écorces de hêtres dont il formait des lettres; de ces lettres il fit des mots, les appliqua sur le papier, les pressa dans un rouleau chargé d'encre, et le papier en garda l'empreinte. Après cet essai, il fit des lettres en plomb et en étain. L'histoire ajoute qu'un homme qui était à son service lui vola ses caractères, s'enfuit à Mayence et y fonda une imprimerie avec Guttemberg.

Sur la place de la cathédrale, je vis la statue de Laurent Coster, le Guttemberg de la Hollande.

Ici les cigognes jouissent d'une grande liberté; leurs droits sont imprescriptibles et leurs nids toujours sacrés : ce sont les *ibis* de cette contrée.

Ici comme dans le reste de la Hollande, le peuple est froid, silencieux, réfléchi. Il boit, fume, mange, et lave ses maisons. Le duc d'Albe, dans ses fureurs contre ce pays, disait « qu'il le croyait le plus voisin de l'enfer. » Voltaire, dans ses boutades d'humeur contre les libraires d'Amsterdam, s'écriait, en quittant la Hollande : « Adieu, canaux, canards, canailles! » En m'en éloignant, moi, je dis sans amertume : « Adieu, marais, moulins, marmailles! »

Harlem a vu naître Van Ostade, Wouvermans et Berghem : voilà ses meilleurs titres de noblesse!

CHAPITRE ONZIÈME

I

Nous partons en chemin de fer pour Amsterdam; le trajet se fait à travers les canaux et les prairies toutes nues. Le lac de Harlem est une petite mer; ce n'est pas peu de chose pour un pays que de contenir la Meuse, l'Escaut, le Rhin et l'Océan, prisonniers entre ses digues.

L'Ai n'est venue là qu'avec l'inondation qui a tout englouti il y a un siècle et demi. Elle envahit les plus belles prairies, et fit disparaître les villages et les hameaux. En Hollande, chaque riverain paye pour l'entretien des digues, et toutes les provinces sont fortement imposées pour se défendre contre l'ennemi commun. Ces digues sont construites en bois, en pierre, dans un pays sans pierre et sans bois, qui doit tirer tous ses matériaux de la Norwége. Partout on dessèche le sol; les moulins servent non-seulement à moudre les grains, à faire l'huile, à scier les planches, mais aussi à pomper l'eau des terrains marécageux. Il y a deux siècles, on dessécha le Bœmster; maintenant on s'occupe d'en faire autant pour le lac de Harlem, et cette opération rendra trente-deux mille arpents à la culture. C'est à l'aide de pompes à feu qu'on obtiendra ce résultat : l'argent, ce grand levier, ne vient-il pas à bout de toutes choses?

Ici le chemin de fer court sur un sol fangeux qu'on a raffermi par des milliers de fascines faites de sable et de terre : il y a chez le Hollandais une force de volonté qui soumet la nature à ses besoins.

Nous prenons le convoi du soir; voilà qu'au moment où le chemin de fer passe sur une chaussée assez étroite qui traverse la mer de Harlem, il s'arrête tout à coup avec une forte secousse ; la nuit était des plus noires. Après quelques minutes d'une profonde immobilité de la part des voyageurs entassés dans les wagons, un Français et moi nous nous décidons à mettre la tête à la portière; nous voyons quelques falots échelonnés le long du convoi. Un des conducteurs venant à passer, nous lui demandons s'il est possible de mettre pied à terre : « Descendez, reprend l'agent du chemin de fer, car nous ignorons quand on pourra repartir. » Profitant de l'avis, je cours pour reconnaître la cause de ce temps d'arrêt; la locomotive était sortie des rails, et fort heureusement la chaussée était construite en sable très-meuble, de manière que les roues y avaient fait un affouissement qui, soudain, les avait arrêtées. Sans cette circonstance préservatrice, le convoi était entraîné dans la mer de Harlem. Cinq heures s'écoulèrent dans cette inaction; enfin une locomotive arriva de Leyde pour nous remorquer. Pendant ces mortelles heures d'attente, pas un voyageur n'eut l'idée de s'enquérir des causes du retard; seulement, au moment où le convoi s'ébranla de nouveau, l'un d'eux se tourna vers moi et me dit : « Je crains que ma femme, qui m'attend à Amsterdam, ne soit un peu inquiète. » Quel flegme! J'ai observé que ce mot si français, « tout de suite, » se traduit par une heure et plus en Hollande. Nous autres, comme la salamandre, nous vivons dans le feu, et n'avons guère envie de passer à l'état de grenouilles dans des marais où l'esprit et l'activité s'embourbent.

II

Enfin j'entre dans la capitale de la Hollande et je m'écrie : Honneur à l'intelligence humaine, qui d'une flaque d'eau a fait Amsterdam, la Carthage du Nord !

Midi sonne aux horloges, et les carillons, ces chantres de l'air, dominent tous les bruits ; je parcours la rue la plus vivante, le *Calversstraat*, la Tolède d'Amsterdam. Ici la Hollande proteste contre les habitudes silencieuses; quel bruit! quel tohu-bohu!... C'est un bazar européen, une exposition permanente où s'entassent les productions des cinq parties du monde ; on parle, on se pousse, on avance, on recule, on se coudoie, on se presse, on vend, on achète, la vieille femme vous propose ses fruits, le colporteur vous offre son billet de loterie, et le tout en échange de vos florins. C'est ici le domaine du bric à brac, de ce Capharnaüm du juif, qui paye quatre écus ce qu'il revendra quatre louis. Les trottoirs sont coupés par des balustrades de fer, et les maisons paraissent enduites d'une peinture fraîche et reluisante. Des familles sont parquées et vivent séparément entre quelques pieds carrés, depuis le toit jusqu'à la cave des demeures. Cette fourmilière humaine se meut nuit et jour dans des nids de pierre. Quelle profusion dans les boutiques! quel entassement d'objets de toutes sortes! c'est à faire fuir l'acheteur. Toutes les industries de la rue ont leur cri, et la voie publique est obstruée par des véhicules de toutes formes qui rendent la circulation très-difficile, impossible même pour le piéton.

Amsterdam, avec ses trente mille maisons et ses deux cent mille habitants, ses ponts, ses quais, ses rues ornés d'édifices, est bâtie sur pilotis. Le palais du roi orne la place du Dam; tout près de l'édifice royal se dresse la Bourse, vraie Babel où l'on parle hébreu, grec, wallon, etc., etc., et où il se fait autant d'affaires que chez nous, et la moitié moins de faillites.

Amsterdam est un navire en pleine mer, une ville amphibie; tout est factice sur le sol hollandais. Depuis son origine ce pays fait la guerre à la mer et dit à ses eaux envahissantes : « Vous n'irez pas plus loin. »

Habituée au silence des villes hollandaises, j'étais étourdie au milieu de la ruche humaine qui bourdonnait autour de moi. Oh! courir le monde, c'est vivre, mais ne voyageons pas seul! Que de fatigues sans compensation, quel vide dans l'âme!... Il faut pouvoir échanger ses sensations, communiquer ses idées, épancher ses admirations!... Les choses vues à deux prennent un autre aspect. Pressez une main amie devant une belle scène de la nature, et vous sentirez doublement sa majestueuse grandeur... L'enthousiasme a sa contagion! Puis, au retour, que de souvenirs en commun!... Admirer seul, c'est admirer à demi.

III

Le commerce qui mit aux prises Pierre le Grand et Charles XII, qui poussa Napoléon aux guerres éternelles et l'arma tour à tour contre la Russie et l'Angleterre, le commerce, dis-je, est le roi de la Hollande, et Amsterdam est sa capitale. C'est la force d'attraction qui produit les grandes agglomérations d'hommes. Nous voyons dans plusieurs États de l'Europe des capitales qui absorbent le reste du royaume; la population s'y accroît, l'industrie s'y centralise, et les grandes villes gagnent ce que perdent les campagnes. L'Angleterre n'est-elle pas dans Londres, et la France dans Paris? Je n'entreprendrai point d'énumérer ici les avantages, voire même les nécessités, que présenterait la décentralisation; la démonstration de cette vérité évidente dépasserait les bornes que je me suis prescrites. Si les champs produisent les hommes, les grandes villes les dévorent; les passions, les vices qu'elles développent, y sont les maladies mortelles de l'humanité. Un peuple ne reste pas debout sur ses passions épuisées, sur ses vices satisfaits. Paris et Londres ne sont que de grands hôpitaux où l'homme s'étiole et meurt.

Voyez les vastes ateliers européens, Manchester, Liverpool, Lyon, Amsterdam, etc., avec leurs armées de travailleurs que la haute industrie tend à réduire à l'état de machines. L'homme y produit et n'y vit pas; il exerce ses bras et étouffe son cœur. Aujourd'hui, l'association devrait être le principe de tout travail. La bourgeoisie a établi son règne par la concurrence, et la concurrence la tuera; celui qui possède deux fois autant que son voisin l'a bientôt ruiné, et il trouvera à son tour quelque gros capitaliste qui finira par l'absorber : la grande industrie dévore la petite.

En Hollande, au contraire, l'esprit d'association a jeté de profondes racines au sein de la nation. Amsterdam réunit les institutions les plus libérales : les arts, les sciences et les lettres ont des académies spéciales ; les misères humaines y sont secourues, les ouvriers se réunissent en société et s'assurent des secours en cas de maladie.

Amsterdam, cette Venise du Nord, Venise bourgeoise qui règne sur les innombrables canaux, est une grande machine qui fait agir ses mille bras, et c'est encore un des plus vastes comptoirs de l'univers, qui expédie ses produits aux quatre coins de la terre.

Autrefois la Hollande possédait les trois quarts des richesses du globe ; aujourd'hui elle est avare au milieu de ce qui lui reste d'opulence ; la véritable aristocratie est toujours chez elle celle des millions.

Ici le sentiment religieux est profond ; le peuple lit la Bible et les Psaumes ; il discute en théologien, il juge et analyse les sermons avec un bon sens qui étonne. Ce peuple n'est point dénué cependant d'élan et d'enthousiasme. En 1830, les citoyens se sont levés en masse et ont offert à leur pays leur dernier enfant et leur dernier écu pour soutenir la cause nationale.

Vous trouvez à Amsterdam des maisons de refuge et des écoles gratuites. Lorsqu'un homme a acquis le droit de bourgeoisie, la ville adopte jusqu'à ses enfants naturels ; ceux-ci sont vêtus mi-partie rouge, mi-partie noire, pour ne pas les confondre avec le reste de la population.

Chaque famille a des collections de tableaux et d'objets d'art que lui ont laissées ses aïeux. Quand un Hollandais ne peut pas acheter une terre, il acquiert une toile, il fait de sa maison un musée à sa taille, enrichi des produits du Japon ou de l'Inde. Les galeries de peinture ne sont pas seulement l'apanage du noble et du riche, le commerçant, l'industriel en décore sa maison ; tous, en Hollande, semblent avoir le sens artistique. Un certain jour de l'année, on ouvre toutes les salles, on met au jour les magnificences de plusieurs siècles, et le lendemain tout est renfermé jusqu'à l'année suivante.

IV.

Amsterdam et Rotterdam sont le type des autres villes de Hollande ; l'ancien hôtel de ville, bâti en 1648, est porté par vingt mille poutres enfoncées dans le sol à trente ou quarante pieds de profondeur. Je me suis laissée dire qu'un petit ver venant des Indes a manqué de faire périr ce grand comptoir des nations ; il rongeait un des piliers en bois qui appuie cet édifice : un cri s'éleva dans la ville, et l'on parvint à détruire cet ennemi presque invisible. Jadis les bourgmestres de la ville siégeaient dans le palais ; avec Louis Bonaparte il se transforma en résidence royale.

D'une république Napoléon avait fait un royaume, dont il confia le gouvernement à son frère. Les appartements du palais d'Amsterdam, sombres et sévères, sont encore meublés dans le goût de l'empire. J'étais émue en les parcourant : il semble qu'il est plus triste de retrouver la mémoire des morts dans une demeure somptueuse que dans une humble chaumière ; c'est y prendre sur le fait le double néant de la vie et des grandeurs humaines!... Napoléon, Louis Bonaparte, la reine Hortense ne sont plus; les deux frères sont morts sur la terre d'exil en y laissant les débris de leur couronne. Les révolutions qui renversent les trônes ne sont-elles pas les coups d'État de Dieu?

Louis Bonaparte, dans un règne de courte durée, s'était concilié l'estime et l'affection de ses sujets; il tint le sceptre avec force et justice. En 1815, le peuple disait : « Le roi Guillaume et notre roi Louis. »

Ici Hortense, Française par le cœur, a pu se croire exilée sur un trône : il entrait si peu de soleil dans sa vie!... Les grandeurs tristes de la royauté ne font point oublier les joies intimes de la patrie; oh! non, on ne quitte pas tout entiers les lieux où l'on aime, où l'on est aimé ; on y laisse la meilleure partie de soi-même! Que de fois la reine a dû comparer la France pensante à la Hollande marchande, l'idéal et le positif, la fiction et le réel, ces deux types distincts de l'esprit humain! Que de fois ses regards attendris ont dû se tourner vers son pays natal!

Les tapis des jours de fête parent encore les salons du palais d'Amsterdam; un souvenir touchant, celui de mon père, me revint au cœur dans ces lieux que son pied avait si souvent foulés[1].

Tout en cheminant, que de pensées douloureuses se pressaient en moi, que d'êtres aimés qui déjà ont disparu! hélas! Nous comprenons la souffrance, l'agonie, le dernier souffle qui se glace sur nos lèvres; puis après tout se voile à nos

[1] Nommé écuyer de la reine de Hollande, M. le baron de Vaux resta près d'elle en cette qualité jusqu'à l'abdication du roi Louis.

yeux, et nous mourons sans rien savoir des secrets de la tombe. Non, les fruits de la vie ne sont point à nous, puisque c'est la mort qui les cueille !

Et nous ne vivons que pour nous regarder mourir. Acceptons donc une religion qui nous commande l'espérance... Croyons ! Qui ne désire descendre dans sa fosse, un crucifix à la main, précédé par les deux plus grands génies du siècle, Napoléon et Châteaubriand ?

V

Des terrasses du palais l'œil plonge sur un vaste panorama. Quelle agglomération de flèches, de clochers, de beffrois, de navires, de mâts, de voiles ! Je vois des édifices de tous les styles, des hommes et des vaisseaux de toutes les nations ; mon regard étonné se perd dans un curieux dédale de toits, de rues, de pignons et de routes qui se dessinent dans tous les sens. En Hollande, la ville d'Amsterdam seule a l'aspect des autres capitales de l'Europe.

En 1200, cette cité n'était rien qu'un château fortifié sur l'Amstel, environné de huttes de pêcheurs. En 1296, les Kenners, venus de la Nord-Hollande, le rasèrent jusque dans ses fondements ; mais les baraques des pêcheurs restèrent et commencèrent Amsterdam ; l'industrie fit le reste. En 1340, Guillaume IV étendit les limites de la ville naissante et lui donna une constitution.

Ce fut en 1512 que les Gueldres surprirent Amsterdam et lui brûlèrent vingt-deux vaisseaux. Mais les bourgeois s'armèrent et bientôt ils repoussèrent vaillamment les agresseurs. Nous voyons en 1525 les anabaptistes, ayant à leur tête Jean, le fameux cordonnier de Leyde, pénétrer à Amsterdam, au milieu de la nuit, avec six cents affidés. Ils attaquent l'hôtel de ville et en barricadent les accès. Bientôt les bourgeois se lèvent derechef et les massacrent. Dix ans plus tard, ces fanatiques reparaissent, portant avec eux la guerre et la dévastation ; mais le peuple, toujours debout pour sa défense, les écrase enfin.

En 1578, la Hollande secoua le joug de l'Espagne ; c'est l'ère brillante de sa puissance. Prise par les Prussiens, en 1785, on voit, en 1814, le roi Guillaume débarquer à Scheveningen pour commencer un règne qui fut de courte durée.

Pendant que ma vue planait au faîte du palais et que je jetais un coup d'œil rapide sur les vicissitudes de la vieille cité, les cloches chantaient un des plus assourdissants de leurs carillons aériens. Je ne comprends pas l'idée qui a voulu rendre gai et sonore ce timbre impitoyable qui mesure le temps... Quoi de plus triste que le glas crié par les cloches? Ne nous invitent-elles pas à régler notre âme à l'horloge de l'éternité ? Pour moi, la cloche pleure et ne chante pas.

Je redescends dans le palais. Notre *cicerone,* en me montrant un tableau représentant Cincinnatus qui orne une de ses salles, me dit : « Regardez, voici le bourgmestre de Rome qui refuse les présents que lui offrent les Samnites. » L'érudition est toujours bonne à quelque chose.

VI

Je quitte les hauteurs du palais et me voici sur la place ; j'y rencontre çà et là des hommes habillés de noir, portant des chapeaux à trois cornes, d'où s'échappe un long crêpe de deuil ; ce sont les prieurs d'enterrement. Ce métier funèbre nourrit ceux qui l'exercent. Ici la mort se montre sous son plus triste aspect : les corbillards sont vêtus d'un ample velours noir, sous lequel la bière disparaît ; une nuée de commissaires précède le mort ; les parents marchent derrière ; tout cet ensemble forme une scène des plus lugubres. Je ne m'étonne pas que, chez un peuple qui mène si tristement la vie, la mort s'entoure d'un si grave appareil.

Je ne me suis pas informée de l'étiquette qui, dans ce pays, préside à l'enterrement des grands. En France, je sais qu'elle est toujours fidèlement observée. Pourtant naguère, à la mort d'un ex-ambassadeur, sa veuve consultait une autre Excellence sur le cérémonial à suivre en pareille circonstance. Telle fut la réponse : « A leur mort, les ex-ambassadeurs rentrent dans la vie privée. »

Comme Rotterdam, sa sœur cadette, Amsterdam se remplit à certaines heures de la journée de jeunes laitières qui portent leurs pots de cuivre suspendus à une traverse de bois placée derrière leurs épaules. La pluie du ciel, qui baptise complaisamment leur lait, est pour celles-ci un bénéfice tout clair qui ne charge pas leur conscience.

Mais entrons au musée, où s'entassent de véritables chefs-d'œuvre. Ici je m'incline devant un aréopage de grands noms : Van Dick, Rembrandt, Wanderveld, Ruisdaël, Téniers, Gérard Dow, Miéris, Berghem, Wouvermans. Ne sont-ce pas là les vrais patriciens de l'art? Et la roture n'a-t-elle pas gagné ses lettres de noblesse du jour où ils sont sortis de ses rangs? Mais, disons-le, parfois les œuvres de ces inimitables copistes de la nature ont le tort de manquer d'intérêt. J'aime de préférence les toiles dont la vue me touche, m'émeut, me fait rêver !...

Que dire de la *Ronde de nuit* et de la *Leçon d'anatomie*, de Rembrandt ? Voilà de ces œuvres qui éveillent l'admiration sans jamais l'épuiser.

VII

Je trouve au dock des milliers de navires et d'embarcations de toutes formes, une forêt de mâts pavoisés de toutes couleurs et des hommes de tous pays ; c'est une mosaïque universelle où toutes les parties du globe ont leurs représentants. Partout dans les rues les cafés s'ouvrent, le bourgeois et le marin s'y asseyent, consomment et fument.

Mais me voici dans un quartier fangeux où toute une population court et s'agite. Des bicoques hideuses, enfumées, se pressent des deux côtés de la rue, en se penchant les unes sur les autres ; il semble qu'un souffle les renverserait : ce sont des antres et non des demeures humaines. Je vois, derrière des croisées à demi-closes, des figures blêmes, des corps amaigris : sont-ce des vivants ou des spectres ? De vieilles femmes décharnées, couvertes de haillons, se montrent çà et là ; on les prendrait pour des cadavres si leur prunelle éteinte ne se mouvait encore sous leurs paupières éraillées. Des hommes déguenillés, des enfants à demi-nus, des monceaux de chiffons, des perrons chancelants, des chariots traînés par des pauvres qui se sont faits bêtes de somme, tel est l'aspect que présente le quartier des juifs à Amsterdam ; il me rappelle les repaires de Francfort et le Ghetto de Rome. Même misère, même avilissement, même fange.

Au moment où je passe, deux femmes juives se prennent aux cheveux; leurs yeux injectés de sang sortent de leur orbite, leurs voix sont rauques, leurs gestes furieux, leurs visages meurtris. Elles vont succomber sous l'effort de leur rage, mais des soldats mettent bientôt fin à leur rixe sanglante.

Trente mille juifs sont parqués dans ce bouge infect; ils vendent et achètent : ce sont les rois du brocantage. Souvent ici on a rencontré des millionnaires sous les haillons du mendiant.

Je visitai la synagogue des juifs portugais; un vaste parvis abrite une fontaine où les Israélites se lavent avant d'entrer dans le temple. Les ablutions leur sont commandées par la loi. Un homme se tient au milieu de l'édifice, un grand in-folio est placé devant lui; des candélabres riches et pesants se dressent à l'entour. Cet homme c'est le rabbin; il est revêtu d'une robe ample et traînante. Une lampe qui ne s'éteint jamais, et qu'on nomme la *lumière perpétuelle*, est suspendue à la voûte; quelques hommes récitent des psaumes d'une voix chevrottante, puis après tous éclatent à l'unisson. Jamais sons plus discordants n'étaient arrivés à mon oreille; au dehors, les chiens hurlaient, encouragés par les cris partis de l'intérieur. Quelques grands seigneurs, les Rothschild hébraïques d'Amsterdam, assistaient à la prière; le rabbin déroula le Pentateuque écrit en caractères hébreux et le lut à haute voix. J'ai observé que dans les synagogues allemandes et parisiennes le chant a quelque chose de plus humain; ici, chez les juifs, la prière, cette voix du cœur, prend une expression sauvage; sur les lèvres du chrétien, c'est toujours une mélodie.

Cinq à six religions diverses vivent en bonnes sœurs à Amsterdam; on y est trop occupé des intérêts de la terre pour s'y quereller relativement à ceux du ciel.

L'eau salée se rencontre partout ici à un pied de profondeur; les canaux sont remplis d'eau stagnante dont les émanations corrompent l'air. L'eau qu'on boit vient d'Utrecht et se paye plus cher que le vin.

A Amsterdam, le nombre des bossus m'a paru incalculable; je demande à tous leurs spirituels confrères de Paris de vouloir bien rechercher les causes de l'accroissement de leur famille en Hollande et d'en adresser un mémoire à l'Académie des sciences (section d'histoire naturelle).

L'Athénée possède une bibliothèque riche en manuscrits précieux; on y trouve, entre autres beaux ouvrages, un ancien Testament traduit en langue turque. Je vois, en parcourant de vastes salles, des hommes qui étudient avec une grave application; la réflexion est écrite sur leur front pensif. L'étude est bien la gymnastique qui conduit l'esprit humain à la maturité, et le travail est la consolation suprême des cœurs malades. N'y a-t-il pas plus d'une phase de la vie où l'on se sent plus heureux par ses goûts d'étude ou d'art que par ses affections de cœur? Vérité triste à dire, mais, hélas, vérité vraie!

Amsterdam compte près de trois cents ponts. Celui jeté sur l'Amstel, dit des Amoureux, est d'un aspect romantique; il semble qu'il serait mieux placé à Venise, auprès de celui des Soupirs. Le soir, j'ai souvent fait de longues pauses au pied de la tour de Montalban, au moment même où le roi du jour s'éteignait dans l'ombre. Alors ma rêverie faisait de cette tour le théâtre de quelques légendes naïves et fantastiques, toutes semblables à celles que le moyen âge nous a léguées.

VIII

J'avais à visiter Saardam et Broock.

Rien de plus triste que le chemin d'Amsterdam à Saardam, si ce n'est celui de Saardam à Broock, ce village féerique des Mille et une Nuits. Une plaine vide et plate se déroule constamment au regard ennuyé.

Broock, avec ses pagodes, ses minarets, posés sur le bord d'un étang limpide, ressemble aux créations fantastiques que les Chinois se plaisent à reproduire. C'est une oasis où se reposent les Crésus de la Hollande; on assure qu'à Broock le plus pauvre est riche d'un million de florins. Inondé en 1825, ce village refusa l'indemnité proposée par la ville d'Amsterdam pour l'aider à réparer son désastre.

J'entre dans de royales vacheries ; les hôtes qui les occupent sont sans doute les filles des vaches grasses de la terre de Chanaan ; des chaudrons de cuivre le plus reluisant sont remplis d'un lait crémeux. Je suis dans les rues des trottoirs construits en briques saupoudrées d'un sable fin ; les palais de pygmées qui les bordent sont ornés de vitres de couleurs; mais ici, comme dans toutes les autres villes de la Hollande, on rencontre le mystère et le silence le plus absolu ; on dirait que tout y est créé de la veille par la baguette d'un enchanteur. Chaque maison n'a qu'un étage et est hermétiquement fermée ; la porte principale ne s'ouvre que trois fois dans la vie de son propriétaire, le jour de sa naissance, le jour de son mariage, et le jour de sa mort.

Dans le jardin de M. ***, le riche des riches de Broock, les plantes exotiques étalent leur magnificence tropicale. J'entre dans une cabane rustique : une bonne vieille est assise près du foyer et file dans l'ombre. Je m'approche... c'est un mannequin. Sur des rivières factices, des syrènes de pierre servent de vis-à-vis à des cygnes de bois; je rencontre des corbeaux blancs, des lapins roses et des tigres bleus, grotesques parodies de la nature, dont l'immobilité répond au *flegme inamovible* des maîtres de céans, et, plus loin, je m'arrête devant des ruines qu'on est en train d'achever.

Braves Hollandais!

Les arbres de ces jardins sont taillés et martyrisés. Maintenant que l'heure de l'émancipation est sonnée pour tous les peuples de l'Europe, je serais bien aise que l'active serpette se reposât, et que les arbres pussent retrouver la liberté de s'étendre selon la loi de nature.

Les paysannes du nord de la Hollande portent des coiffures appliquées sur les tempes et retenues par un bandeau d'or. A Broock, je retrouve encore les petits nains âgés de sept à huit ans, qui fument magistralement sur le seuil de leurs portes.

IX

Arrivée à Saardam, je me vois transportée au milieu de l'intéressante famille des moulins à vent peints en vert, en rouge, en jaune. Ils sont au nombre de cinq à six cents; leur vue eût fait reculer le chevalier de la Triste-Figure, et elle ne me trouva pas beaucoup plus intrépide que ne l'eût sans doute été le héros de Cervantès.

La maison qu'habita Pierre le Grand à Saardam offre l'intérêt qu'inspire tout ce qui se lie au souvenir d'une des plus grandes ombres de l'histoire. Là l'empereur charpentier travailla comme un simple ouvrier à la construction et au radoub des vaisseaux. Pierre le Grand instruisit un peuple comme on instruit un homme; il fit sortir une nation des steppes sauvages de la Russie. L'inscription *Petro Magno Alexander*, gravée sur la pierre par l'orgueilleux petit-fils du grand monarque, n'ajoute rien à la majesté de la hutte impériale.

Comme Broock, Saardam se compose de maisons de vingt pieds de haut, peintes de toutes couleurs; elles sont précédées d'un parterre où fleurissent les géraniums, l'hortensia, appuyés sur leurs tuteurs de bois doré. Tout ceci est plutôt fait pour amuser les enfants que pour appeler l'attention des hommes. Je donnerais Broock et Saardam pour un chalet perdu sur la cime des Alpes, ou pour une hutte de pêcheurs oubliée sur les grèves de notre vieille Armorique.

Les richesses de Saardam sont incalculables; mais la fièvre, cette *malaria* des séjours humides, y règne toute l'année; j'aime mieux nos fraîches métairies normandes, riant séjour de la santé.

Ici les femmes ont la pâle beauté du nénuphar; leur peau est d'une blancheur transparente, mais leur regard est terne et leur physionomie inanimée. Leur tête est couverte de joyaux d'or; les Italiennes, ces filles du soleil, aux yeux couleur de jais, aux fronts bronzés, ne sont-elles pas plus belles sous les flots onduleux de leur noire chevelure relevée par la simple fleur des champs?

L'orgueil national des Hollandais est proverbial; il se

fonde sur leur ancienne prépondérance maritime. Ne se croient-ils pas encore, comme au seizième siècle, rois sur les mers? La vanité des peuples ne profite donc guère des leçons de l'histoire.

Le *treckschuit* en Hollande, comme le *coricoli* à Naples, mérite d'être décrit. Tandis que le char napolitain, hissé sur deux roues et rapide comme l'éclair, emporte les groupes riants et chantants, le *treckschuit*, lourde voiture aquatique, traîne sur des canaux des passagers fumant, maugréant ou dormant. Un maigre cheval, attelé par une corde attenant à la barque, conduit le tout. Le *treckschuit* serait bien capable de faire sa demi-lieue à l'heure, si une prudence toute batave n'avait échelonné pour lui des pauses sur toute la route. La barque hollandaise s'arrête à tous les ponts, à toutes les écluses, à toutes les tavernes, et les passagers descendent successivement à ces haltes prévues. L'un va remplir son verre, l'autre sa pipe, celui-ci s'assied et cause sur le seuil d'une porte, tandis qu'un autre fait sérieusement sa partie de quilles. Puis, enfin, tous rentrent dans la barque, qui chemine en vraie tortue jusqu'à destination.

X

Nous n'avions terminé notre double excursion qu'à la fin du jour; nous prenons une barque pour rentrer à Amsterdam. La nuit est sereine et la ville se lève devant nous comme une naïade accroupie sur la rive; ses lumières, ainsi que des flammes éparses, percent l'obscurité, et les sons argentins de ses mille carillons se perdent dans les brumes du soir.

On était en pleine kermesse; j'assistai le lendemain à des

joûtes maritimes présidées par le frère du roi de Hollande. Rien de douloureux pour le voyageur comme la vue d'une fête hors de son pays; pour lui, la gaieté des inconnus devient une fatigue, plus que cela, une tristesse. La population qui se trouvait agglomérée à Amsterdam était de petite stature, les Ésopes des deux sexes y dominaient; mais partout, quels cris, quelle joie, quelle animation! Amsterdam était devenue la ville la plus folle, la plus échevelée du globe; dès que la crecelle du gué avait sonné dix heures du soir, un flot de femmes se ruait au Kalverstraat ainsi que de vraies bacchantes, pour former des rondes et des danses nationales. Ces saturnales durèrent une partie de la nuit. Des matelots et des bergers, accourus du fond de leurs prairies, exécutaient des pas à demi-sauvages en poussant des cris frénétiques.

Pendant les kermesses, les filles du peuple donnent le bras à leurs fiancés; celles qui n'en sont point encore pourvues sont réduites à payer de jeunes garçons pour les conduire de place en place, et elles dévorent ainsi la meilleure partie de leurs économies de l'année.

Dans le Kalverstraat, un charlatan, coiffé du classique chapeau empanaché et revêtu de l'habit galonné sur toutes les coutures, avait amassé la foule; je me mêlai au groupe des curieux. « Messieurs, mesdames, disait cet homme, le brave, l'illustre Wanderbernenghem vient de découvrir le fluide réactif, magnétique, antispasmodique, qui combat les maladies nerveuses, goutteuses, bilieuses, vrais tyrans de l'humanité. Ce grand homme a daigné m'en faire part afin que je pusse répandre ce bienfaisant liquide sur le monde civilisé. Le grand sophi de Perse, l'empereur du Monomotapa, celui de

Maroc, la reine Pomarée, et Abd-el-Kader lui-même, en ont usé avec avantage. Approchez-vous et vous serez servis. »

Ce pathos, débité avec assurance, charma les braves Hollandais, qui, ébahis, ébaubis, se frottaient les yeux et ouvraient les oreilles en se pressant autour de l'artiste en plein vent. Tous attendaient de lui une chose bien simple, la guérison de tous leurs maux.

Je quittai avec regret Amsterdam pour Utrecht ; le trajet qui sépare ces deux villes est agréable à parcourir ; la contrée est riante, riche et peuplée. Partout des fleurs, des parterres, des demeures somptueuses ; c'est ici le domaine des millionnaires qui abondent en Hollande.

CHAPITRE DOUZIÈME

I

Arrivée le soir à Utrecht, trop tard pour visiter la ville, je me mis à écrire mes impressions du jour et mille autres rêveries. Je ne trouve pas qu'il faille garder ses pensées au fond de son âme, comme dans une crypte mystérieuse, et que toute émotion confiée soit une émotion profanée. Non, je ne crois pas qu'en mettant ses idées au jour elles n'appartiennent plus qu'à la foule; car je dis : Toute voix veut un écho, toute âme cherche une autre âme, tout sentiment partagé console d'un regret dans le passé et fait lever une espérance dans l'avenir!... Donner une forme parlée à ses douleurs relève l'âme; un aveu fait sur le papier rend notre joie plus vive et notre peine plus légère. La pensée qui vit et meurt dans le sein qui la renferme n'est-elle pas comme la fleur solitaire qui se fane sur le sommet des Alpes avant d'avoir été respirée?

Le matin j'avais repris avec ardeur mon métier de touriste. Utrecht était connu des Romains sous le nom de *Tra-*

jectum ad Rheuses. Un château fort, construit par eux, y défendait le passage du Rhin. Les Frisons, qui s'en rendirent maîtres, en furent chassés en 630 par Dagobert, roi des Francs, qui jeta les fondements de la cathédrale d'Utrecht, dont saint Vilbrod fut le premier évêque. Qui ne sera pas étonné de voir ici le nom du bon vieux roi de France accolé à un autre nom que celui de saint Éloi?

Peu à peu Utrecht prit la forme d'une ville, et au dixième siècle l'incendie en dévora la moitié. Avec le temps Charles-Quint en devint possesseur; puis, après, cette belle cité de la Gueldre subit les brigandages des iconoclastes protestants. Ce fut en 1559 qu'elle passa sous le sceptre de Philippe II; dans l'année 1579, l'acte d'union, dit l'*union d'Utrecht*, qui servit de base à la florissante république des Provinces-Unies, y fut signé.

En 1662, cette ville tomba au pouvoir de Louis XIV; c'est dans son hôtel de ville qu'en 1713 fut cimenté le traité de paix conclu entre la France, l'Angleterre, le Portugal, la Prusse, la Savoie et la Hollande.

Cette ville fut mise en état de siége en l'an 1787. Des officiers français, cachant leurs épaulettes sous l'habit bourgeois, l'aidèrent à se défendre; mais elle ne tarda pas à être livrée aux troupes du prince d'Orange. Le roi Louis Bonaparte y résida un mois pendant son règne éphémère.

Je fus visiter la maison du pape, vieil édifice fondé par Adrien VI, précepteur de Charles-Quint.

Au seizième siècle, Anne Schermann, de Cologne, l'un des beaux esprits du temps, habita Utrecht; cette femme célèbre parlait le persan, le turc et l'arabe, vaste érudition que j'ai le mauvais goût de ne lui point envier.

Le Dombrecht, cathédrale d'Utrecht, a subi les tristes atteintes du temps. En 1674, l'ouragan fit crouler son vaisseau et respecta sa tour, chef-d'œuvre d'architecture gothique. J'ai respiré ici un parfum d'ancienneté que je n'avais trouvé nulle part en Hollande.

A Utrecht, le Rhin prend la dimension d'un ruisseau de jardin anglais; je le traversai dans une nacelle faite sur la mesure d'un jouet d'enfant.

II

D'Utrecht, je me rends à Zeist. La route qui y conduit est un gracieux jardin semé de *villas*, séjour des *richissimes* de la Hollande; je voulais voir la société des frères moraves, qui réside en ce lieu; ces chrétiens nous assurent qu'ils vivent là dans l'état de sociabilité le plus parfait, et les yeux de mon esprit étaient tout grands ouverts pour observer cette société modèle (dit-on), s'il en fut.

Les corps de logis qui donnent asile aux frères moraves et aux sœurs hernutes, sont situés dans une position riante. Réunis en phalanstère, ils sont au nombre de trois à quatre cents; l'ordre et le travail sont les rois de cette colonie. La communauté fabrique divers objets qui approvisionnent les boutiques ouvertes à la curiosité publique, et la variété de leurs produits est surprenante.

Les frères moraves donnent, assure-t-on, l'exemple des vertus primitives; aujourd'hui, ils se vantent encore d'avoir ramené le christianisme à la simplicité de ses premiers jours. Cette grande association protestante s'en tient à la lettre évangélique, les chrétiens étudient la Bible, écoutent le prêche, chantent des hymnes, tandis que l'orgue ou le cor de chasse accompagne les voix de leurs accords plus ou moins harmonieux.

Le luxe est banni de cette république; l'âge et la position des femmes s'y distinguent par un ruban qui encadre leur menton. Il est rose jusqu'à douze ans, et rouge de douze à dix-huit; les sœurs mariées portent un ruban bleu, les veuves un ruban blanc. Le célibat entraîne une espèce de honte chez les frères moraves. Aujourd'hui cette société n'est plus gouvernée par des lois particulières, comme les juifs, comme les quakers; les moraves se soumettent aux usages des pays qu'ils habitent. L'égalité des biens n'est plus chez eux qu'à l'état de théorie; mais si la société se compose de riches et de pauvres, au moins la mendicité est-elle exclue de leur enceinte. Parmi les frères moraves, beaucoup ont assez de fortune pour être en état de choisir une autre résidence, et restent en communauté par choix. Au seizième siècle, établis en Allemagne au nombre de soixante-dix mille, les hussites eurent pour chef Ziska et Gabriel; pendant deux siècles ils ne formèrent qu'une secte. Plus tard, ils se divisèrent en sociétés partielles, régies par les mêmes lois d'indépendance. Célibataires ou mariés, ils vivaient en la communauté de biens; chaque ménage avait une hutte bâtie simplement, et tous se rassemblaient aux heures des prières et des repas. La jeunesse s'instruisait dans une école publique des devoirs de la morale et des principes de la secte; chacun se rendait aux travaux des champs ou des ateliers, et le superflu amassé par tous tournait au profit de la société tout entière. Les hommes étaient laborieux, les femmes fidèles; les persécutions ruinèrent la communauté des frères hussites, mais l'esprit de leur secte survécut à leur démembrement.

Les frères moraves ne ressemblent point à leurs fondateurs. Chez eux, les biens sont inégalement répartis, et le privilége y a pris droit de cité comme partout ailleurs.

Le communisme veut le partage de la propriété, le saint-simonisme dépasse les hardiesses de Jean-Jacques et de Voltaire; Charles Fourier espère élever un monde nouveau sur les cendres de l'ancien, et de nos jours peut-on faire un pas sans rencontrer un messie parmi les néo-chrétiens, phalanstériens humanitaires et fusionnistes? Il est donc dit que toutes les aberrations doivent trouver leur place dans les cerveaux humains.

III

Rentrons à Utrecht; notre *cicerone*, se faisant historien, nous apprend que le roi Dagobert en chassa les Frisons au septième siècle; ce qui pourrait bien aussi libérer ce monarque d'un reproche de fainéantise par trop accrédité.

Je partis pour Brédà; mais je me sentais souffrante et surtout fatiguée. Je dus m'arrêter à Outrehout, petit village inconnu sur les cartes d'Europe. Les deux jours de repos que je fus forcée d'abandonner à la maladie se remplirent pour moi d'assez graves réflexions... J'étais seule, loin de mon pays; j'avais pour toute distraction le chant du grillon qui répétait sa chanson monotone au coin de mon foyer, tandis qu'un chat, accroupi dans les cendres, y faisait son *ronron* cadencé. Ma pensée cheminait tristement dans les routes poudreuses du passé et dans les steppes inexplorés de l'avenir. Au milieu de ma veille fiévreuse, j'écoutai l'horloge sonner minuit, et pourtant les douze coups de la cloche fêlée retentissaient joyeusement dans l'air. Pourquoi les heures sonnent-elles gaiement au fronton des églises? Quelle ironie!... Moi, je comptais douloureusement ce triste rappel, et les vibrations décroissantes de l'airain me remuaient le cœur!... Encore un jour d'écoulé, me disais-je, et ce jour est aussi loin de moi que le premier de ma vie; tous deux ne sont-ils pas plongés à jamais dans ce gouffre éternel où un siècle et une minute ont tous deux la même valeur?...

N'atteignons pas les limites de la vie... et n'assistons point à nos propres funérailles. Laissons l'existence sans regret quand elle nous a donné les jours de jeunesse et de soleil!... les jours de force et de joies pleines; car la vieillesse ne nous promet que de trop longs souvenirs et de trop courtes espérances!...

Le soleil luit le matin et à midi; il se cache le soir, et après lui les ténèbres!...

J'en étais là de mes réflexions, lorsque les sons d'un orgue de Barbarie vinrent m'en distraire... Un orgue à Outrehout!... Quand je l'entendrais à Batavia ou à Surinam, il ferait lever pour moi toute une série d'idées aussi riantes que les notes de ses polkas et les refrains de ses vaudevilles.

Je repars pour Bréda. Je n'en ai pas franchi les portes que je me rappelle ce mot de Philippe II au marquis de Spinola : « Marquis, prends Bréda. » Quant à moi, je sens que je n'aurais pris cette ville que pour la rendre.

On raconte que le maire de Bréda harangua Napoléon en ces mots : « Sire, Bréda a reçu Clovis, Charlemagne,

Louis XIV. En 1515, le duc d'Albe la prit pour Philippe II; le prince Maurice s'en empara en 1570. Elle servit d'asile à Charles II jusqu'à la mort de Cromwell. Elle se rendit à Dumouriez qui ne valait pas Votre Majesté. » A ces mots, Napoléon fronça le sourcil. « La guerre, continua l'impassible magistrat, que vous entretenez avec les Anglais nous est fâcheuse, et nous vous prions de ne point vous offenser de nos rapports avec vos ennemis. » Ici les traits de Napoléon se contractèrent de nouveau, et au moment où l'orateur lui offrait les clefs de la ville, l'histoire ajoute, à tort ou à raison, que l'Empereur rejeta au loin l'assiette qui les portait en s'écriant : « Allez présenter ces clefs aux Anglais, vos amis; je n'en ai pas besoin, je saurai bien entrer sans elles dans votre ville; vous n'êtes vraiment bons qu'à grossir le nombre de vos magots. » La leçon parut des plus sévères au brave discoureur qui mit le signet à sa harangue.

IV

Après Bréda, je dis adieu à la Hollande, adieu à ses fleuves qui courent à la mer, à ses prairies sans horizons, à ses digues, honneur du pays, à ses villes industrielles ou érudites, à ses enfants patients et courageux, et à ses métairies paisibles où la paix est l'hôte inamovible du foyer.

J'envoyai un regret à Rotterdam la marchande, à La Haye la coquette, à Amsterdam la riche, à Harlem la mère des fleurs, à Utrecht la glorieuse, à Leyde l'étudiante!...

L'ancienne littérature hollandaise, qui ne se composait que d'imitations et de traductions, revit encore dans cette dernière cité. Depuis le roman chevaleresque jusqu'aux légendes naïves, tout s'y trouve reproduit comme dans un miroir fidèle. Mais les chants héroïques de la vieille Gaule, comme les poésies merveilleuses envolées des vertes forêts de l'Allemagne ou des brouillards de la Norwége, meurent bientôt sur le sol uni de la Hollande, qui n'a ni bois ni rochers pour servir de refuge aux elfes, aux gnomes et aux ondines. Le Hollandais travaille et ne rêve point. C'est à peine si le matelot du Helder écoute la légende fabuleuse, appuyé contre son mât de misène, lorsqu'il est à demi-sommeillant à la lueur des étoiles.

Maerlem et Malis furent jadis les inventeurs d'une poétique qui puise ses inspirations dans la Bible. Ils modulent leurs chants sur la harpe du roi prophète, et, dans leurs odes mystiques, la fille d'Israël renaît et brille comme le lis dans la vallée. Les chants de guerre et d'amour succèdent aux hymnes sacrés; mais ces œuvres dénuées de passion gardent aussi la naïveté qui colorait d'une nuance biblique les vieux poëmes religieux.

Jusqu'au seizième siècle, la littérature hollandaise offre un mélange assez bizarre de pieuses légendes et de ballades amoureuses qui toutes sont remplacées par les productions de style académique.

Le seizième siècle donne naissance à Kirch Corpnhert. Tolérant dans un siècle d'intolérance, il avait vu se dresser en Espagne l'inexorable fantôme de l'inquisition; c'est alors qu'il jura une haine vivace aux persécuteurs. Devenu le défenseur le plus ardent de la réforme, il la sert avec l'arme du raisonnement. Tantôt honoré et libre, tantôt honni et persécuté, sa fortune subit les phases les plus diverses. On raconte que, condamné à mort, sa femme, conseillée par son propre héroïsme, se rendit à l'hôpital des pestiférés, afin d'empêcher son mari, en lui communiquant le mal qu'elle avait pris elle-même, de monter sur l'échafaud. Corpnhert finit par mourir oublié, après avoir laissé de nombreux traités de morale.

Le dix-septième siècle est l'ère de gloire de la Hollande, ses hommes d'État Barneveldt, Grotius et J. de Witt, se dessinent en relief au milieu d'une nation victorieuse sur terre et sur mer. Ses universités marchent à la tête de la science, les Elzévirs illustrent l'imprimerie, et Rembrandt et Rubens se lèvent à l'horizon de l'art.

C'est à cette époque que le poëte Hoof fait représenter *Gérard de Valsen*. Il n'écrit pas l'histoire en historien, mais en peintre; ses pages sont moins des récits que des tableaux.

Wandel fait preuve de plus de grâce; c'est à la Bible qu'il emprunte ses tragédies : Saül, Salomon, David sont les héros de ses poésies. Il se fait catholique vers la fin de sa vie, comme Slolzberg, comme Werner, et meurt au milieu de ses rêves inachevés.

Catz, contemporain de Hoof et de Wandel, est resté le plus populaire des poëtes de la Hollande. A soixante-quinze ans, il demande à se démettre des nombreuses charges qu'il devait à l'estime de ses concitoyens et remercie Dieu de l'avoir soutenu dans sa double carrière d'homme de science et d'homme d'État.

Au dix-huitième siècle, nos grands poëtes deviennent les idoles de la Hollande : il semble qu'elle se fait l'écolière de la France; elle ne produit plus que des œuvres servilement copiées de Boileau, de Racine, de Corneille.

L'époque actuelle est plus créatrice; le romantisme a pénétré au sein des vieilles cités bataves. Belderouch est poëte, jurisconsulte, historien, antiquaire; Wanleneps est un des écrivains les plus féconds des temps modernes, et Dogars écrit sous une inspiration poétique des vers élégants et harmonieux.

V

Revenue en Belgique, je m'arrête à Vilbrock où aboutit le canal de Bruxelles. C'est ici même qu'eut lieu la dernière entrevue entre le comte d'Egmont et le prince d'Orange, en 1566. Celui-ci, en parlant au comte, lui dit « que le projet de Philippe II était de les faire périr ensemble, et que l'inquisition et les bourreaux allaient ensanglanter les Pays-Bas. » Il engagea le comte d'Egmont à le suivre en Allemagne. « Cher comte, dit le prince, votre confiance vous perdra; j'ai le pressentiment que les cruels Espagnols vous fouleront aux pieds pour entrer en Belgique. Venez; je pars, j'abandonne ce pays; suivez-moi. — Adieu, Jean sans terre, dit le comte. — Adieu, Jean sans tête, » répond le prince d'Orange, et ils se séparent.

Les beaux jours sont finis, hélas! pleurons, voici l'automne avec sa guirlande fanée. Les collines se revêtent de bruyères aux petites fleurs violettes, les châtaigniers étendent leurs grands bras à demi-nus, les feuilles rouillées volent autour de nous et jonchent la terre; les corneilles croassent en traversant l'air ou se perchent sous les rameaux des arbres dépouillés; les feux des bergers scintillent à l'angle des bois et dans les plaines nues. Rentrons, rentrons au foyer; l'automne se montre sous son manteau de brumes,... adieu donc les beaux jours!

VI

De Malines à Paris, je ne pourrais dire la route que j'ai suivie; ma pensée errante venait de rentrer dans cette Thèbes du dix-neuvième siècle, vers laquelle je me sentais emportée avec la rapidité de l'éclair; ma rêverie donnait à mes souvenirs de la suite, presque une forme réelle et animée, et c'est alors que repassa devant mes yeux le toit fleuri où l'amour chantait avec Wilhelmine, la fille du Tyrol. Je la suivais sur la crête des rochers; elle s'inclinait au bord du précipice pour cueillir la rose des Alpes, tandis qu'à la cime d'une montagne voisine Franck le chasseur se montrait à mon regard surpris. Au milieu de cette nature grandiose, leurs âmes se confiaient à Dieu, et ces deux enfants, qui se parlaient du regard et du cœur, oubliaient que leurs pieds touchaient à l'abîme!

La scène change: l'Océan se brise à la base du rocher sur lequel je suis restée seule; j'entends une plainte, un cri d'agonie; c'est Jeanne, la pauvre folle, qui redemande aux grèves de l'Armorique celui qui dans un seul jour a tout oublié, tout renié, et ses saintes promesses, et ses enivrantes paroles d'amour!... Elle est là, haletante, les cheveux dénoués, les mains tendues vers le ciel... hélas! l'éclair qui sillonne la nue lui montre qu'elle est seule, seule au monde en face de l'immensité!...

Ma rêverie prend une autre forme: une barque me traîne lentement sur la Meuse; voici Rotterdam!... soudain une des maisons du quai s'illumine d'une sombre lueur, et le mot *crime* est tracé en lettres de feu sur sa blanche façade ; le voile sanglant d'une femme flotte sur l'eau, et un cadavre hideux, attaché au fer du balcon, est balancé par le vent qui se lève furieux.

Me voici à Gheel, l'antre de la folie... je recule d'effroi ; des scènes déchirantes se dessinent à mes yeux ; je veux y échapper, et, pendant que ma pensée voyageuse stationne encore dans ce lieu de malédiction et de tortures, nous touchons aux portes de Paris...

Le voilà donc ce géant à la tête couronnée, aux pieds d'argile, qui d'une main tient une torche allumée, flamme de l'intelligence humaine, et de l'autre un glaive brisé... à ses pieds gisent des canons, des drapeaux, des marbres, des bronzes ; mais son regard est triste, son attitude pensive... Il attend !...

Paris tout entier se déroule devant moi, je le vois dans l'ombre avec ses édifices et ses mille lumières qui dessinent le prolongement de ses quais et le dédale de ses rues profondes ; il semble que pendant la nuit cette grande masse, privée d'êtres vivants, raconte son histoire au passant attardé. Voici la Sainte-Chapelle et son pieux roi Louis XIII, le Louvre et les Valois, Notre-Dame avec ses *Te Deum* chantés par notre vieille monarchie, la cité et les barricades de la ligue, la place Royale et les arceaux qui ont vu passer Louis XIV et sa cour, les Invalides que Louis le Grand bâtit en même temps que Versailles, la Bastille s'écroulant sous la hache révolutionnaire, et la colonne de bronze, symbole de notre gloire d'hier !... Tout ce monde de souvenirs, bâti avec la pierre, le marbre, l'airain, parle haut dans le silence !

A cette heure où la méditation se replie sur elle-même, il semble que les formes extérieures se révèlent en un tout saisissable ; je vois Paris tel qu'il est, c'est-à-dire un temple immense qui abrite une population dont les vices se perpétuent au milieu des superfluités du luxe et de la fange de la misère. Dans les combles de cet édifice gigantesque restent entassés sous la main de l'oubli les vieux portraits de famille, les titres de noblesse de la France, fleurdelisée, depuis Philippe-Auguste jusqu'à Louis XV; époque longue et brillante qui remplit le monde du bruit de ses croisades, de ses tournois, de ses amours poétiques, de ses dévouements chevaleresques, de ses luttes d'esprit, ère mémorable qui finit avec les petits soupers de la régence et les bons mots de Voltaire, ce roi de l'épigramme.

Qu'est devenue la France, cette belle dame de qualité, aujourd'hui qu'elle n'a ni poudre, ni vertugadin, aujourd'hui qu'elle a perdu le laisser-aller du boudoir et le bel esprit des salons ?... Pour elle, plus de Versailles, plus d'hôtel Rambouillet, plus de mœurs élégantes, plus d'abbés de cour, plus de Mercure galant !

Si des hauteurs oubliées de ce temple je descends et vais m'asseoir sous les riches lambris de son premier étage, je rencontre dans de brillants salons les noms, les fortunes et les titres héréditaires d'un autre siècle, se posant au milieu d'un monde d'étrangers, et tous se ruent et se confondent ; là, une tourbe élégante et dorée d'une distinction native se mêle à des célébrités exotiques dont le mérite ne réside que dans le chiffre souvent enflé de richesses imaginaires.

VII

A l'angle d'une gothique cheminée de marbre blanc, sous les jets capricieux d'un riche candélabre de Clodion, un homme se tient debout; ses traits sont nobles et caractérisés, sa taille svelte et élégante, sa main blanche et déliée, son geste facile et impératif, sa bouche tour à tour dédaigneuse et souriante. Frondeur par habitude et arbitre suprême en matière de goût, cet homme appartient à la caste privilégiée où la distinction est héréditaire. Dans le même salon se groupe un essaim de femmes dont la beauté ne s'analyse point. Il se répand autour d'elles un parfum de grâce et d'élégance parfaite, on trouve dans leur geste, dans leur regard, dans leur parole, cette suprême expression, ce cachet de goût qu'on reçoit en naissant et qu'on n'emprunte pas.

Si j'ouvre la porte d'un autre salon contigu à celui-ci, l'opulence est la même, mais la distinction est absente. Chaque habit étale ses croix, ses cordons, on y fait sonner bien haut des titres de fraîche date, des fortunes nées d'hier; des hommes, vains des emplois qu'ils occupent, se carrent dans leur importance. Ici tous se toisent ou se coudoient, depuis le ministre d'État jusqu'au banquier israélite. Un homme vient-il à passer, toutes les mains vont au-devant de la sienne : place au nouvel élu de la faveur; dans ces temps où parvenir est tout, il devient le point de mire vers lequel tendent tous les amours-propres, toutes les ambitions.

Les femmes de ce monde sont éblouissantes de parure;

elles cherchent le beau langage, les grandes manières, parlent de leurs millions, de leurs titres improvisés; mais avec tout l'or de la Californie, elles n'acquerraient pas ce qui leur manque.

Descendons au rez-de-chaussée : là nous coudoierons la France boutiquière, la France industrielle, qui n'a pas d'autre mobile que son intérêt matériel, qui veut conserver ce qu'elle a acquis laborieusement, et qui, dès lors, aurait dû, dans nos temps de révolution, servir de digue aux efforts envahissants de l'anarchie.

Près de cette colonie marchande se dessine une classe moyenne intelligente et érudite. C'est ici le cœur de la nation. Fils de leurs œuvres, des publicistes, de jeunes avocats, d'habiles orateurs, de doctes savants, d'intègres magistrats, sortent de la foule, et jettent au milieu d'elle les notions de la science et les principes du droit. A la tribune parlementaire, comme dans les chaires du professorat, combien d'hommes nous voyons s'élever à la hauteur de la mission qu'ils ont à remplir; la politique et la philosophie découlent toutes formulées de leurs écrits ou de leurs lèvres, et l'art prend aussi sa bonne part dans cette marche ascendante de la pensée; puis vient après la jeunesse des écoles, ardente et studieuse, aussi prompte à la science qu'elle le sera au patriotisme.

Mais enfin, disons-le, au dernier degré de l'échelle sociale, à côté de l'artisan travailleur qui fait honneur à la classe populaire, on voit la misère et le vice hideusement accouplés, qui s'en vont chancelants, oubliant la faim dans l'ivresse.

Le travail est un poids trop lourd pour ces hommes dégradés, qui appellent les révolutions afin de satisfaire leurs passions cupides. La société est menacée par cette plaie rongeuse, qui chaque jour menace de s'étendre et de s'envenimer.

Les temps sont venus où l'édifice monumental qui pour nous résume Paris, et dont nous n'avons fait qu'entr'ouvrir les portes, a été ébranlé sur sa base, et où la lèpre humaine des démagogues est restée debout sur les ruines qu'elle a déjà faites. Aujourd'hui la France, soutenue par une main ferme, marche vers un retour au principe d'autorité, moral et éclairé, qui forme la base de toute société civilisée. Si la pensée chrétienne renouvelle la face de la terre, nous verrons commencer l'ère de la justice et de la sage liberté; l'autorité sera substituée à la démagogie, le droit à la force; des lois remplaceront d'étranges utopies, et grands et petits s'inclineront devant le règne de la stricte équité, de l'éternelle justice, c'est-à-dire devant la charte de l'humanité.

FIN.

Paris. — Imprimerie de Gustave GRATIOT, 30, rue Mazarine.

www.ingramcontent.com/pod-product-compliance
Ingram Content Group UK Ltd.
Pitfield, Milton Keynes, MK11 3LW, UK
UKHW020107200726
13856UKWH00002B/425

9 782013 429